中国—阿拉伯国家博览会
معرض الصين والدول العربية
CHINA-ARAB STATES EXPO

中阿经贸关系发展进程 2019年度报告

中国—阿拉伯国家博览会秘书处／编
金忠杰　冯璐璐／主编

Development Process of China-Arab States Economic and Trade Relations Annual Report

2019

社会科学文献出版社
SOCIAL SCIENCES ACADEMIC PRESS (CHINA)

图书在版编目(CIP)数据

中阿经贸关系发展进程2019年度报告 / 中国—阿拉伯国家博览会秘书处编；金忠杰，冯璐璐主编. -- 北京：社会科学文献出版社，2020.9

ISBN 978-7-5201-7092-5

Ⅰ. ①中… Ⅱ. ①中… ②金… ③冯… Ⅲ. ①对外经济关系-研究报告-中国、阿拉伯半岛地区-2019 Ⅳ. ①F125.537.1

中国版本图书馆CIP数据核字（2020）第146910号

中阿经贸关系发展进程2019年度报告

编　　者 / 中国—阿拉伯国家博览会秘书处
主　　编 / 金忠杰　冯璐璐

出 版 人 / 谢寿光
责任编辑 / 周志静

出　　版 / 社会科学文献出版社·人文分社（010）59367215
地址：北京市北三环中路甲29号院华龙大厦　邮编：100029
网址：www.ssap.com.cn
发　　行 / 市场营销中心（010）59367081　59367083
印　　装 / 三河市龙林印务有限公司

规　　格 / 开　本：787mm×1092mm　1/16
印　张：17.25　字　数：294千字
版　　次 / 2020年9月第1版　2020年9月第1次印刷
书　　号 / ISBN 978-7-5201-7092-5
定　　价 / 198.00元

本书如有印装质量问题，请与读者服务中心（010-59367028）联系

编写说明

本报告是在中国—阿拉伯国家博览会秘书处指导下，金忠杰、冯璐璐担任主编，由宁夏大学阿拉伯学院、中国阿拉伯国家研究院组织编写完成。编写成员依托其在中阿经贸关系方面长期的知识积累，运用适当的分析工具描绘了中阿经贸关系的进程、特征和发展趋势。

本报告中文版由金忠杰、冯璐璐主编。丁丽萍对中文版进行了审校。马小玲、马鑫负责协调，马丽娜、金蕊、独乐、陈玉香等将中文版翻译为英文，马小玲对报告的英文版进行了高质量的校对与审定。

对所有人员在编写本报告过程中所付出的努力和所体现的专业精神，表示衷心的感谢。同时感谢中国—阿拉伯国家博览会秘书处对本报告给予的支持和帮助。

本报告中所表述的观点仅属作者本人见解，不代表中国—阿拉伯国家博览会秘书处的观点及其政策。

《中阿经贸关系发展进程 2019 年度报告》编写组成员

主编

金忠杰（宁夏大学阿拉伯学院教授）

冯璐璐（宁夏大学中国阿拉伯国家研究院教授）

中文审校

丁丽萍（宁夏人民出版社编辑）

编写组成员

孙德刚/武桐雨（复旦大学国际问题研究院研究员/上海外国语大学中东研究所博士研究生）

杨韶艳（宁夏大学经济管理学院教授）

刘　冬（中国社会科学院西亚非洲研究所副研究员）

冯璐璐（宁夏大学中国阿拉伯国家研究院教授）

马　鑫（中共银川市委党校副教授）

夏淑琴（宁夏大学经济管理学院教授）

雷昌伟（宁夏大学中国阿拉伯国家研究院博士）

杨子实（宁夏大学博士研究生）

目　录

第 1 章　中阿共建“一带一路”框架下中阿经贸合作专题报告

“一带一路”建设全面带动中阿关系发展，中阿全方位合作进入新阶段。2018 年 7 月 10 日，国家主席习近平在中阿合作论坛第八届部长级会议开幕式上宣布中阿建立“全面合作、共同发展、面向未来”的战略伙伴关系，提出要“增进战略互信、实现复兴梦想、实现互利共赢、促进包容互鉴，努力打造命运共同体”，为新时期中阿全方位合作指明了方向、规划了路径、提供了遵循。在 22 个阿拉伯国家中，目前已有 18 个国家与中国签署了共建“一带一路”合作文件，成为维护多边贸易体系与互利共赢的典范。

经贸合作是中阿战略伙伴关系可持续发展的不竭动力，是中阿关系中最具历史积淀的因素。在双方共同努力下，中阿共建“一带一路”已经取得丰硕成果。2018 年，中阿经贸合作更加紧密，保持着良好发展势头，各经济领域合作富有成果。

1.1　中阿经贸合作总体情况

1.1.1　双边贸易接近历史最高水平

2018 年，中国与阿拉伯国家贸易额为 2443 亿美元，同比增长 28%，其中，中国自阿进口 1394 亿美元，对阿出口 1049 亿美元。在中阿共同努力下，中国已成为阿拉伯国家第二大贸易伙伴国。海合会依然是中国在阿拉伯国家最大的区域性贸易合作伙伴。2018 年，中国与海合会国家的双边贸易额为 1628.91 亿美元，占中国与阿拉伯国家贸易总额的 66.70%，较 2017 年的 1280.18 亿美元增长 27.24%。

1.1.2　对阿投资总体呈下降趋势

2018 年，中国对阿拉伯国家直接投资为 12 亿美元①，涉及能源、基础设施、制造业、电子商务、金融等领域。中国对阿拉伯国家直接投资存量由 2017 年的 157.7 亿美元增长到 178.6 亿美元。按照 3 年滑动平均值计算，中国对阿拉伯国家直接投资总体下滑的趋势并未得到扭转。2016~2018 年，中国对阿拉伯国家直接投资流量均值为 5.33 亿美元，同比继续下滑 13.4%。按 3 年滑动平均值计算，2016~2018 年，中国对阿拉伯国家直接投资仍处于 2010 年以来的最低水平。

1.1.3　工程承包额基本与上年持平

2018 年，中国在阿拉伯国家承包工程新签合同额 356 亿美元，同比增长 9%，完成营业额 278 亿美元。从对阿工程承包市场来看，沙特和阿联酋是主要合作方，对毛里塔尼亚的工程承包数量有了大幅提高。其他地区因政局动荡、国内发展不景气等方面因素，尚显不足。在北非地区，阿尔及利亚是非洲面积最大的国家，经济规模位居非洲前列。随着中国和阿尔及利亚经贸往来日益密切，阿尔及利亚成为中国在海外最大的承包工程市场之一。

1.1.4　中阿双边再签经贸新协定

2018 年，中国重视在阿拉伯国家开展经贸合作的同时，签订了一些新的经贸类合作协定。例如，巴勒斯坦经济部部长欧黛来华参加中巴经贸联委会第一次会议，中国与巴勒斯坦启动中巴自贸协定谈判，签订了《中华

① 中华人民共和国商务部西亚非洲司，http://xyf.mofcom.gov.cn/article/tj/zh/201905/20190502864325.shtml，2019 年 5 月 20 日。

人民共和国商务部和巴勒斯坦国国民经济部关于启动中巴自贸协定谈判的谅解备忘录》。中国与黎巴嫩签署了《中华人民共和国政府和黎巴嫩共和国政府经济技术合作协定》。2018 年 12 月，利比亚获得亚洲基础设施投资银行理事会批准，成为该行的意向成员，有助于恢复利比亚国内经济与发展。

1.2　中阿经贸合作领域成果

1.2.1　能源合作成果

从能源对外依存度来看，中国是全球第一大油气进口国。2018 年，中国石油对外依存度达 72%，为近 50 年来最高；天然气对外依存度为 43%。① 2018 年，中国原油进口同比增长 10.1%，达到 4.62 亿吨，总金额 15881.7 亿元人民币，其中，沙特、伊拉克、阿曼、科威特、阿联酋是中国进口原油最多的阿拉伯国家，进口量分别为 5673.26 万吨、4505.25 万吨、3290.67 万吨、2321.19 万吨、1219.99 万吨；成品油进口同比增长 13%，为 3350 万吨。与此同时，中国能源消费增速由 2017 年的 3.3% 增长至 4.3%，仍是世界上最大的能源消费国，占全球能源消费量的 24% 和全球能源消费增长的 34%。②

能源合作始终是中阿经贸合作的重要内容。2018 年，中阿双方继续巩固传统能源合作关系。阿拉伯国家大部分以石油和天然气作为国民经济主要支柱，重点发展石油、石化工业。在天然气方面，目前全球已探明天然气总储量 7043 万亿立方英尺，前五大国家分别是俄罗斯、伊朗、卡塔尔、土库曼斯坦、沙特。在上述五个国家中，阿拉伯国家占两席，充分说明中阿双方合作前景广阔。在油气投资方面，中阿一系列重大能源合作项目取得实质性进展。也因此，中阿在传统能源合作领域，一方面巩固和提升原油和天然气的进出口贸易合作，另一方面中国在阿拉伯国家的油田开发、管道铺设、修建炼油厂，甚至在水电站建设等领域的投资继续保持向好合

① 《BP 世界能源统计年鉴》（第 68 版），英国石油公司，2019。
② 《BP 世界能源统计年鉴》（第 68 版），英国石油公司，2019。

作态势。

中阿新型能源合作方兴未艾。2018 年，中国领跑可再生能源增长，占全球可再生能源增长的 45%；中国可再生能源消费增长 29%，占全球增长的 45%；全球核能发电增量的 74% 来自中国。因此，中阿双方在能源领域的合作不再是单纯的商品输出关系，区域合作、合资项目等多种合作模式正逐步完善成熟。在 2018 年 7 月召开的中阿合作论坛第八届部长级会议上，中国国家主席习近平表示：要推动中国同阿拉伯国家油气全产业链合作，并承诺为中东国家提供 200 亿美元的贷款配套和 6 亿元人民币的经济援助。在此背景下，中阿双方继续推进“油气 +”合作模式，共同构建油气牵引、核能跟进、清洁能源提速的中阿能源合作新格局。可再生能源对阿拉伯国家发展有特殊意义，不仅关系到国家能源结构调整和经济转型，还会带来大量就业机会。①

总体上，中阿能源合作已从单纯的油气产品输出关系，发展为全方位的能源产业合作，不断拓宽新能源领域，促使中阿经贸合作模式日趋多元和成熟。

1.2.2 科技合作成果

科技合作直接拓宽了中阿经贸合作的新边疆。2016 年 1 月 13 日，中国政府发表的首份《中国对阿拉伯国家政策文件》，明确提出要“利用中阿技术转移中心，构建覆盖中国和阿拉伯国家的一体化技术转移协作网络”②。同年 9 月 2 日，中国科技部、国家发改委、外交部、商务部会同有关部门编制印发的《推进“一带一路”建设科技创新合作专项规划》，再次明确提出了中阿技术转移中心要承担的重要使命。2017 年，“中国—阿拉伯国家国际科技产业合作联盟”由中国与阿拉伯国家共同发起，作为“一带一路”倡

① 《习近平在中阿合作论坛第八届部长级会议开幕式上的讲话》，http://cpc.people.com.cn/nl/2018/0710/c64094-30138530.html。

② 新华社：《中国对阿拉伯国家政策文件（全文）》，2016 年 1 月，http://news.xinhuanet.com/2016-01/13/c_1117766388.htm。

议和国际创新发展的合作体，直接对接中国与阿拉伯国家贸易主体。“中阿技术转移中心”自 2015 年成立以来取得丰硕成果。截至 2018 年，“中心”供需对接 85 次，达成意向 57 次，签署协议 47 次，协议金额 12.1 亿元。① 在“中心”下的“中国—阿拉伯国家科技合作与技术转移促进会”，旨在贯彻落实国家“一带一路”倡议，为中阿技术转移中心建立持续务实的互动机制，促进中国与阿拉伯国家在科技创新、技术转移等领域的可持续合作，实现区域内各国共同繁荣与发展。目前，科促会成员 521 个，其中我国 233 个，占 44.72%；国外 288 个，占 55.27%。② 合作形式多样，如图 1.1 所示。

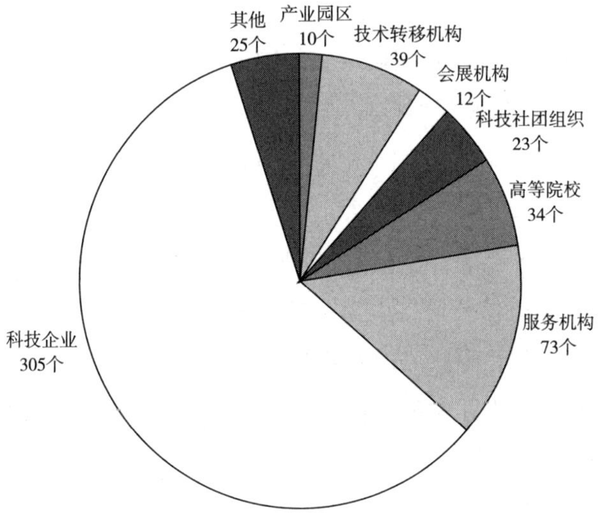

图 1.1　中阿技术转移中心所涉及的行业

中阿科技合作平台再上新台阶。2019 年，中国—阿拉伯国家博览会科技板块活动工作取得重要进展。围绕遥感测绘、智能制造、环保科技、农业物联网及国际技术转移等领域进行对接并达成合作意向。在第四届中阿博览会期间，中阿科技领域合作实现了新的突破。例如，中国科技部联合

① 中国—阿拉伯国家技术转移中心，http://www.casttc.org/。

② 中国—阿拉伯国家技术转移中心，http://www.casttc.org/。

阿拉伯国家联盟秘书处与宁夏共同举办了高新技术装备展暨技术成果推介对接会，包含了航天航空及遥感测绘技术、智能制造技术成果、绿色发展与新能源技术、中医药技术成果、中国—阿拉伯国家地学合作推进交流会等10场次专项内容；中阿技术创新合作大会，发布了“农业无人机和农业生产全过程云平台监控系统”等10项主推重要技术成果项目；中阿双方签订了绿色智能节水灌溉技术与设备研发示范项目等10个重点合作项目；中阿双方启动了技术转移专家咨询委员会。

中阿科技通信合作迈出新步伐。在科技通信方面，资料显示，到2024年，中东和非洲地区的5G初始用户将达到6000万人。目前，5G初始用户主要集中在海湾国家，尤其是沙特阿拉伯和阿拉伯联合酋长国，而沙特是最早在中东地区部署5G基础设施的国家。沙特将在2020年举办全球人工智能峰会，这充分展现阿拉伯国家“从骆驼走向5G”的未来发展趋势。2018年10月，华为在第三届“中东创新日”举办了主题为“5G已来，迈向新eMBB世界”的5G生态大会。华为宣布在中东地区已获取6个5G商用合同。截至2018年底，已有来自阿联酋、沙特、科威特、阿曼和巴林等中东国家的11家电信公司与华为签署了5G技术协议。目前，华为正参与科威特五岛规划设计工作，2018年科威特埃米尔萨巴赫访华时，华为与科威特CITRA签署了北方五岛智慧城市合作协议，目前华为也是顾问企业之一；华为为科威特电信运营商提供5G解决方案，也在与科威特电信管理局合作5G的用户案例开发。

1.2.3 农业合作成果

农业既是每个国家的支柱产业和经济基础，也是农业经济的国际合作领域。基于此，农业自然而然是“一带一路”建设的重要领域。中国作为传统农业大国，采取有效措施，积极推动促进农业现代化与工业化、信息化、城镇化协调同步发展。与“一带一路”沿线国家开展务实合作，促进农业领域和机构展开交流互动，符合双方利益。据统计，2018年中国农产品进出口总额达到2168亿美元，农业对外投资存量达到了190亿美元。“未来三年，中国将再派出 500 名高级农业专家，帮助发展中国家提高农业生产能力。”①

2018 年，中国要求加快推进并支持农业“走出去”，加强“一带一路”农业国际合作，主动扩大国内紧缺农产品进口，拓展多元化进口渠道，培育一批跨国农业企业集团，提高农业对外合作水平。

中阿农业合作是中阿战略伙伴关系中的重要组成部分，是中阿经贸关系中的一棵“常青树”。有的阿拉伯国家因地理位置、劳动力不足、生产技术落后、战乱等因素，农业发展落后，尤其是对非产油国来说粮食进口安全问题面临重大挑战。促进现代农业可持续发展，本着创新、协调、绿色、开放、共享的发展理念，中阿双方借助中阿博览会合作平台，积极开展合作交流。第四届中国—阿拉伯国家博览会期间，农业产业合作对话会在银川举行。中阿多家机构、企业和组织签署了 23 项合作协议或合同。宁夏依托中阿博览会这一重要平台，建立了“中国—阿拉伯国家农业技术转移中心”，按照“共商、共建、共享”原则，先后在毛里塔尼亚、约旦建立了中国—阿拉伯国家农业技术转移中心海外分中心，走出了一条具有中国特色的农业对外合作之路。

在农业国际合作方面，中国坚持“引进来”与“走出去”相结合的方式，聚焦“1+5+5+X”特色优势产业，相关省区如宁夏依托地理优势和国家规划，落实中国—阿拉伯国家博览会农业签约成果。在农业“引进来”方面，先后成功实施了中阿优质肉牛繁育等农业技术合作项目，对完善宁夏农业产业链，提升产业发展水平发挥了重要作用。在农业“走出去”方面，中国在毛里塔尼亚推广奶牛胚胎移植技术，在约旦河谷地区开展蔬菜种子试验示范并推广销售优质蔬菜种子，在吉尔吉斯斯坦开展设施农业冬季蔬菜栽培试验示范、日光温室建设、冬季蔬菜育苗、栽培管理技术培训等，积极挖掘国内外农业资源。②

---

① 《聚焦经贸合作共商“一带一路”农业合作大计》，http://www.xinhuanet.com/food/2019-04/26/c_1124418338.htm。

② 《农业合作——中阿合作的常青树》,《光明日报》2019 年 9 月 7 日，http://news.gmw.cn/2019-09/07/content_33142796.htm。

中阿农业合作日益国际化，得到联合国世界粮食计划署的支持。据悉，联合国世界粮食计划署将积极参与中阿农业合作交流，帮助相关阿拉伯国家提升粮食生产能力，改善营养状况，消除饥饿，并在联合国框架下为中国与阿拉伯及“一带一路”沿线相关国家进行农业技术交流、技术合作示范、南南合作项目实施、人才培训培养、政策沟通与对话等提供支持。

1.3 中阿项目合作进展情况

1.3.1 基建项目取得新进展

截至2018年，中国企业在阿拉伯国家承建的多个“一带一路”倡议重点基建项目取得显著进展，其中包括阿尔及利亚中心港的项目筹备、埃及“斋月十日城”市郊铁路、埃及国家主电网输电线、埃及玻璃纤维生产线、埃及小卫星总装集成测试中心项目、阿联酋哈利法港二期集装箱码头、毛里塔尼亚友谊港扩建、摩洛哥“穆罕默德六世大桥”及包括摩洛哥北部新一代战略项目在内的中摩共建“一带一路”合作成就、卡塔尔路赛体育场、约旦阿塔拉特油页岩发电站、阿曼苏哈尔独立电站项目、苏丹上阿特巴拉水利枢纽、沙特延布炼油厂等。[①] 此外，中国与阿联酋“一带一路”产能合作园区正式开工建设。园区位于阿联酋阿布扎比哈利法工业区内，启动区2.2平方公里，预留用地10平方公里，由江苏省海外合作投资有限公司投资建设和运营管理。截至目前，已有15家中国企业与园区签署了投资框架协议，涉及建材、化工、新能源等多个行业，投资总金额逾60亿美元。

1.3.2 投资项目实现新增长

中阿双方积极进行双向投资。中国对阿拉伯国家的主要投资领域为能源、钢铁、建材、建筑机械、五金、化工等，行业分布广泛，门类齐全，行业存量规模超千亿美元。

---

① 《中国和阿拉伯国家合作共建“一带一路”行动宣言》，北京，2018年7月10日，http://www.cascf.org/chn/zagx/gjydyl/t1577010.htm。

2018 年，中国在阿拉伯国家的投资项目，主要有阿联酋迪拜铝厂自备水厂海水淡化项目（EPC），涉及电力、热力、燃气及水生产和供应业；阿布扎比塔维勒海水淡化项目（EPC），涉及水利、环境和公共设施管理业；阿布扎比哈利法港场站（二期）项目，涉及交通运输业。截至 2019 年上半年，中国对阿联酋的直接投资累计达到 59.1 亿美元，完成承包工程营业额累计达到 297 亿美元，阿联酋对华直接投资累计达到 12.7 亿美元；中国在伊拉克投资，主要是格拉夫油田自备电站项目（EPC）、伊拉克格拉夫油田（Garraf Oil），以及伊拉克水处理项目（EPC），主要集中在水利环境基础设施建设。中国在埃及投资，主要是第三条 120 吨 / 天压延玻璃生产线项目（EPC），涉及制造业、化学原料和化学制品制造业。中国在摩洛哥投资，主要是拉巴特—塞乐机场航站楼建设项目，涉及交通运输、仓储和邮政业。

1.4　中阿经贸合作趋势展望

综上所述，2018 年中国与阿拉伯国家经贸合作整体运行稳中有进，合作空间巨大。中阿战略伙伴关系在经贸关系的发展中得以持续发展，截至 2018 年，中资企业参与建设和运营了吉布提港、苏丹港、沙特吉达港、埃及塞得港和艾因苏赫纳港、阿尔及利亚哈姆达尼耶港、摩洛哥丹吉尔港和卡萨布兰卡港、毛里塔尼亚友谊港等近 10 个港口，成为中国在海上丝路开展港口外交的重要对象。①

在未来，中阿经贸关系机遇与挑战并存。一方面，阿拉伯国家安全问题阻碍经贸发展。阿拉伯国家长期面临地区安全问题，经济、社会、安全等领域遭受巨大损失。中东安全问题不仅影响阿拉伯国家的发展与稳定，还影响世界的和平与发展。因此，外交部部长助理陈晓东在中东安全论坛主旨演讲中讲道：“中东的和平安全、稳定发展是中国的期许所向、利益所在、担当所系。”另一方面，阿拉伯国家经济的发展促进国内和地区稳定，

① 孙德刚：《中国港口外交的理论与实践》，《世界经济与政治》2018 年第 5 期，第 22~24 页。

主要表现为阿拉伯国家内部经济改革动力强劲。首先，阿拉伯地区为共同应对经济发展问题，阿拉伯国家自 2009 年起召开阿拉伯经济峰会，每届峰会都聚焦阿拉伯国家当前面临的经济和社会发展问题。其次，阿拉伯国家内部提出经济发展计划，努力优化产业结构，改善营商环境。

阿拉伯国家联盟助推中阿合作交流，深化政治互信。海湾合作委员会成员国、海湾国家、北非国家等与中国有较密切的经贸往来，在国家战略上与中国对接，得到中国政府的支持与欢迎。阿拉伯国家与中国共同对标经济多元化发展与全方位合作，在中国与阿拉伯国家经贸合作上，国家层面的投资建设是中阿经贸合作的基础。作为公司和企业，要在国家战略的指引下，发挥各自优势，积极拓宽合作领域，创新合作模式，使企业与国家互为联动，共同拓展中阿经贸合作的广度和深度。

未来，中阿经贸关系将继续保持长期稳定增长，不断推动战略合作再上新台阶，彼此之间求同存异，趋利避害，共同构建中阿命运共同体。

第 2 章　中阿贸易合作专题报告

2018 年是全球金融危机爆发的第十年，经过国际金融危机后近十年的调整，2018 年以来世界经济复苏态势好于预期。根据国际货币基金组织数据，2018 年全球平均经济增长为 3.7%，世界经济迎来持续增长的良好局面。

在全球经济持续复苏、中国经济稳中向好、外贸发展内生动力增强等因素推动下，我国外贸总体形势虽然呈现较好的上升状态，但不稳定、不确定因素有所增加。从国内看，经济发展不平衡、不充分的问题依然突出；从国际看，世界经济增长动力有所增强，但政治经济形势更加错综复杂，单边主义、贸易保护主义和“逆全球化”势力抬头，主要经济体宏观经济政策调整溢出效应凸显，地缘政治风险较大，世界经济复苏基础并不稳固。在前所未有的复杂国际经贸形势，尤其是中美贸易摩擦的背景下，我国始终坚持对外开放的基本国策，奉行互利共赢的开放战略，践行习近平主席提出的“一带一路”倡议，出台了一系列扩大开放、促进外贸稳定增长的政策，着力推进“五个优化”，加快“三项建设”，配合国内需求的持续增长，使我国 2018 年对外贸易实现总体平稳，稳中有进。

2018 年，中东地区局势依然不稳，阿拉伯国家内部矛盾重重。同时，阿拉伯国家经济发展中还面临经济结构单一、能源价格变动冲击和失业率上升等挑战。为促进经济发展，阿拉伯国家采取各种措施，如实行紧缩的财政政策，推动经济改革和多样化发展，允许私营部门发挥更大作用，实施财政和税收优惠以吸引外国直接投资，加大基础设施投融资和优化商业环境等。这些措施对阿拉伯国家经济发展起到了积极作用。

根据世界银行数据，2018 年，阿拉伯国家 GDP 增长速度达到 2.04%，高于 2017 年的 0.83%；失业率从 2017 年的 9.95% 下降到 2018 年的 9.93%。同时，阿拉伯国家谋求更加多元化的对外关系，纷纷融入“一带一路”建设，在利用外资和扩大外贸方面取得了良好成效。

在上述背景下，中阿贸易克服困难，寻求新型合作方式。中阿合作潜力不断释放，贸易数量和质量得到进一步提升，中阿贸易迎来向好新局面。

2.1 中国对阿拉伯国家贸易状况

2.1.1 中国对外贸易基本状况

2018 年中国对外贸易进出口规模创历史新高，迈上了年度进出口总值 44828.31[①] 亿美元的新台阶，比 2017 年增长 12.78%，比 2016 年增长 21.63%。其中，出口 24942.30 亿美元，比 2017 年增长 10.20%；进口 19886.01 亿美元，比 2017 年增长 16.20%；贸易顺差 5056.29 亿美元，比 2017年收窄 8.39%。2018年进出口总额、出口总额、进口总额均创历史新高，至此，我国对外贸易额实现了从 2016 年以来的连续三年增长，一扫 2014 年到 2016 年连续三年下跌的颓势（见表 2.1）。

表 2.1　2010~2018 年中国对外贸易额及增长速度

指标 / 年份	进出口贸易		出口贸易		进口贸易		贸易差额	
	总额（亿美元）	同比变化（%）	金额（亿美元）	同比变化（%）	金额（亿美元）	同比变化（%）	金额（亿美元）	同比变化（%）
2010	28668.98	35.18	15777.64	31.30	12891.34	40.25	2886.30	2.17
2011	35191.68	22.75	18983.88	20.32	16207.8	25.73	2776.08	-3.82
2012	37240.51	5.82	20487.82	7.92	16752.69	3.36	3735.13	34.55

① 若无特别说明，本文数据皆根据联合国国际贸易数据库数据整理得到（以中国为报告国，分类依据为 HS3）。

续表

指标 / 年份	进出口贸易		出口贸易		进口贸易		贸易差额	
	总额（亿美元）	同比变化（%）	金额（亿美元）	同比变化（%）	金额（亿美元）	同比变化（%）	金额（亿美元）	同比变化（%）
2013	40014.58	7.45	22090.07	7.82	17924.51	6.99	4165.56	11.52
2014	41566.47	3.88	23422.93	6.03	18143.54	1.22	5279.39	26.74
2015	38096.63	–8.35	22734.68	–2.94	15361.95	–15.33	7372.73	39.65
2016	36855.58	–3.26	20976.37	–7.73	15879.21	3.37	5097.16	–30.86
2017	39747.95	7.85	22633.71	7.90	17114.24	7.78	5519.47	8.29
2018	44828.31	12.78	24942.30	10.20	19886.01	16.20	5056.29	–8.39

注：以中国为报告国。

分类依据：HS3。

资料来源：根据联合国国际贸易数据库数据整理计算。

2018 年，中国对前四大贸易伙伴欧盟、美国、东盟、日本进出口分别增长 7.9%、5.7%、11.2% 和 5.4%[①]，合计占进出口总额的 49.03%（见图 2.1）。其中，对欧盟、美国、东盟、日本的出口分别增长 7.0%、8.6%、11.3% 和 4.4%。对“一带一路”沿线国家、非洲、拉丁美洲进出口分别增长 13.3%、16.4% 和 15.7%，增速分别高于进出口总体增速 3.6%、6.7% 和 6.0%，分别占进出口总额的 27.4%、4.4% 和 6.7%。中国与“一带一路”沿线国家的贸易合作潜力不断释放，成为拉动中国外贸发展的新动力。其中，对俄罗斯、沙特阿拉伯和希腊进出口分别增长 24.0%、23.2% 和 33.0%，对阿拉伯国家贸易增长 27.59%，实现了大幅度增长。

2.1.2　中国对外服务贸易状况

根据中国商务部数据，2018 年中国服务进出口总额 7821.19 亿美元，增长 12.4%，规模创历史新高，连续第 5 年位居全球第二。其中，出口 2635.52 亿美元，增长 15.5%，是 2011 年以来最高增速；进口 5185.67 亿美

① 数据来源于中国商务部网站。

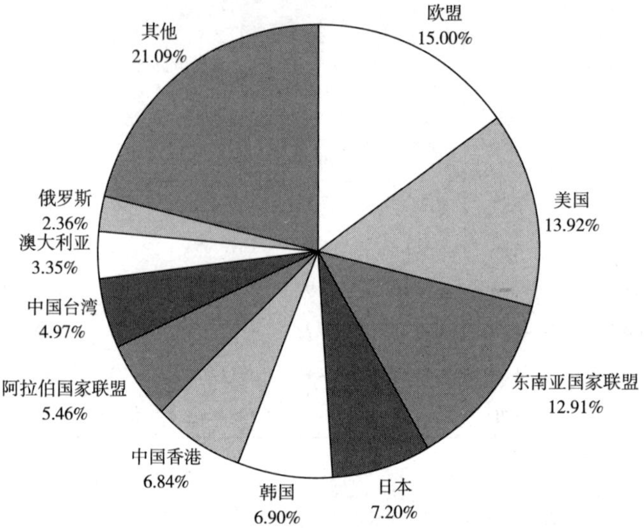

图 2.1　2018 年中国对前十贸易伙伴进出口金额占比

注：以中国为报告国。

分类依据：HS3。

资料来源：根据联合国国际贸易数据库数据整理计算。

元，增长 10.9%。随着服务业特别是生产性服务业发展水平提高，中国专业服务领域国际竞争力不断增强，服务贸易出口增速连续两年高于进口（见表 2.2）。服务贸易结构持续优化，高质量发展取得积极进展。

根据表 2.2，中国服务贸易呈现逆差状态，且逆差额不断扩大。2010 年逆差额为 151 亿美元，2017 年逆差额是 2395 亿美元，2018 年逆差额已达到了 2550 亿美元，相较于 2017 年增长了 6.47%。

表 2.2　2010~2018 年中国服务贸易进出口额

年份	中国进出口		中国出口		中国进口		差额（亿美元）
	金额（亿美元）	同比变化（%）	金额（亿美元）	同比变化（%）	金额（亿美元）	同比变化（%）	
2010	3717	22.9	1783	24.2	1934	21.7	–151
2011	4489	20.8	2010	12.7	2478	28.2	–468
2012	4829	7.6	2016	0.3	2813	13.5	–797

续表

年份	中国进出口		中国出口		中国进口		差额（亿美元）
	金额（亿美元）	同比变化（%）	金额（亿美元）	同比变化（%）	金额（亿美元）	同比变化（%）	
2013	5376	11.3	2070	2.7	3306	17.5	-1236
2014	6520	21.3	2191	5.9	4329	30.9	-2137
2015	6542	0.3	2186	-0.2	4355	0.6	-2169
2016	6616	1.1	2095	-4.2	4521	3.8	-2426
2017	6957	5	2281	8.9	4676	3.4	-2395
2018	7821	12.4	2636	15.5	5186	10.9	-2550

资料来源：中国商务部网站。

由图2.2可以得出，中国服务贸易进出口总额、出口额和进口额从2010年到2018年总体呈现上升趋势，服务贸易规模不断扩大。中国服务贸易从2010年到2018年一直处于逆差状态，服务贸易进口额远高于出口额，且进口额增长明显高于出口额增长，服务贸易逆差在进一步扩大。

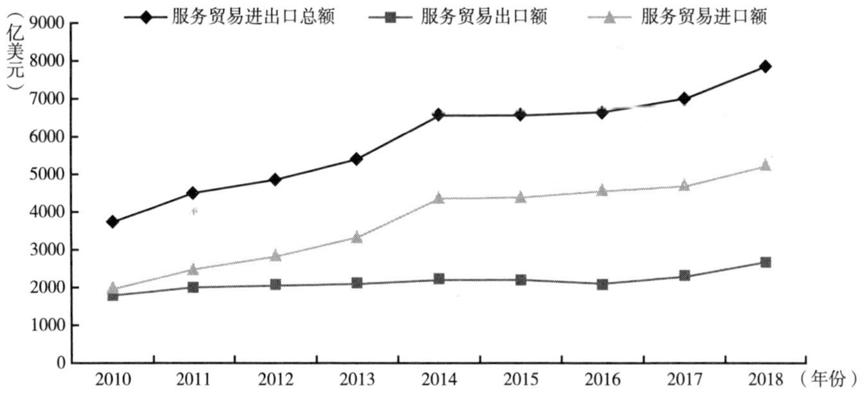

图2.2　2010~2018年中国服务贸易趋势

资料来源：中国商务部网站。

2.1.3　中国对阿拉伯国家出口基本状况

2018年，中东局势进一步升温，对抗、僵持、失衡构成了中东地区形势的典型特征。对抗突出表现为，美国及其盟友沙特阿拉伯和以色列，与伊朗的严重对抗；僵持具体表现为，叙利亚问题、巴以问题、也门问题等热点问题，虽出现政治解决的希望，但总体上仍处于僵持状态；失衡主要表现为，受美国中东政策负面效应以及地区大国博弈的影响，中东国际关系的分化组合更趋复杂，地区格局持续失衡。面临严峻复杂的中东地区形势，中阿贸易迎难而上，克服重重困难，实现了稳定增长。

2018 年，中国对阿拉伯国家出口总额为 1053.10 亿美元，突破了千亿美元大关，较 2017 年增长 6.75%，涨幅较大。贸易逆差为 339.47 亿美元，较 2017 年增长 707.39%，表明中国对阿拉伯国家的贸易逆差进一步加大，且增长幅度巨大（见表 2.3）。2018 年中国对阿拉伯国家的进出口总额、进口额，相比 2017 年有了较大幅度的提升，中阿贸易往来日趋紧密（见图 2.3）。

表 2.3　2010~2018 年中国对阿拉伯国家贸易总体情况

指标 年份	进出口贸易		出口贸易		进口贸易		贸易差额	
	总额（亿美元）	同比变化（%）	金额（亿美元）	同比变化（%）	金额（亿美元）	同比变化（%）	金额（亿美元）	同比变化（%）
2010	1368.58	34.37	629.37	16.00	739.21	55.32	-109.83	-264.77
2011	1843.58	34.71	758.61	20.53	1084.96	46.77	-326.35	197.14
2012	2224.20	20.65	912.79	20.32	1311.41	20.87	-398.62	22.14
2013	2388.97	7.41	1013.52	11.03	1375.45	4.88	-361.93	-9.20
2014	2510.51	5.09	1138.21	12.30	1372.30	-0.23	-234.09	-35.32
2015	2025.41	-19.32	1150.40	1.07	875.01	-36.24	275.38	217.64
2016	1710.29	-15.56	1006.74	-12.49	703.56	-19.59	303.18	10.10
2017	1917.57	12.12	986.73	-1.99	930.84	32.30	55.89	-81.57
2018	2445.67	27.57	1053.10	6.7	1392.57	49.60	-339.47	-707.39

注：以中国为报告国。

分类依据：HS3。

资料来源：根据联合国国际贸易数据库数据整理计算。

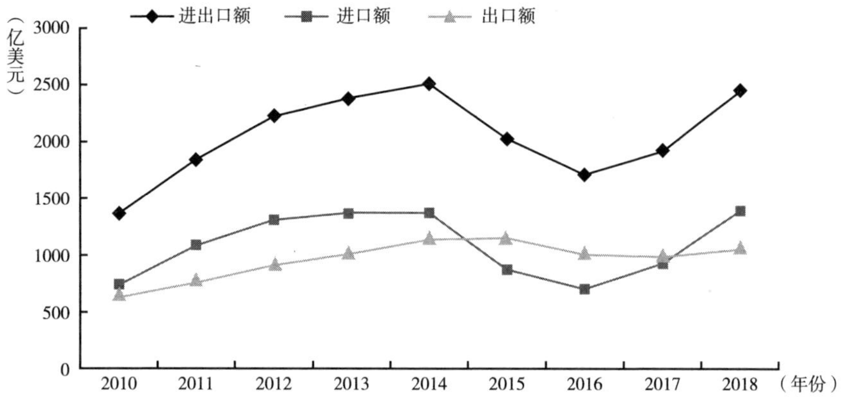

图 2.3　2010~2018 年中国与阿拉伯国家贸易趋势

注：以中国为报告国。

分类依据：HS3。

资料来源：根据联合国国际贸易数据库数据整理计算。

2.2　阿拉伯国家对中国贸易状况

2.2.1　阿拉伯国家对外贸易基本状况

2018 年，阿拉伯国家对世界贸易总额达到 18598.23 亿美元，较 2017 年的 12838.43 亿美元增长了 44.86%，实现了大幅度增长。阿拉伯国家对外贸易额，在 2013 年达到峰值 19903.86 亿美元，此后因石油价格下降等因素，对外贸易额 2014 年到 2017 年连续四年下跌（见表 2.4）。油价持续数年走低后，2018 年油价复苏。2018 年 1~10 月，全球基准布伦特原油上涨近 1/3，达到每桶 86.74 美元的高点，这也是自 2014 年底以来的最高水平。受国际原油价格上涨影响，2018 年阿拉伯国家进出口总额，较 2017 年实现大幅度增长，扭转了自 2014 年以来连续四年下跌的趋势。

2018 年，阿拉伯国家对外贸易出口额为 9974.09 亿美元，较 2017 年 6744.69 亿美元增长了 47.88%，较 2016 年 6264.12 亿美元增长了 59.23%，实现了从 2016 年以来连续三年的增长。2018 年，阿拉伯国家对外贸易进口额为 8624.14 亿美元，较 2017 年 6093.74 亿美元增长 41.52%，达到历史最高水平，实现了自 2014 年以来的首次增长，扭转了从 2014 年开始连续四年进口额下降的颓势。

阿拉伯国家 2018 年贸易顺差为 1349.95 亿美元，较 2017 年 650.95 亿美元增长 107.38%，贸易顺差进一步加大。2010~2014 年，阿拉伯国家对外贸易为顺差，2015 年和 2016 年为逆差，2017 年与 2018 年为顺差，且 2016~2018 年顺差额逐渐增加。2010~2018 年，阿拉伯国家对外贸易总体呈现顺差状态，除 2015~2016 年出现贸易逆差，其余年份皆表现为贸易顺差，且顺差额逐渐增加（见表 2.4、图 2.4）。

表 2.4　2010~2018 年阿拉伯国家对外贸易额及增长速度

指标 年份	进出口贸易		出口贸易		进口贸易		贸易差额	
	总额（亿美元）	同比变化（%）	金额（亿美元）	同比变化（%）	金额（亿美元）	同比变化（%）	金额（亿美元）	同比变化（%）
2010	13439.29	24.02	7960.13	34.32	5479.17	11.59	2480.96	144.16
2011	17392.17	29.41	10906.28	37.01	6485.90	18.37	4420.38	78.17
2012	19446.23	11.81	12289.56	12.68	7156.67	10.34	5132.89	16.12
2013	19903.86	2.35	12088.30	−1.64	7815.56	9.21	4272.74	−16.76
2014	19208.59	−3.49	11205.41	−7.30	8003.18	2.40	3202.23	−25.05
2015	14392.32	−25.07	7091.00	−36.72	7301.32	−8.77	−210.33	−106.57
2016	13007.05	−9.63	6264.12	−11.66	6742.93	−7.65	−478.80	−127.64
2017	12838.43	−1.30	6744.69	7.67	6093.74	−9.63	650.95	235.95
2018	18598.23	44.86	9974.09	47.88	8624.14	41.52	1349.95	107.38

注：由于以阿拉伯国家为报告国的部分数据缺失，表中数据以世界所有国家为报告国。

分类依据：HS3。

资料来源：根据联合国国际贸易数据库数据整理计算。

2.2.2　阿拉伯国家服务贸易基本状况

2018 年，阿拉伯国家服务贸易进出口总额为 4810.82 亿美元，较 2017

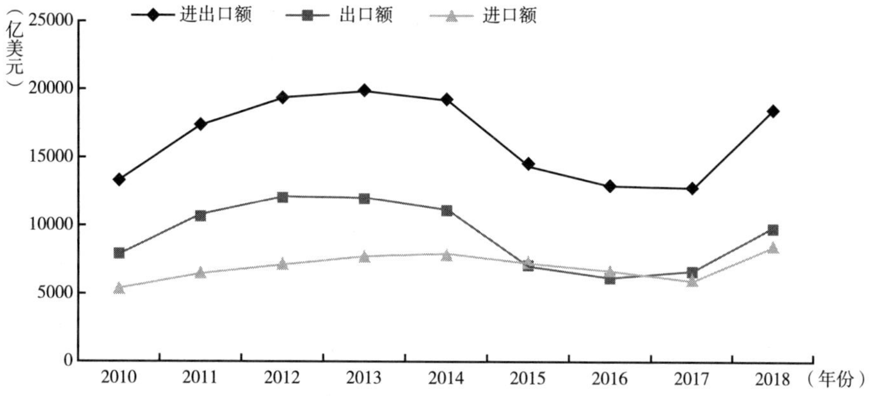

图 2.4　2010~2018 年阿拉伯国家贸易趋势

注：由于以阿拉伯国家为报告国的部分数据缺失，表中数据以世界所有国家为报告国。

分类依据：HS3。

资料来源：根据联合国国际贸易数据库数据整理计算。

年 4846.27 亿美元下降 0.7%，较 2016 年 4859.74 亿美元下降 1%。其服务贸易进出口额在 2014 年达到峰值 5268.17 亿美元，此后至 2018 年连续五年下降。2018 年其服务贸易进口额为 2783.01 亿美元，较 2017 年 2935.87 亿美元下降 5.2%，较 2016 年 3034.10 亿美元下跌 8.3%，呈现自 2014 年到 2018 年连续五年下跌的局面。2018 年，其出口额为 2027.81 亿美元，较 2017 年 1910.41 亿美元增长 6.1%，达到自 2010 年以来最高值，并实现了服务贸易出口额连续八年增长（见表 2.5、图 2.5）。

阿拉伯国家服务贸易出口额占世界服务贸易出口总额比重，自 2014 年以来维持在 3% 左右，2018 年为 3.51%，较 2017 年的 3.65% 下降 0.14 个百分点，降幅为 3.84%，总体变化不大，基本保持稳定（见图 2.6）[①]。

阿拉伯国家服务贸易自 2010 年以来就一直处于逆差状态，且于 2014 年其逆差额达到峰值 1684 亿美元，此后逆差逐年缩小，至 2018 年服务贸易逆差额缩小至 755.20 亿美元，较 2017 年服务贸易逆差额 1025.46 亿美元同比减少 5.2%。

① 相关数据来源于 WTO（世界贸易组织）网站。

表 2.5　2010~2018 年阿拉伯国家服务贸易进出口额

年份	阿拉伯国家进出口		阿拉伯国家出口		阿拉伯国家进口		差额（亿美元）
	金额（亿美元）	同比变化（%）	金额（亿美元）	同比变化（%）	金额（亿美元）	同比变化（%）	
2010	3516.71	7.9	1226.32	7.4	2290.39	8.1	−1064.07
2011	3788.23	7.7	1222.52	−0.3	2565.72	12.0	−1343.20
2012	4077.73	7.6	1305.54	6.8	2772.19	8.0	−1466.65
2013	4220.32	3.5	1324.40	1.4	2895.92	4.5	−1571.52
2014	5268.17	24.8	1792.08	35.3	3476.09	20.0	−1684.00
2015	5029.84	−4.5	1812.73	1.2	3217.12	−7.5	−1404.39
2016	4859.74	−3.4	1825.64	0.7	3034.10	−5.7	−1208.46
2017	4846.27	−0.3	1910.41	4.6	2935.87	−3.2	−1025.46
2018	4810.82	−0.7	2027.81	6.1	2783.01	−5.2	−755.20

资料来源：根据 WTO（世界贸易组织）数据库数据整理计算。

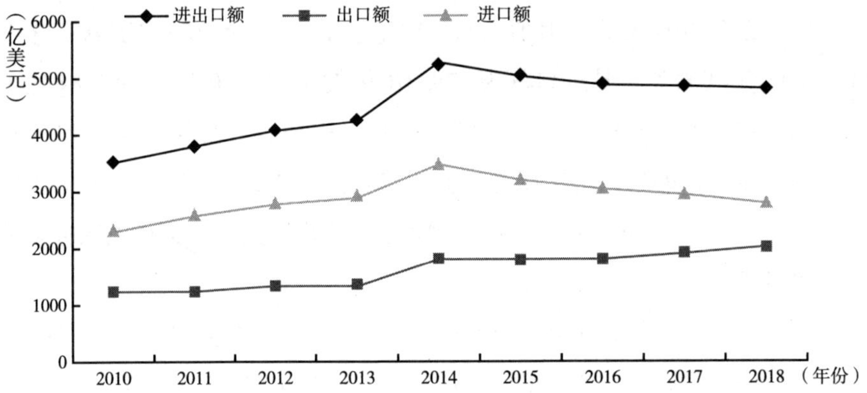

图 2.5　2010~2018 年阿拉伯国家服务贸易趋势

资料来源：根据 WTO（世界贸易组织）数据库数据整理计算。

从阿拉伯世界服务贸易出口看，2018 年，服务贸易出口额位居前五位的国家依次是阿联酋、埃及、摩洛哥、卡塔尔和沙特阿拉伯。阿联酋是该地区服务贸易出口规模最大的国家，出口额达到 708.78 亿美元，较 2017 年增长 0.54%；埃及居第二位，出口额为 229.06 亿美元，较 2017 年增长 14.34%；摩洛哥和卡塔尔后来居上，位列第三和第四，出口额分别为

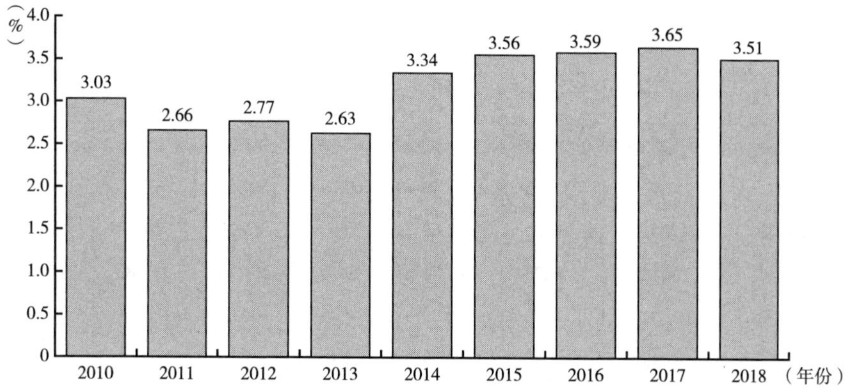

图 2.6 2010~2018 年阿拉伯国家服务贸易出口额占世界服务贸易出口总额比重

资料来源：根据 WTO（世界贸易组织）数据库数据整理计算。

178.94 亿美元和 177.80 亿美元，较 2017 年分别增长 3.67% 和 0.42%；沙特阿拉伯位居第五，出口额为 173.86 亿美元，较 2017 年下降 3.52%。2018 年，服务贸易出口最少的阿拉伯国家是吉布提，出口额为 2.09 亿美元。[①] 以阿联酋为首的海合会国家（阿联酋、阿曼、巴林、卡塔尔、科威特、沙特阿拉伯）在服务贸易出口方面增长速度较快，所占比重也较高，占阿拉伯国家服务贸易出口额比重达 61.93%。海合会国家中，科威特服务贸易出口额增长最快，较 2017 年增长 47.53%（见表 2.6）。

表 2.6 2012~2018 年阿拉伯各国服务贸易出口额

单位：亿美元

年份 国别	2012	2013	2014	2015	2016	2017	2018
阿尔及利亚	37.49	37.73	35.44	34.55	34.33	32.61	30.40
巴林	83.32	85.01	85.71	91.13	109.98	111.30	119.15
科摩罗	0.70	0.80	0.85	0.84	—	—	—
吉布提	3.39	3.66	3.82	4.55	4.06	—	2.09
埃及	217.67	182.62	218.98	185.39	136.06	200.33	229.06

① 缺失数据的未列入对比范畴。

续表

年份 国别	2012	2013	2014	2015	2016	2017	2018
伊拉克	28.33	32.98	41.31	62.60	48.35	—	53.06
约旦	64.21	63.15	71.40	62.69	60.35	67.20	70.21
科威特	88.37	61.80	62.68	60.56	55.29	51.63	76.17
黎巴嫩	151.25	157.20	147.51	159.10	151.93	160.80	152.95
利比亚	1.52	1.80	0.79	4.83	0.86	—	—
毛里塔尼亚	1.45	1.86	2.79	2.46	2.70	—	—
摩洛哥	153.47	143.53	162.36	146.74	153.79	172.61	178.94
阿曼	26.87	29.55	31.30	33.79	36.04	—	—
卡塔尔	99.22	111.75	135.26	149.97	151.76	177.06	177.80
沙特阿拉伯	110.50	118.45	125.16	144.74	172.53	180.21	173.86
索马里	—	1.99	3.37	3.55	3.73	3.93	4.05
苏丹	10.59	12.58	15.68	17.27	15.45	15.17	14.86
叙利亚	—	—	—	—	—	—	—
突尼斯	50.77	48.31	47.34	32.94	32.49	32.60	36.43
阿联酋	160.65	212.39	583.25	607.76	655.96	704.97	708.78
也门	15.77	17.26	17.07	7.28	—	—	—
世界	45376.57	48298.30	51900.42	49292.05	49533.86	53048.09	57696.71

注：“—”代表数据缺失。

资料来源：根据 WTO（世界贸易组织）网站数据整理计算。

从服务贸易进口来看，2018 年，阿联酋继续稳居第一，沙特阿拉伯居第二，科威特超过卡塔尔位居第三，卡塔尔和埃及分别位居第四和第五，其服务贸易进口额分别为 709.87 亿美元、554.77 亿美元、335.67 亿美元、307.35 亿美元和 178.34 亿美元。[①] 其中，海合会依然是阿拉伯国家服务贸易进口总额占比最高的经济体，高达 71.40%。[②] 2018 年服务贸易进口额最少的国家为吉布提，仅为 2.02 亿美元（见表 2.7）。

① 相关数据来源于 WTO（世界贸易组织）网站。

② 阿曼 2018 年进口数据缺失。

表 2.7　2012~2018 年阿拉伯各国服务贸易进口额

单位：亿美元

国别 \ 年份	2012	2013	2014	2015	2016	2017	2018
阿尔及利亚	108.73	107.95	118.03	110.77	108.81	115.99	104.52
巴林	60.45	70.51	67.64	65.92	75.30	76.42	79.39
科摩罗	1.04	1.09	0.99	0.83	—	—	—
吉布提	1.60	1.68	1.94	2.30	1.99	—	2.02
埃及	164.50	164.08	175.50	175.19	170.32	173.99	178.34
伊拉克	132.91	146.58	147.90	126.20	100.37	—	177.85
约旦	45.44	46.12	46.34	45.28	45.65	46.70	46.62
科威特	210.97	210.04	237.87	237.96	263.48	285.66	335.67
黎巴嫩	115.06	130.02	132.16	136.93	132.80	138.53	143.38
利比亚	69.96	84.72	74.56	46.58	28.83	—	—
毛里塔尼亚	10.17	9.99	9.00	6.41	6.05	—	—
摩洛哥	81.36	75.71	88.72	79.13	86.04	97.94	92.97
阿曼	87.85	97.98	100.14	102.14	99.46	—	—
卡塔尔	239.06	274.79	328.59	307.75	315.41	314.27	307.35
沙特阿拉伯	734.07	766.52	1005.45	880.36	702.67	768.18	554.77
索马里	—	10.17	12.24	13.28	13.35	14.52	14.78
苏丹	21.09	20.30	20.75	17.79	15.07	19.06	6.07
叙利亚	—	—	—	—	—	—	—
突尼斯	31.96	33.04	34.00	30.76	30.11	29.62	29.41
阿联酋	632.54	621.92	846.83	818.79	838.39	855.00	709.87
也门	23.41	22.72	27.43	12.75	—	—	—

注：“—”代表数据缺失。

资料来源：根据 WTO（世界贸易组织）网站数据整理计算。

2.2.3　阿拉伯国家对中国出口状况

2018 年，中阿双边贸易关系进一步加强，贸易总额进一步增加。2018 年中阿贸易总额为 2443 亿美元，较 2017 年 1917.57 亿美元增长 27.4%，实现较大幅度增长。

2018 年阿拉伯国家对中国出口额为 1394 亿美元，较 2017 年 930.84 亿美元增长 49.7%，较 2016 年 703.56 亿美元增长 98.1%，实现了自 2016 年连续三年出口额的增长，阿拉伯国家对中国出口逐年增加。2018 年，阿拉伯国家对中国贸易顺差为 339.47 亿美元，较 2017 年增加 714.98%，涨幅巨大，表明阿拉伯国家对中国的贸易顺差在进一步加大（见图 2.7）。

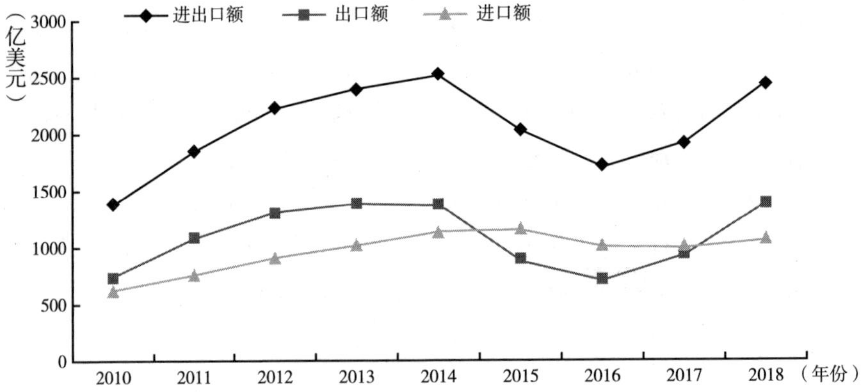

图 2.7　2010~2018 年阿拉伯国家对中国贸易趋势

分类依据：HS3。

资料来源：根据联合国国际贸易数据库数据整理计算。

海合会国家与中国的贸易一直是阿拉伯国家与中国贸易中最重要的组成部分，近年来每年海合会国家与中国贸易进出口总额占阿中贸易的比重都在 65% 以上。2018 年，海合会国家与中国贸易进出口总额为 1628.91 亿美元，占阿中贸易进出口总额的 66.60%，其中海合会国家向中国出口 1056.03 亿美元，占阿拉伯国家对中国出口的 75.83%，可见，对于阿中贸易往来，海合会国家占据异常重要地位（见表 2.8，图 2.8、图 2.9）。

表 2.8 2010~2018 年海合会国家对中国贸易总体情况

指标 年份	进出口贸易额		进口贸易额		出口贸易额	
	总额（亿美元）	占比（%）	金额（亿美元）	占比（%）	金额（亿美元）	占比（%）
2010	925.26	67.61	360.50	57.28	564.76	76.40
2011	1337.14	72.53	468.68	61.78	868.46	80.05
2012	1551.12	69.74	543.3	59.52	1007.82	76.85
2013	1653.47	69.21	596.77	58.88	1056.70	76.83
2014	1751.83	69.78	685.90	60.30	1065.93	77.67
2015	1366.15	67.45	678.10	58.98	688.05	78.63
2016	1122.8	65.65	561.73	55.83	561.08	79.75
2017	1280.29	66.77	551.13	55.89	729.16	78.33
2018	1628.91	66.60	572.88	54.40	1056.03	75.83

分类依据：HS3。
资料来源：根据联合国国际贸易数据库数据整理计算。

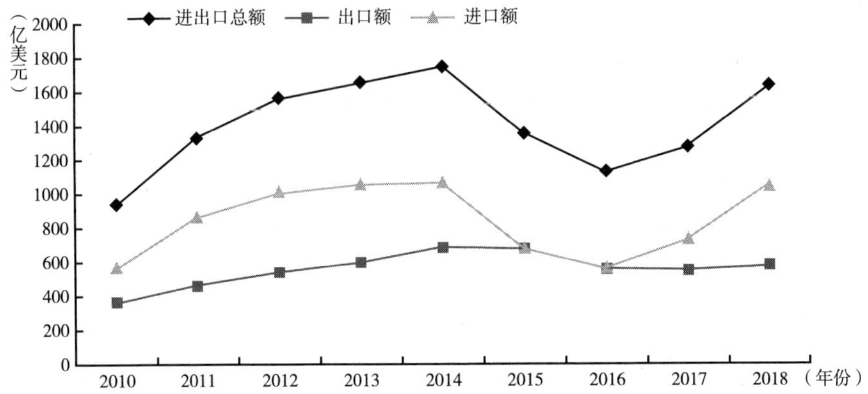

图 2.8 2010~2018 年海合会国家对中国贸易趋势

分类依据：HS3。
资料来源：根据联合国国际贸易数据库数据整理计算。

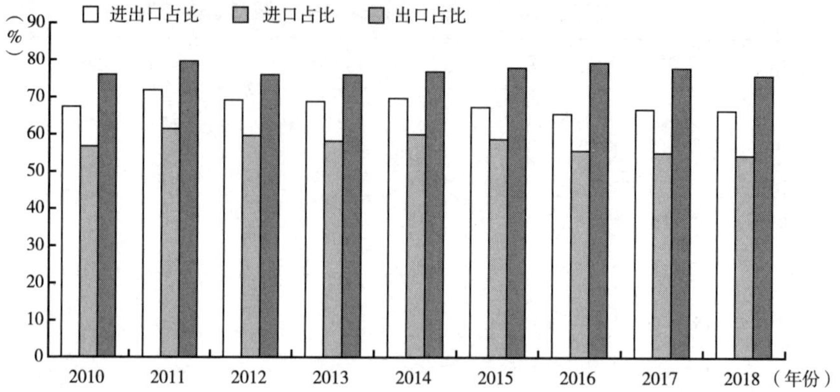

图 2.9 2010~2018 年海合会国家对中国贸易占阿中贸易比重

分类依据：HS3。

资料来源：根据联合国国际贸易数据库数据整理计算。

2.3 中国与阿拉伯国家贸易关系

2018 年，阿拉伯国家是中国的重要贸易伙伴，贸易额占中国 2018 年对外贸易额的 5.46%，居于欧盟、美国、东盟、日本、韩国之后。

2.3.1 中国与阿拉伯国家主要贸易伙伴贸易基本状况

2018 年，中国在阿拉伯国家的第一大贸易伙伴是沙特阿拉伯，总贸易额为 634.60 亿美元；第二是阿联酋，总贸易额为 461.84 亿美元。伊拉克、阿曼、科威特、埃及、卡塔尔、阿尔及利亚、摩洛哥和约旦分别位居第三位至第十位，其中，伊拉克、阿曼、科威特、埃及和卡塔尔与中国的贸易总额均超过了 100 亿美元，贸易总额分别为 303.84 亿美元、216.97 亿美元、186.80 亿美元、138.56 亿美元和 115.80 亿美元。在前十位贸易伙伴中，与中国贸易额增幅最大的是科威特，增幅达 55.05%；卡塔尔、阿曼和伊拉克增幅也较大，分别达到了 43.28%、38.21% 和 37.21%。

从出口来看，中国对阿联酋出口额最多，达到 299.03 亿美元，其次是沙特阿拉伯，达到 175.61 亿美元。埃及、阿尔及利亚和伊拉克紧随其后，分别为 120.21 亿美元、79.23 亿美元和 79.18 亿美元。中国对这五个国家的出口占对阿拉伯国家出口总额的 71.53%。其中出口增速最大的是卡塔尔，达到了 47.98%，其次是埃及和阿曼，分别达到了 26.72% 和 24.18%。

从进口来看，中国在该地区最大的进口来源国是沙特阿拉伯，进口额为 458.99 亿美元。其次是伊拉克、阿曼、阿联酋和科威特，进口额分别达到了 224.66 亿美元、188.21 亿美元、162.81 亿美元和 153.59 亿美元。中国从这五个国家的进口额占从阿拉伯国家进口总额的 85.33%。其中，进口额增幅最大的是阿尔及利亚，达到 163.17%，其次是科威特和伊拉克，分别达到 71.90% 和 62.63%。造成这一现象的主要原因是中国从阿拉伯国家进口的主要商品为原油，而上述进口额排名前 5 的国家皆是中国重要的原油进口来源国。其中需要注意的是，在这五个国家中，除阿联酋外，其他 4 国对中国都为贸易顺差（见表 2.9）。

表 2.9　2018 年中国与阿拉伯国家前十大贸易伙伴贸易情况

序号	国家	金额（亿美元）			同比增长（%）		
		进出口	出口	进口	进出口	出口	进口
1	沙特阿拉伯	634.60	175.61	458.99	26.57	–4.64	44.51
2	阿联酋	461.84	299.03	162.81	12.55	–4.10	32.25
3	伊拉克	303.84	79.18	224.66	37.21	–4.95	62.63
4	阿曼	216.97	28.76	188.21	38.21	24.18	40.63
5	科威特	186.80	33.21	153.59	55.05	6.68	71.90
6	埃及	138.56	120.21	18.35	27.96	26.72	36.74
7	卡塔尔	115.80	24.89	90.91	43.28	47.98	42.05
8	阿尔及利亚	91.02	79.23	11.79	25.84	16.77	163.17
9	摩洛哥	44.01	36.90	7.11	15.00	16.18	9.21
10	约旦	31.88	29.74	2.14	3.41	6.06	–23.30

注：以中国为报告国。

分类依据：HS3。

资料来源：根据联合国国际贸易数据库数据整理计算。

总体来看，与2017年相比，2018年中国与阿拉伯国家排名前十的贸易伙伴相同，主要贸易伙伴虽变化不大，但进出口增速发生了变化。2017年中国对前十大贸易伙伴国中的埃及、阿尔及利亚和约旦的进出口都是负增长，但2018年对前十大贸易伙伴进出口均为正增长（见图2.10）。

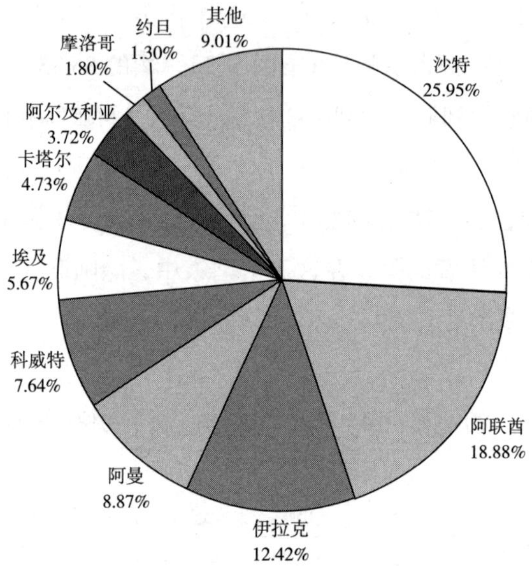

图2.10　2018年中阿前十大贸易伙伴进出口额占中阿贸易进出口总额比重

分类依据：HS3。

资料来源：根据联合国国际贸易数据库数据整理计算。

海合会依然是中国在阿拉伯国家最大的区域性贸易合作伙伴。2018年，中国与海合会国家的双边贸易额为1628.91亿美元，占中国与阿拉伯国家贸易总额的66.60%，较2017年的1280.29亿美元增长27.24%（见图2.11）。

2.3.2　中阿双边贸易结构

阿拉伯国家一直以来都是中国重要的贸易合作伙伴，中阿在资源禀赋、

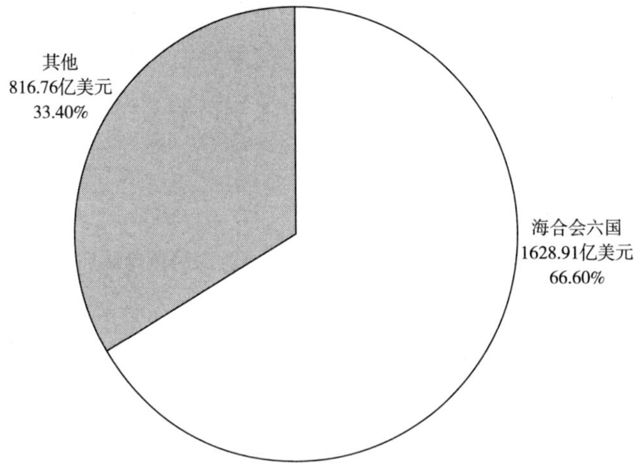

图 2.11 2018 年海合会六国进出口额及占中阿贸易进出口总额比重

分类依据：HS3。

资料来源：根据联合国国际贸易数据库数据整理计算。

产业结构和工业体系等方面存在极大的贸易互补性，这也为中阿之间的贸易往来提供了可能性并打下了坚实的基础。

联合国贸易和发展会议将贸易商品分为原材料、中间品、消费品和资本品四大类，根据这种分类，能够更为清晰具体地表现国家之间的贸易关系、各国在国际分工中的地位以及产业结构状况。根据上述分类方法，下文对 2018 年中阿双边贸易结构进行研究和相应的分析。

2018 年，中国对阿拉伯国家的出口主要是消费品和资本品，出口额分别为 452.49 亿美元和 354.47 亿美元，这两大类出口商品总额为 806.96 亿美元，占中国对阿拉伯国家全部出口商品额的 76.63%，且较 2017 年增长 4.22%。其中资本品出口增幅较大，较 2017 年增长 14.32%。但 2018 年，中国对阿拉伯国家出口的原材料仅为 10.56 亿美元，仅占出口总额的 1.00%，较 2017 年更是下降了 9.67%，表明中国对阿拉伯国家出口以制成品为主。从进口看，中国从阿拉伯国家进口最多的商品是原材料，2018 年进口额为 994.81 亿美元，比 2017 年增加 54.28%，占中国对阿拉伯国家进口总额的 71.44%。中间品进口额居第二，进口额为 226.78 亿美元，占比达16.28%。中国从阿拉伯国家进口的消费品和资本品分别占全部进口额的11.96%和0.31%，表明中国对阿拉伯国家进口以原材料为主。2017年中阿双边贸易结构也如上所述，可见中阿双边贸易结构相对稳定（见表2.10、图2.12、图2.13）。

表2.10 中国与阿拉伯国家四大类商品贸易结构

UNCTAD分类产品	贸易额和比重	2016年	2017年	2018年
原材料	出口额（亿美元）	11.52	11.69	10.56
	比重（%）	1.14	1.19	1.00
	进口额（亿美元）	494.82	644.81	994.81
	比重（%）	70.33	69.27	71.44
中间品	出口额（亿美元）	194.60	191.86	221.13
	比重（%）	19.33	19.44	21.00
	进口额（亿美元）	127.95	170.3	226.78
	比重（%）	18.19	18.30	16.28
消费品	出口额（亿美元）	492.37	464.20	452.49
	比重（%）	48.91	47.04	42.97
	进口额（亿美元）	77.38	111.87	166.52
	比重（%）	11.00	12.02	11.96
资本品	出口额（亿美元）	299.58	310.08	354.47
	比重（%）	29.76	31.42	33.66
	进口额（亿美元）	3.24	3.69	4.28
	比重（%）	0.46	0.40	0.31

商品分类：根据联合国贸易和发展会议的分类整理计算。

注：以中国为报告国。

分类依据：HS3。

资料来源：根据联合国国际贸易数据库数据整理计算。

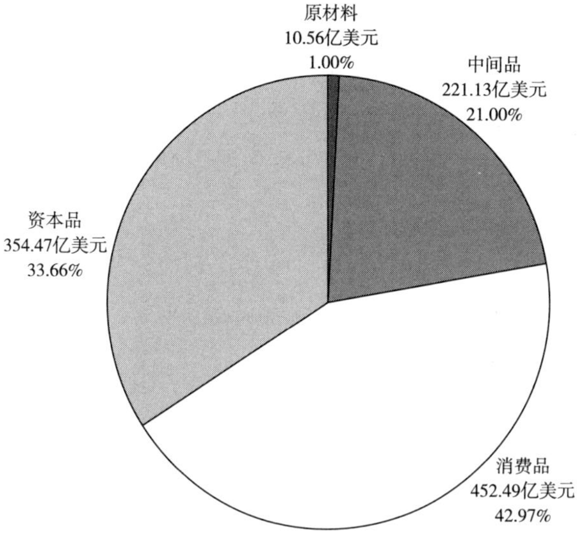

图 2.12　2018 年中国对阿拉伯国家出口四大类商品贸易额及占比

分类依据：HS3。

资料来源：根据联合国国际贸易数据库数据整理计算。

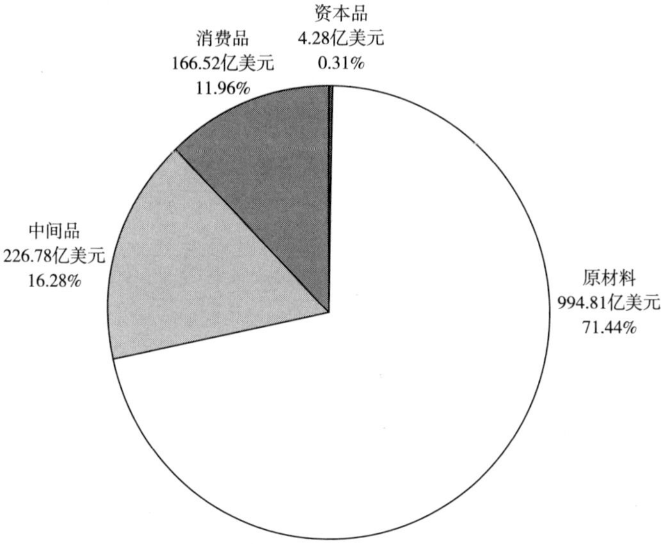

图 2.13　2018 年中国对阿拉伯国家进口四大类商品贸易额及占比

分类依据：HS3。

资料来源：根据联合国国际贸易数据库数据整理计算。

从更为具体的产品分类来看，2018 年中国对阿拉伯国家主要出口产品是机械设备和电气产品、纺织和服装，以及金属产品，其出口额占出口总额比重皆较高，分别达 32.74%、15.63% 和 12.54%，上述三类产品占中国对阿拉伯国家出口总额的 60.91%。此外，中国还向阿拉伯国家出口杂项制品、运输设备、塑料和橡胶产品、矿石和玻璃以及化学制品等。与 2017 年相比，2018 年出口结构变化不大，仅矿物燃料和矿物油变化较大，2018 年出口为 14.55 亿美元，较 2017 年 6.90 亿美元增长 110.87%，中国对阿拉伯国家出口商品结构相对稳定（见表 2.11）。

表 2.11　2018 年中国对阿拉伯国家出口商品结构

单位：亿美元

产品编码	大类产品名称	2016 年出口额	2017 年出口额	2018 年出口额
84–85	机械设备和电气产品	312.02	319.16	344.74
50–63	纺织和服装	192.18	179.74	164.60
72–83	金属产品	122.61	117.85	132.02
90–99	杂项制品	92.22	95.74	96.02
86–89	运输设备	42.79	36.52	56.71
39–40	塑料和橡胶产品	57.59	59.15	65.34
68–71	矿石和玻璃	48.22	42.06	44.12
28–38	化学制品	31.64	33.16	40.13
64–67	鞋靴类产品	34.05	32.71	30.22
44–49	木及木制品	27.74	25.00	26.22
06–15	蔬菜	11.60	11.56	11.82
41–43	皮革和毛皮制品	15.63	15.17	15.26
16–24	食品	7.88	8.50	8.61
27–27	矿物燃料和矿物油	7.28	6.90	14.55
25–26	矿产品	1.40	1.36	1.08
01–05	动物产品	1.89	2.14	1.67

注：以中国为报告国。

分类依据：HS3。

资料来源：根据联合国国际贸易数据库数据整理计算。

2018 年，中国从阿拉伯国家进口商品结构也基本维持了 2017 年的局面，总体较为稳定。进口第一的依然是矿物燃料和矿物油，进口额为 1128.52 亿美元，占中国对阿拉伯国家进口总额的 81.04%，较 2017 年 732.10 亿美元增长 54.15%，涨幅较大。第二是化学产品，进口额为 115.66 亿美元，占比为 8.31%，较 2017 年增长 42.32%。第三是塑料和橡胶产品，进口额为 98.08 亿美元，占比为 7.04%，较 2017 年增长 30.08%。其他产品进口额皆较低，所占比重也较低。这种贸易结构反映了阿拉伯国家产业结构相对单一，石油产业为其支柱产业，制造业和农业相对薄弱，工业体系有待完善。

表 2.12　2018 年中国从阿拉伯国家进口商品结构

单位：亿美元

产品编码	大类产品名称	2016 年进口额	2017 年进口额	2018 年进口额
27–27	矿物燃料和矿物油	553.04	732.10	1128.52
28–38	化学产品	58.94	81.27	115.66
39–40	塑料和橡胶产品	57.09	75.40	98.08
25–26	矿产品	18.18	22.11	26.09
72–83	金属产品	4.19	4.82	6.20
84–85	机械设备和电气产品	3.33	3.92	4.43
06–15	蔬菜	1.99	3.53	4.69
50–63	纺织和服装	2.92	3.48	4.19
16–24	食品	0.49	1.47	1.62
68–71	矿石和玻璃	2.24	1.24	0.84
41–43	皮革和毛皮制品	0.30	0.44	0.42
44–49	木及木制品	0.06	0.32	0.82
90–99	杂项制品	0.30	0.31	0.39
01–05	动物产品	0.28	0.23	0.35
86–89	运输设备	0.10	0.16	0.21
64–67	鞋靴类产品	0.11	0.04	0.05

注：以中国为报告国。

分类依据：HS3。

资料来源：根据联合国国际贸易数据库数据整理计算。

中国与阿拉伯国家的能源合作，一直是双方贸易合作的重要组成部分，阿拉伯国家始终是中国最大的原油进口来源地，中国原油进口对阿拉伯国家依赖程度较高。其中，沙特阿拉伯、阿曼、科威特等海合会国家，更是中国非常重要的合作伙伴，近年来伊拉克的原油进口地位也越来越重要。2018 年，沙特阿拉伯依然是中国在阿拉伯国家中最大的原油来源国，中国对沙特阿拉伯原油进口额为 296.63 亿美元，较 2017 年 205.15 亿美元增长 44.59%。此外，伊拉克、阿曼和科威特也是中国进口原油的重要合作伙伴，2018 年中国对其原油进口额分别是 224.13 亿美元、173.30 亿美元和 118.82 亿美元，且较 2017 年都有显著增长，分别增长了 62.26%、40.04% 和 67.75%，表明中国与阿拉伯国家的原油贸易往来进一步加强，阿拉伯国家在中国原油进口贸易中扮演着越来越重要的角色（见表 2.13）。

表 2.13　中国从阿拉伯国家进口石油原油状况

单位：亿美元

排名	进口来源国	2016 年进口额	2017 年进口额	2018 年进口额
1	沙特阿拉伯	155.69	205.15	296.63
2	阿曼	111.48	123.75	173.30
3	伊拉克	106.60	138.13	224.13
4	科威特	48.29	70.83	118.82
5	阿联酋	38.62	41.57	—
6	利比亚	3.45	13.62	47.42
7	苏丹	3.38	2.93	2.41
8	埃及	2.53	8.80	11.28
9	卡塔尔	1.57	3.81	7.49
10	也门	1.43	6.33	7.05

注：以中国为报告国，“—” 代表数据缺失。

分类依据：HS3，石油原油为 HS2709 类商品。

资料来源：根据联合国国际贸易数据库数据整理计算。

2.3.3　中国与阿拉伯国家服务贸易合作

当前，全球正以服务贸易为重点，形成新一轮国际贸易规则。近年来，中阿贸易往来频繁，特别是在服务贸易领域的合作进一步加强。“一带一路”为阿拉伯国家农业旅游带来稳定客源，直接或间接输送了大量的多边旅游人才，丰富和开拓了中阿农业旅游市场。[①]“一带一路”背景下，中国与阿拉伯国家中医药方面的服务贸易也展开了新篇章。2018 年 6 月 28 日，“阿拉伯国家能源互联网暨‘一带一路’建设论坛”在中国北京举行，论坛倡议阿拉伯国家应大力开发清洁能源，推动阿拉伯国家建设能源互联网，实现电网互联互通，推动“一带一路”能源基础设施联通，落实中阿合作论坛《十年规划》，加强中阿在能源电力服务方面的贸易往来。同时，北斗全球系统于 2018 年底前后开始为阿拉伯国家提供服务。

2018 年 8 月 24 日，中国商务部主办的，由来自埃及、阿曼、约旦、阿尔及利亚、巴勒斯坦等 5 个国家的 20 名农业官员和研究学者参加的 2018 年阿拉伯国家椰枣生产技术培训班在海口顺利结业，本次培训班为阿拉伯国家在椰枣种植方面提供了技术培训服务。中国多次派专家学者前往阿联酋、埃及等阿拉伯国家传授椰枣种植技术，为阿拉伯国家在椰枣种植等方面提供技术服务，使中阿双方在服务贸易领域的合作进一步加深。

---

① 魏颖:《“一带一路”战略背景下中国与阿拉伯国家农业旅游合作市场开拓研究》,《农业经济》2017 年第 6 期，第 137 页。农业旅游是指以农业生产过程、农村风貌、农民劳动和生活场景为主要吸引物的旅游活动。

第 3 章　中阿投资合作专题报告

3.1　中国在阿拉伯国家的投资现状

3.1.1　中国对阿拉伯国家直接投资总体仍呈下降趋势

尽管 2018 年，中国对阿拉伯国家直接投资流量同比出现 151.9% 的大幅增长，由 2017 年的 7.81 亿美元增至 19.67 亿美元，截至 2018 年底，中国对阿拉伯国家直接投资存量也由 2017 年的 157.7 亿美元增长到 178.6 亿美元（见表 3.1、表 3.2）。然而，按照 3 年滑动平均值计算，中国对阿拉伯国家直接投资总体下滑的趋势并未得到扭转。2016~2018 年，中国对阿拉伯国家直接投资流量均值为 5.33 亿美元，相较 2015~2017 年继续下滑 13.4%。按 3 年滑动平均值计算，2016~2018 年，中国对阿拉伯国家直接投资仍处于 2010 年以来的最低水平（见图 3.1）。

表 3.1　2010~2018 年中国对阿拉伯国家直接投资流量情况

单位：万美元

国别＼年份	2010	2011	2012	2013	2014	2015	2016	2017	2018
阿尔及利亚	18600	11434	24588	19130	66571	21057	-9989	-14053	17865
阿联酋	34883	31458	10551	29458	70534	126868	-39138	66123	108101
阿曼	1103	951	337	-74	1516	1095	462	1273	5191
埃及	5165	6645	11941	2322	16287	8081	11983	9276	22197
巴勒斯坦	—	—	2	2	—	—	20	—	—
巴林	—	—	508	-534	—	—	3646	3696	-235

续表

国别＼年份	2010	2011	2012	2013	2014	2015	2016	2017	2018
吉布提	423	566	—	200	953	2033	6224	10464	-8106
卡塔尔	1114	3859	8446	8747	3579	14085	9613	-2663	-36810
科摩罗	-1	—	50	—	—	—	—	—	93
科威特	2286	4200	-1188	-59	16191	14444	5055	17508	19208
黎巴嫩	42	—	—	68	9	—	—	—	—
利比亚	-1050	4788	-668	45	13	-4106	-1705	-17640	2823
毛里塔尼亚	577	1969	3087	1527	-733	216	10879	3807	2323
摩洛哥	175	911	105	774	1144	2603	1016	5986	9078
沙特阿拉伯	3648	12256	15367	47882	18430	40479	2390	-34518	38307
苏丹	3096	91186	-169	14091	17407	3171	-68994	25487	5712
突尼斯	-29	376	-65	706	71	564	-322	-82	596
叙利亚	812	-208	-607	-805	955	-356	-69	53	-1
也门	3149	-912	1407	33125	596	-10216	-41315	2725	1045
伊拉克	4814	12244	14840	2002	8286	1231	-5287	-881	773
约旦	7	18	983	77	674	158	613	1516	8562
总计（亿美元）	7.88	18.17	8.95	15.87	22.25	22.14	-11.49	7.81	19.67

资料来源：商务部、国家统计局、国家外汇管理局《2018 年度中国对外直接投资统计公报》，中国统计出版社，2019。

表 3.2　2010~2018 年中国对阿拉伯国家直接投资存量情况

单位：万美元

国别＼年份	2010	2011	2012	2013	2014	2015	2016	2017	2018
阿尔及利亚	93726	105945	130533	149721	245157	253155	255248	183366	206286
阿联酋	76429	117450	133678	151457	233345	460284	488830	537283	643606
阿曼	2111	2938	3335	17473	18972	20077	8663	9904	15068
埃及	33672	40317	45919	51133	65711	66315	88891	83484	107926
巴勒斯坦	—	—	2	4	4	4	23	4	4
巴林	87	102	680	146	376	387	3736	7437	7196
吉布提	1247	1813	1799	3055	4088	6046	12540	23286	17849
卡塔尔	7705	13018	22066	25402	35387	44993	102565	110549	43598
科摩罗	404	404	454	454	454	453	453	453	545

续表

国别＼年份	2010	2011	2012	2013	2014	2015	2016	2017	2018
科威特	5087	9286	8284	8939	34591	54362	57810	93623	109184
黎巴嫩	201	201	301	369	378	378	301	201	222
利比亚	3219	6778	6519	10882	10894	10577	21112	36675	42568
毛里塔尼亚	4588	7471	10615	10828	100695	10583	19336	23585	23261
摩洛哥	5585	8948	9522	10296	11444	15629	16270	31821	38229
沙特阿拉伯	76056	88314	120586	174706	198743	243439	260729	203827	259456
苏丹	61336	152564	123660	150704	172712	180936	110434	120156	132507
突尼斯	253	629	569	1386	1456	2084	1630	1508	2153
叙利亚	1661	1483	1446	641	1455	1100	1031	1031	87
也门	18466	19145	22130	54911	55507	45330	3921	61255	62300
伊拉克	48345	60591	75432	31706	37584	38812	55781	41437	59854
约旦	1263	1281	2254	2343	3098	3255	3949	6440	14198
总计（亿美元）	44.1	63.9	72.0	85.7	123.4	145.8	151.3	157.7	178.6

资料来源：商务部、国家统计局、国家外汇管理局《2018年度中国对外直接投资统计公报》，中国统计出版社，2019。

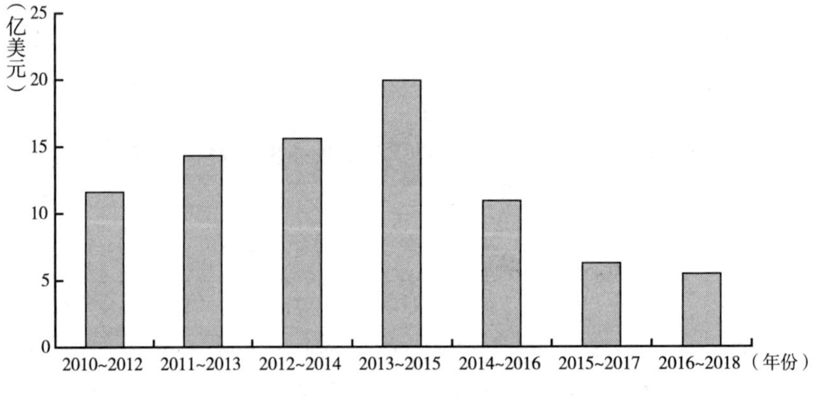

图 3.1　2010~2018 年中国对阿拉伯国家直接投资 3 年滑动平均值

资料来源：商务部、国家统计局、国家外汇管理局《2018年度中国对外直接投资统计公报》，中国统计出版社，2019。

3.1.2　中国对阿拉伯国家直接投资波动明显

2016 年以后，中国对阿拉伯国家直接投资流量规模出现明显波动，

2018 年，这一状况并未改变。2018 年，中国对阿拉伯国家直接投资流量由负投资转向正投资的国家有 5 个，分别是阿尔及利亚（由 –14053 万美元升至 17865 万美元）、利比亚（由 –17640 万美元升至 2823 万美元）、沙特阿拉伯（由 –34518 万美元升至 38307 万美元）、突尼斯（由 –82 万美元升至 596 万美元）、伊拉克（由 –881 万美元升至 773 万美元）。从正投资转向负投资的国家则有 2 个，分别是：吉布提（由 10464 万美元降至 –8106 万美元）、叙利亚（由 53 万美元降至 –1 万美元）。

此外，在投资方向未出现变化的国家中，多数也出现了大幅上升和大幅下降。其中，正投资大幅上升的国家有 5 个，分别是：阿联酋（由 66123 万美元增至 108101 万美元）、阿曼（由 1273 万美元增至 5191 万美元）、埃及（由 9276 万美元增至 22197 万美元）、摩洛哥（由 5986 万美元增至 9078 万美元）、约旦（由 1516 万美元增至 8562 万美元）。正投资大幅下滑的国家则有 2 个，分别是：苏丹（由 25487 万美元降至 5712 万美元）、也门（由 2725 万美元将至 1045 万美元）。负投资大幅扩大的国家则是卡塔尔（由 –2663 万美元降至 –36810 万美元）。

与 2017 年相比，2018 年，中国对其直接投资保持相对稳定的国家仅有科威特一国。2018 年，中国对科威特直接投资流量同比增幅为 9.7%，由 17508 万美元增至 19208 万美元。

3.1.3　中国对阿拉伯国家直接投资集中度有所上升

一直以来，中国对阿拉伯国家的直接投资，主要集中于该地区重要的油气资源国。2018 年，按投资流量排名，中国对阿直接投资规模最大的 5 个国家分别是阿联酋（10.8 亿美元）、沙特阿拉伯（3.8 亿美元）、埃及（2.2 亿美元）、科威特（1.9 亿美元）和阿尔及利亚（1.8 亿美元）。从国家构成来看，除埃及外，这些均是重要的油气资源国。

按照投资存量排名，截至 2018 年底，中国对阿直接投资规模最大的 5 个国家，分别是阿联酋（64.3 亿美元，占比为 36.03%）、沙特阿拉伯（26.0 亿美元，占比为 14.53%）、阿尔及利亚（20.6 亿美元，占比为 11.55%）、苏丹（13.3 亿美元，占比为 7.42%）和科威特（10.9 亿美元，占比为 6.11%），均是重要的油气资源国。

从国别分布来看，2018 年，中国对阿拉伯国家直接投资的集中度进一步上升。按投资存量计算，2017 年，中国对阿投资的前两大投资目的国，占中国对阿直接投资总量的 46.98%；前五大投资目的国，占中国对阿投资总量的 73.24%。而到了 2018 年，两者分别上升至 50.56% 和 75.64%（见图 3.2）。

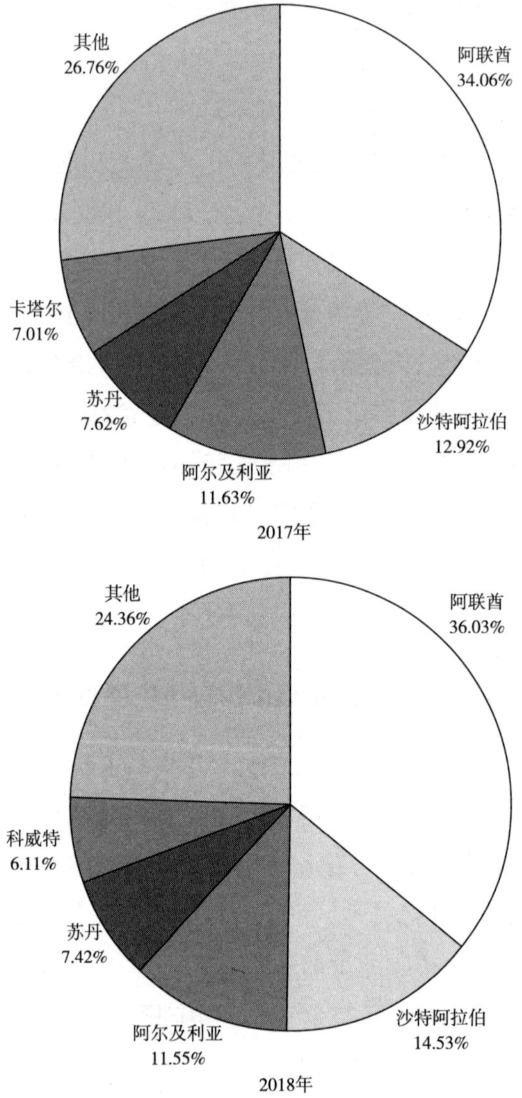

图 3.2　中国对阿拉伯国家直接投资存量占比

资料来源：商务部、国家统计局、国家外汇管理局《2018 年度中国对外直接投资统计公报》，中国统计出版社，2019。

3.1.4　中国在阿拉伯国家直接投资中占比有所提升

2018年，由于中国对阿直接投资规模同比大幅增长，来自中国的投资在阿拉伯国家吸引外国直接投资总量中占比显著提升。从投资流量看，2018年，来自中国的直接投资在阿拉伯国家吸引外国直接投资总量中，占比由2017年的2.49%上升至6.30%，而投资存量占比则结束了连续两年下滑的趋势，由2017年的1.83%上升至2.01%（见表3.3）。

表3.3　2010~2018年中国对阿拉伯国家直接投资流量和存量在阿拉伯国家全部规模中占比

单位：%

	2010年	2011年	2012年	2013年	2014年	2015年	2016年	2017年	2018年
流量占比	1.12	4.04	1.70	3.84	7.04	8.68	–3.48	2.49	6.30
存量占比	0.72	0.98	1.03	1.15	1.62	1.85	1.83	1.83	2.01

资料来源：商务部、国家统计局、国家外汇管理局《2018年度中国对外直接投资统计公报》，中国统计出版社，2019；UNCTAD, UNCTAD STAT, https://unctadstat.unctad.org/wds/ReportFolders/reportFolders.aspx, 2019年8月16日。

但从绝对数量看，中国对阿拉伯国家直接投资规模与中阿双方经济规模相比依然很小。从全球范围看，阿拉伯地区仍然是中国对外直接投资大有潜力的区域。

3.2　中国在阿拉伯国家园区建设现状

3.2.1　中国在阿拉伯国家园区布局概况

中国在阿拉伯国家工业园区建设起步较早。2007年，商务部批准设立的第二批境外经贸合作区中，就有两个位于阿拉伯国家，分别是中埃泰达苏伊士经贸合作区和阿尔及利亚中国江铃经贸合作区。其中，阿尔及利亚中国江铃经贸合作区因东道国投资政策变化，没有得到实质性推进。中国在西亚阿拉伯国家的境外工业园建设，起步明显慢于北非地区，直到2013年“一带一路”倡议提出后，才有一些投资实体开始尝试在西亚阿拉伯国家建设境外工业园区。

表 3.4 阿拉伯国家主要工业园区模式及中国园区概况

国别	园区类型	数量	中国园区	享有政策	中国园区产业定位
阿联酋	自由区	46	中国阿联酋产能合作示范园	自由区	铝材、食品、光伏、生物医药、石化
阿曼	经济特区、自由区、工业区	13	中国—阿曼（杜库姆）产业园	经济特区	石油化工、天然气化工、建筑材料、海洋产业、光伏、轮胎、现代农业、食品、服装、汽车组装
沙特阿拉伯	工业城、经济城、自由区、科技区	41	中国—沙特（吉赞）经济城中国企业特别发展区	经济城	钢铁、石化、硅、船舶服务
埃及	自由区、经济特区、合格工业园	118	中国—埃及苏伊士经贸合作区	经济特区	纺织服装、石油装备、新型建材、高低压电器、化工、汽车等
			中国—埃及（曼凯）纺织工业园	无	纺织服装
摩洛哥	综合工业园区、经济活力区、工业园区、工业区、航空产业	113	摩洛哥穆罕默德六世丹吉尔科技城	未确定	纺织业、汽车业

资料来源：王兴平主编《中东及西亚产业园区发展与规划》，江苏人民出版社，2019；王兴平主编《非洲产业园区发展与规划》，江苏人民出版社，2019；以及根据在阿拉伯国家调研资料整理。

目前，中国各类投资实体在阿拉伯国家建设的代表性园区项目包括：中国—埃及苏伊士经贸合作区（2001 年启动）、中国阿联酋产能合作示范园（2018 年开工建设）、中国—埃及（曼凯）纺织工业园（2017 年签约）、中国—阿曼（杜库姆）产业园（2016 年签约）、摩洛哥穆罕默德六世丹吉尔科技城（2017 年签约）、中国—沙特（吉赞）经济城中国企业特别发展区（2019 年启动）。

3.2.2 中国在阿拉伯国家主要园区建设现状

中国在阿投资的几个工业园区，目前处在不同发展阶段。其中，起步较早的中国—埃及苏伊士经贸合作区，已经进入战略调整和深化发展阶段。中国阿联酋产能合作示范园、中国—埃及（曼凯）纺织工业园，已完成园区初期建设，进入实质性招商引资阶段。中国—沙特（吉赞）经济城中国企业特别发展区、中国—阿曼（杜库姆）产业园、摩洛哥穆罕默德六世丹吉尔科技城，仍处在规划设计和建设阶段。

3.2.2.1　中国—埃及苏伊士经贸合作区

截至 2018 年底，园区已吸引 77 家企业投资，实际投资额超 10 亿美元，销售额超 10 亿美元，上缴东道国税收超 10 亿埃镑，直接解决就业 3500 余人。2018 年 8 月，巨石集团年产 20 万吨玻璃纤维生产基地在园区正式投产，该项目是除中国外，全球最大的玻璃纤维生产基地，也是非洲地区唯一的玻璃纤维生产基地，项目投产后，埃及也一跃成为全球排名第五的玻璃纤维生产大国。从园区发展来看，该园区的起步区总面积 1.34 平方千米，累计投资已达 1.09 亿美元，并已初步形成了新型建材、石油装备、高低压设备、机械制造等四大主导产业。其扩展区总面积 6 平方千米，计划开发投资 2.3 亿美元，累计实际投资已达 6300 万美元。目前，该扩展区一期基础设施建设已完成，吸引了大运摩托、山东石膏等项目在内的入区企业共 7 家，吸引协议投资额约 2 亿美元。

3.2.2.2　中国阿联酋产能合作示范园

2015 年 12 月，中国国家主席习近平在北京与阿联酋阿布扎比王储穆罕默德举行会谈，就中阿合作达成一系列重要共识。深化“一带一路”框架下的中阿产能合作，启动建设中阿产能合作示范园，成为贯彻这一共识的战略实践。2016 年 10 月 26 日，国家发改委明确江苏省牵头落实建设中阿产能合作示范园。2017 年，国家发改委正式明确中阿产能合作示范园为全国首家“一带一路”产能合作园区。中国阿联酋产能合作示范园一期启动区总设计占地面积 2.2 平方千米，二期总设计占地 10 平方千米。启动区规划北侧为商业服务中心，其他分别为仓储和物流片区、一般制造和加工片区、食品饮料和包装加工片区、金属制造和加工片区，形成“一心四片”的空间结构。园区管理服务中心大楼已于 2019 年 6 月竣工，即将投入使用，首批制造业企业已正式开工建设。

3.2.2.3　中国—埃及（曼凯）纺织工业园

不同于中国在阿拉伯国家建立的其他园区项目，中国—埃及（曼凯）

纺织工业园，是中国投资实体在阿拉伯国家投资建设的为数不多的专业化工业园区。园区开发运营主体为埃及长江投资有限公司，该公司为宁夏曼凯投资有限公司的海外投资平台和控股子公司。该园区位于埃及萨达特市工业城，占地310万平方米，计划入园企业568家，总投资20亿美元。园区主导产业为纺织服装，园区发展目标是逐步形成纺纱、织布、印染、洗水、成衣制造、绣花、印花、辅料、鞋帽箱包等生产及贸易、仓储物流、电子商务等关联产业（教育、医疗、金融、会展、酒店、办公、研发等）融合发展的产业格局，形成产业聚集、人与产业联动的新型现代化产业园区。2019年底，该园区一期工程项目基本竣工，一期总计141幢厂房，建筑面积约26万平方米。

3.2.2.4 中国—阿曼（杜库姆）产业园

2015年9月10日，第二届中阿博览会召开期间，宁夏回族自治区政府与阿曼杜库姆经济特区政府签订投资合作框架协议；2016年5月，中国—阿曼（杜库姆）产业园签约暨揭牌仪式在阿曼马斯喀举行。中国—阿曼（杜库姆）产业园以企业运作为主，由中阿万方投资管理有限公司对园区进行规划、建设和运营。产业园规划占地11.72平方千米，拟建项目规划总投资670亿元人民币，园区确立了石油化工、天然气化工、建筑材料、海洋产业、纺织服装、食品加工等轻重工业作为园区支柱产业。目前该园区已开工或启动项目有以下方面。职业学历教育项目：第一批37名阿曼留学生的培训已完成，2018年9月又招录了30名阿曼留学生进行培训。建材城项目：2018年4月23日，建材城项目股东协议正式签署，总投资10亿元，一期投资1.5亿元。综合商住楼项目：2018年4月15日项目开工，总投资5亿元，一期投资1亿元。天然气深加工项目：2018年5月，阿曼能源财政委员会同意给中国—阿曼（杜库姆）产业园配置500万立方米/天的天然气资源，180万吨天然气深加工项目已进入前期准备工作，总投资130亿元。

3.2.2.5 摩洛哥穆罕默德六世丹吉尔科技城

摩洛哥穆罕默德六世丹吉尔科技城项目，由摩洛哥国王穆罕默德六世于2017年3月推出。该项目最初由总部位于中国成都的海特集团和摩洛哥外贸银行（BMCE）发起，2017年3月签约，但该项目随后被搁置。2019年4月，"一带一路"高峰论坛期间，中国交建、中国路桥与摩洛哥丹吉尔科技发展公司（SATT）签署丹吉尔科技城项目相关备忘录，该项目将由中国交建、中国路桥正式接手。该项目位于丹吉尔市以南15千米处，项目总占地约2167公顷，总投资约30亿美元，分三期开发建设，力求打造成集工业、商业、居住、公共服务和娱乐休闲于一体的综合现代化产业新城。目前，项目规划一期用地468公顷，已由摩方完成征地手续，并已划转至项目公司。在发展方向上，该园区确立了纺织业和汽车业作为重点发展产业部门。

3.2.2.6 中国—沙特（吉赞）经济城中国企业特别发展区

经过2018年的全力准备，2019年3月，广银国际投资发展有限公司作为中沙产能合作项目的中方公司代表，中方政府正式向沙特阿拉伯丝路产业服务有限公司出资，标志着中沙产能项目正式运营。中国—沙特（吉赞）经济城中国企业特别发展区也将由该投资实体运作。不过，该项目目前仍处于构想阶段，构想由中方向沙方提出，并得到沙方积极回应。中沙公司成立后，将致力于推进吉赞经济城中国企业特别发展区的建设。按照中方的设想，中国企业特别发展区包括30平方千米的工业区和2平方千米的生活区。其中，工业区是无固定边界的概念区，按照吉赞经济城目前总体规划，根据引进项目确定中资企业的选址，在30平方千米范围内享受中国企业特别发展区的相关优惠政策。生活区由中方统一规划建设，为中资企业提供生活配套服务。

3.3 中国在阿拉伯国家工程承包现状

3.3.1 中国在阿拉伯国家工程承包结束上涨趋势

尽管2018年，中国对阿拉伯国家工程承包完成营业额同比实现了0.6%的小幅增长，由2017年的276.5亿美元增至278.1亿美元。但按照3年滑动平均值计算，中国对阿拉伯国家工程承包完成营业额总体下滑的趋势并未得到根本扭转。2016~2018 年，中国对阿拉伯国家工程承包完成营业额均值为 294.6 亿美元，相较于 2015~2017 年均值下滑 2.8%（见表 3.5）。按 3 年滑动平均值计算，这也是自 2011~2013 年以来的首次下滑。

表 3.5　2009~2018 年中国对阿拉伯国家工程承包完成营业额情况

单位：万美元

国别＼年份	2009	2010	2011	2012	2013	2014	2015	2016	2017	2018
阿尔及利亚	587726	494736	405255	446553	519762	633429	824061	843421	784898	752146
阿联酋	354167	297160	193825	154369	133959	115007	153943	224637	249594	361485
阿曼	27113	45627	58892	29681	24229	30408	44939	80646	82085	87897
埃及	79735	116881	102372	96904	102806	92402	201777	228114	154179	204560
巴林	6853	8873	1519	179	533	265	27	814	2198	724
吉布提	6923	2060	3850	3760	6497	36871	107188	84088	36605	30147
卡塔尔	42364	104330	112918	151785	166010	156402	136173	119875	103368	72739
科摩罗	1008	1977	2410	3203	5188	3640	2225	1757	1457	2924
科威特	21018	40754	65926	72217	104947	140063	128114	151314	196352	273392
黎巴嫩	—	3743	1739	3457	10206	935	721	13	6371	79
利比亚	191251	344930	80423	5257	56362	15616	17380	3205	5118	107
毛里塔尼亚	19075	18586	26474	27867	22291	29174	28413	14098	22821	18324
摩洛哥	51100	59041	38135	42317	36252	60700	113109	76666	37649	68304
沙特阿拉伯	359158	322705	435846	462231	588411	594713	701812	948175	634381	521763
苏丹	207843	233696	273502	240345	198435	181811	154873	146050	82125	50046
索马里	19	—	5	835	—	49	224	3003	1527	1987
突尼斯	5318	14802	9581	10989	13286	11717	11067	13586	21896	11151
叙利亚	20343	20143	11946	4813	1418	941	1634	254	62	766
也门	46047	37252	30225	6623	10544	10485	3354	1591	1457	1134
伊拉克	35313	67165	177328	170054	338070	489810	397661	345464	273809	255713
约旦	33527	11006	25339	1774	4216	1661	8459	3813	66940	65199
总计（亿美元）	209.59	224.6	205.8	193.5	234.3	260.6	303.7	329.1	276.5	278.1

资料来源：国家统计局编《中国统计年鉴 2019》，中国统计出版社，2019。

3.3.2　中国在阿拉伯国家工程承包集中度进一步上升

与中国对阿拉伯国家直接投资相似，中国在阿拉伯国家工程承包业务的开展，是以阿拉伯国家油气资源国为主。2009~2018 年，中国对阿拉伯国家工程承包完成营业额总计为 2515.7 亿美元，其中，位列前 5 位的分别是阿尔及利亚（629.2 亿美元）、沙特阿拉伯（556.9 亿美元）、伊拉克（255.0 亿美元）、阿联酋（176.9 亿美元）和苏丹（176.9 亿美元）。十年间，中国对上述 5 国工程承包完成营业额，占到中国对阿拉伯国家工程承包完成营业额总额的 73.21%，其中，阿尔及利亚和沙特阿拉伯两个国家占比合计高达 47.15%（见图 3.3）。

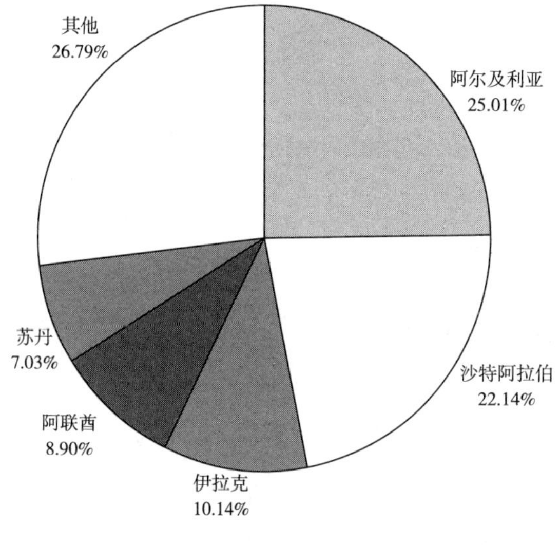

图 3.3　2009~2018 年中国对阿拉伯国家工程承包完成营业额占比

资料来源：《中国统计年鉴 2019》，中国统计出版社，2019。

从国别分布来看，近三年来，中国对阿拉伯国家工程承包业务的集中度，不但没有收窄，反而进一步上升。2016~2018 年，中国对阿工程承包完成营业额总计为 883.6 亿美元，其中，中国在阿前五大工程承包市场占比升至 77.15%，阿尔及利亚和沙特阿拉伯两国占比升至 50.76%，都要显著高于十年来的总体水平（见图 3.4）。

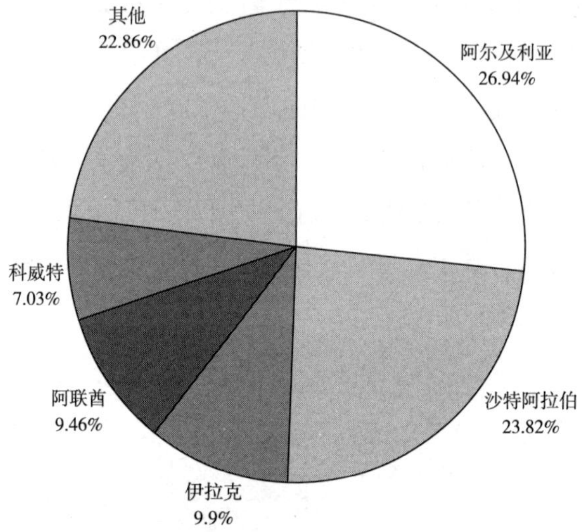

图 3.4　2016~2018 年中国对阿拉伯国家工程承包完成营业额占比

资料来源:《中国统计年鉴 2019》，中国统计出版社，2019。

3.3.3　阿拉伯国家在中国对外工程承包业务中占比仍未显著回升

阿拉伯国家一直以来都是中国海外工程承包重要市场，2018 年，尽管中国对阿拉伯国家工程承包完成营业额同比仅增长了 0.6%，但仍高于同年中国对世界工程承包完成营业额 0.3% 的同比增幅。然而，近些年，阿拉伯国家在中国对外工程承包业务中的重要性却在持续下滑。2018 年，阿拉伯国家在中国对外工程承包市场中占比止跌回升，从 2017 年的 16.40% 增至 16.45%。不过从占比绝对值来看，2018 年 16.45% 的占比仍处于近年来较低水平，仅较 2017 年高出 5 个基点（见表 3.6）。

表 3.6　2010~2018 年中国对世界、阿盟工程承包完成营业额

单位：亿美元，%

地区＼年份	2010	2011	2012	2013	2014	2015	2016	2017	2018
阿盟	224.5	205.8	193.5	234.3	260.6	303.7	329.1	276.5	278.1
世界	921.7	1034.2	1166.0	1371.4	1424.1	1540.7	1594.2	1685.9	1690.4
阿盟占比	24.36	19.89	16.60	17.09	18.30	19.71	20.64	16.40	16.45

资料来源:《中国统计年鉴 2019》，中国统计出版社，2019。

3.3.4　中国在阿拉伯国家新签大量工程承包项目

2018 年，中国工程承包企业在阿拉伯国家新签大量工程项目订单。从新签订单构成来看，石油化工、电力工程等能源类项目，仍在中国对阿工程承包业务中占有最大比重。除能源类项目外，2018 年，中国工程承包企业还在阿获得大量交通运输建设、通信工程建设、城市和工业建设项目订单。

3.3.4.1　石油化工工程项目

石油化工一直以来都是中国在阿拉伯国家工程承包业务重点。2018 年，中国工程企业在阿新签主要石油化工工程承包订单有：中国石油工程建设有限公司承接伊拉克格拉夫原油处理项目；中石油集团渤海钻探工程有限公司承接伊拉克钻井及技术服务项目；安东石油技术（集团）有限公司承接伊拉克马基鲁油田一体化管理服务项目；中国水电建设集团国际工程有限公司承接埃及苏赫纳零燃料油炼油厂项目；中国石油管道局工程有限公司承建阿曼原油储罐项目等。

3.3.4.2　电力工程建设

在电力工程建设方面，2018 年，中国工程承包企业在阿新签主要订单有：山东电建承建的沙特阿拉伯延布三期 5×660 兆瓦燃油电站项目；上海电气承建的阿联酋迪拜太阳能发电园区四期 700 兆瓦光热电项目；中国电建集团核电工程有限公司承建东非能源自贸区有限公司吉布提发电项目；中电国际承建毛里塔尼亚 225 千伏努瓦克肖特 – 祖阿特拉高压输变线路设计安装项目；中工国际承建毛里塔尼亚—努瓦克肖特至努瓦迪布 225/90 千

伏输电线路配套电站项目；山东电力建设第三工程有限公司承建约旦萨马瑞四期联合循环扩建项目、侯赛因联合循环电站项目等。

3.3.4.3　交通运输建设项目

在交通运输建设项目方面，2018 年，中国工程承包企业在阿新签主要工程项目有：中国建筑阿尔及利亚公司承建阿尔及利亚榭尔 17 千米绕城高速路项目、阿尔及利亚 53 千米高速路法希段项目；中信建设承建阿尔及利亚东西高速公路东标段 84 千米项目；中国地质工程集团有限公司承建科摩罗大科马岛及昂岛部分标段公路修复项目；中国电建集团贵州工程有限公司承建科威特国际机场 2 号航站楼项目；中国电建集团国际工程有限公司承建摩洛哥拉巴特—萨累机场新航站楼项目等。

3.3.4.4　通信工程建设项目

在通信工程建设项目方面，2018 年，中国工程承包企业在阿新签主要项目有：华为技术有限公司承建阿曼电信项目、埃及电信项目、沙特阿拉伯电信项目、也门电信项目；中兴通讯股份有限公司承建毛里塔尼亚光纤骨干项目；招商局国际信息技术有限公司承建吉布提国际自由贸易区第一期首发区信息系统项目；清华同方威视技术股份有限公司承建叙利亚维稳物资销售项目等。

3.3.4.5　城市和工业建设项目

在城市和工业设施建设项目方面，2018 年，中国工程承包企业在阿新签主要项目有：中国建筑集团承建埃及新首都 2 期建设项目；中铁隧道集团有限公司承建沙特阿拉伯吉达公寓楼、达曼公寓楼及别墅三大保障性房屋建筑工程项目；沈阳远华铝业工程有限公司承建卡塔尔万豪酒店项目；中国建工（江苏）钢结构有限公司承建卡塔尔基金体育场项目；中国港湾工程有限公司承建卡塔尔经济区基础设施及道路项目；中国沈阳国际经济技术合作公司承建科摩罗国立马鲁夫中心医院新建项目；中铁四局集团承建阿联酋迪拜中阿食品城 EPC 总承包项目；成都建筑材料工业设计研究院有限公司承建约旦水泥磨扩建工程等。

第 4 章　中阿能源合作专题报告

4.1　中阿能源合作基础

4.1.1　中阿能源合作背景

进入 21 世纪以来，中国面临着产能过剩、油气资源对外依存度高、工业和基础设施集中在沿海等问题。2013 年 9 月和 10 月，国家主席习近平提出“一带一路”倡议，积极发展与沿线国家的经济合作伙伴关系，共同打造政治互信、经济融合、文化包容的利益共同体、命运共同体和责任共同体。在此背景下，中国先后与沙特阿拉伯、苏丹、伊拉克、阿曼、卡塔尔、科威特、黎巴嫩、埃及、摩洛哥等阿拉伯国家签署了“一带一路”建设协议，与阿联酋、阿尔及利亚、沙特阿拉伯、苏丹和埃及等五国签署了产能合作文件，与阿拉伯世界多国建立友好合作关系。

2018 年 7 月 10 日，习近平主席在中阿合作论坛第八届部长级会议开幕式上发表重要讲话时指出：中阿友谊源远流长，历久弥新。中国与阿拉伯国家在建设期间，互相扶持，合作共赢。为促进各国共同繁荣进步，作为共建“一带一路”的天然伙伴，中国提出的“一带一路”倡议得到了阿拉伯国家的广泛支持和积极参与，各国携手共进，优势互补，合作共赢，造福地区人民和世界人民。中方愿继续同阿方加强战略和行动对接，在能源方面，积极推动油气合作、低碳能源合作“双轮”转动。双方要继续推进“油气 +”合作模式，深化石油、天然气勘探、开采、炼化、储运等全产业链合作，要顺应全球能源革命、绿色低碳产业蓬勃发展，加强和平利用核能、太阳能、风能、水电等领域合作，共同构建油气牵引、核能跟进、清洁能源提速的中阿能源合作格局，打造互惠互利、长期友好的中阿能源战略合作关系。①

2018 年 7 月 18 日，国家主席习近平在对阿拉伯联合酋长国进行国事访问前夕，在阿联酋《联邦报》《国民报》发表了题为《携手前行，共创未来》的署名文章。文章提到，自 1984 年中国同阿联酋建交以来，两国不断深化友好合作关系，在保持双方自身发展独立性的前提下，加强合作纽带，优势互补，成为彼此发展的重要伙伴。中阿双方在友好合作期间取得了许多标志性成就，2017 年，阿方将阿布扎比陆上石油区块共计 12% 的特许经营权授予中国企业，这是中国在中东产油国首次获得上游合作份额。2018 年 3 月，阿方又将阿布扎比海上石油区块所属 2 个油田各 10% 的特许经营权授予中国企业。中阿合作建设中的迪拜 700 兆瓦光热发电项目是世界上规模最大、技术最先进的光热发电站；作为丝路基金在中东的首单投资，哈斯彦清洁煤电站建成后也将是中东首个清洁燃煤电站。文章中还提到，中方正在实施创新驱动发展战略，阿联酋也在推进“国家创新战略”“2050 能源战略”“第四次工业革命六大支柱设想”，双方可以同向发力、相互促进，在更多高新技术领域寻求合作突破。②

4.1.2 中阿能源分布

4.1.2.1 中国能源概况

（1）煤炭

2018 年中国煤炭生产总量为 261261 万吨，随着完善煤炭产能置换，加快优质产能释放等政策的持续推进，原煤生产逐步恢复，比 2017 年增长

---

① 《习近平在中阿合作论坛第八届部长级会议开幕式上的讲话》，新华网，http://www.xinhuanet.com/politics/leaders/2018-07/10/c_1123105156.htm，2018 年 7 月 10 日。

② 习近平:《携手前行，共创未来》，人民网，http://politics.people.com.cn/n1/2018/0719/c1024-30156330.html，2018 年 7 月 19 日。

4.7%，比上年加快 1 个百分点。2018 年煤炭消费总量为 273760 万吨标准煤，比 2017 年增长 1%（见图 4.1）。

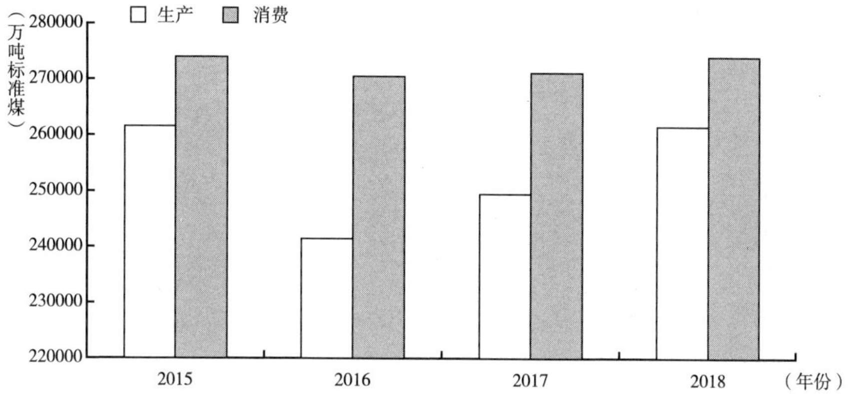

图 4.1　2015~2018 年中国煤炭生产总量与消费总量

资料来源：中华人民共和国国家统计局。

随着国内原煤产量稳定增长，市场供给较为充足。2018 年，中国煤炭进口总量为 28189 万吨，比 2017 年增长了 4%，增速比上年回落 2 个百分点。2018 年，中国煤炭出口总量为 493 万吨（见图 4.2）。

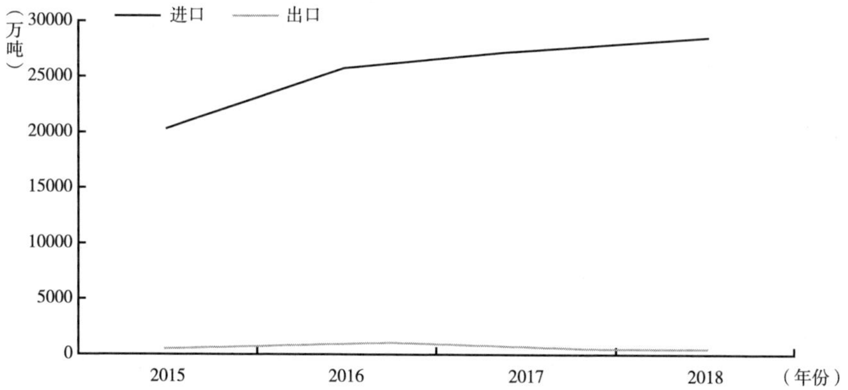

图 4.2　2015~2018 年中国煤炭进口总量与出口总量

资料来源：中华人民共和国国家统计局。

（2）石油

2018 年，中国石油生产总量为 27144 万吨标准煤，降幅比上年收窄 3.5 个百分点，产量下滑态势得到初步遏制。2018 年，中国石油消费总量继续上升，达到 87696 万吨标准煤，比 2017 年上升 3.9%，比上年增幅缩小了 1.7 个百分点（见图 4.3）。

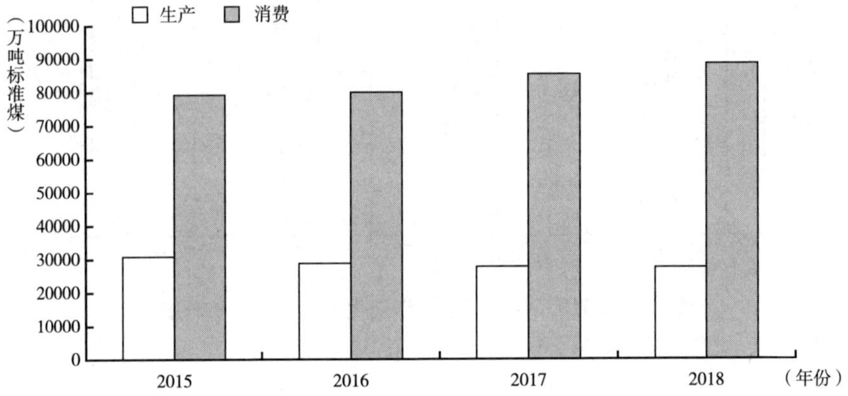

图 4.3　2015~2018 年中国石油生产总量与消费总量

资料来源：中华人民共和国国家统计局。

2018 年，中国石油进口总量再创新高，达到 46189 万吨，比 2017 年增长 10%，出口总量为 263 万吨，比 2017 年有所下降（见图 4.4）。

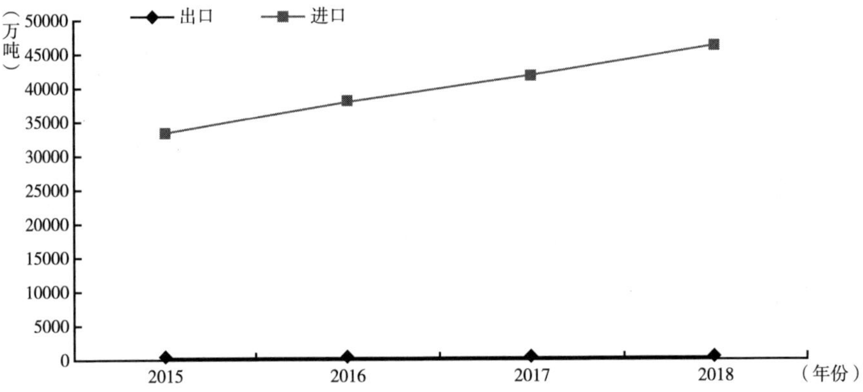

图 4.4　2015~2018 年中国石油进口总量与出口总量

资料来源：中华人民共和国国家统计局。

（3）天然气

2018 年，中国天然气生产总量为 20735 万吨标准煤，比 2017 年增长 7.1%，增幅上涨 1.6 个百分点。2018 年，中国天然气消费总量达 36192 万吨标准煤，比 2017 年增长 15.2%，增幅扩大 2.7 个百分点（见图 4.5）。

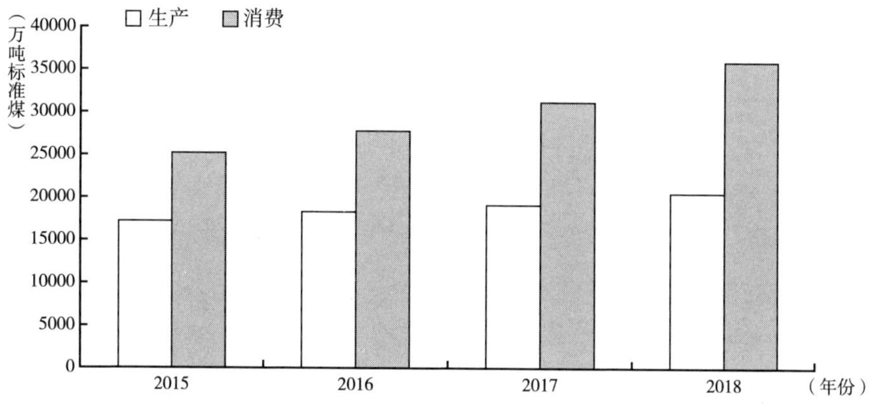

图 4.5　2015~2018 年中国天然气生产总量与消费总量

资料来源：中华人民共和国国家统计局。

天然气进口量创历史新高。2018 年 12 月，进口天然气 923 万吨，同比增长 17.0%；2018 年全年进口天然气 9039 万吨，同比增长 31.9%，进口量与生产量之比为 0.77 : 1。①

4.1.2.2　阿拉伯国家能源概况

据估计，2018 年，阿拉伯国家的石油储量为 7123 亿桶，同比下降 0.2%，占世界已探明储量的 57.1%。另外，阿拉伯天然气储量略有下降，2018 年同比增长 0.6%，达到 54.6 万亿立方米，占世界天然气总储量的 27.1%（见表 4.1）。

① 《2018 年中国能源统计数据》,《煤化工》2019 年第 1 期。

表 4.1　2018 年阿拉伯石油输出国及石油输出国组织已探明原油、天然气储量

	原油（十亿桶）	占世界储量（%）	天然气（十亿立方米）	占世界储量（%）
阿联酋	97.8	7.84	6091	3.02
巴林	0.1	0.01	193	0.10
突尼斯	0.4	0.03	64	0.03
阿尔及利亚	12.2	0.98	4505	2.23
沙特阿拉伯	267.0	21.39	9069	4.50
叙利亚	2.5	0.20	285	0.14
伊拉克	145.0	11.62	3729	1.85
卡塔尔	25.2	2.02	23861	11.83
科威特	101.5	8.13	1784	0.88
利比亚	48.4	3.87	1505	0.75
埃及	3.2	0.26	2221	1.10
约旦	0.001	0.00	6	0.01
苏丹	1.502	0.12	25	0.01
阿曼	4.740	0.38	707	0.35
摩洛哥	0.001	0.00	1	0.00
毛里塔尼亚	0.020	0.00	28	0.01
也门	2.670	0.21	479	0.24
阿拉伯石油输出国组织	703.4	56.4	53306	26.4
其他阿拉伯国家	8.9	0.7	1252	0.6
阿拉伯国家	712.3	57.1	54558	27.1
阿拉伯石油输出国组织国家	697.2	55.9	50544	25.1
石油输出国组织	953.9	76.4	96539	47.9
世界	1248.1	100.0	201651	100.0

资料来源：阿拉伯石油输出国组织（OAPEC）2019 年度报告。

在原油和液化天然气产量方面，阿拉伯国家原油和液化天然气产量近 2920 万桶 / 日，其中阿拉伯石油输出国组织成员国产量 2810 万桶 / 日。仅原油产量一项，阿拉伯国家日产原油 2480 万桶，比 2017 年增长 1.9%。阿拉伯国家的原油产量约占全球产量的 28.2%。阿拉伯国家已投产天然气

5972 亿立方米，其中，OAPEC 成员国天然气产量约 5624 亿立方米，占阿拉伯国家产量的 94.2%，占世界 38420 亿立方米总产量的 14.6%。

2018 年，阿拉伯国家勘探活动已达 112 项，新发现的油田 76 处，天然气田 36 处。在这些发现中，OAPEC 成员共有 109 项新发现，包括 75 项石油发现和 34 项天然气发现。

4.1.3　中阿能源合作历程

2000 年 10 月，中石化与阿尔及利亚签署了提高扎尔扎亭油田采收率的项目合作合同。2000 年 11 月，中石油中标苏丹 3/7 区块石油勘探开发项目。

2002 年 4 月，中石油与阿曼签署了拥有 50% 权益的 5 区块产品分成合同；12 月，中石油中标叙利亚格贝贝油田提高采收率项目。

2003 年，中石油与叙利亚签订格贝贝石油开发生产合同；中石油与阿尔及利亚签署 102a/112 区块和 350 区块风险勘探项目。

2004 年，中石油正式购买了科威特海外石油公司持有的 NK 探区及 SLK 油田 50% 的权益，进入突尼斯；中石化与沙特阿拉伯阿美公司组建了中沙天然气公司，中标沙特阿拉伯 B 区块天然气勘探开发项目。

2008 年 11 月，中石油与伊拉克签署艾哈代布油田开发服务合同。

2009 年 6 月，在伊拉克战后举行的首次国际油气招标活动中，中石油与英国石油公司联手，获得储量高达 170 亿桶的巨型油田鲁迈拉油田开发服务合同，在同一轮国际招标中，中海油联手土耳其国家石油公司拿下米桑油气田群的开发服务合同。同年 12 月，在举行的第二轮国际油气招标活动中，中石油作为牵头人，与马来西亚国家石油公司、道达尔勘探生产伊拉克公司联手拿下哈法亚油田开发服务合同。中石化则通过收购瑞士 Addax 石油公司，在伊拉克库尔德自治区获得产量分成合同。

2013 年，中石油从埃克森美孚手中获得伊拉克西古尔纳二期 25% 的投资权益；中石化通过收购阿帕奇公司埃及油气资产 1/3 权益进入埃及上游领域。

2018 年，中石油与阿联酋在阿布扎比签署的乌姆沙依夫—纳斯尔油田开发项目和下扎库姆油田开发项目合作协议。

4.2 中阿能源合作现状

4.2.1 中国能源发展现状及与中阿能源合作现状

通过2019年中文版《BP世界能源统计年鉴》，纵观世界能源发展可看出，中国在世界能源领域具有重要的地位。

石油方面：2018年，石油需求继续稳步增长，每日需求量在上一年度基础上增加140万桶。从绝对量上来看，发展中国家和地区主导了这一部分的增长。其中，中国（70万桶/日）和印度（30万桶/日）贡献了约2/3的增量。

天然气方面：《BP世界能源统计年鉴》指出，2018年天然气全球消费量和产量都实现了5%以上的增长，是天然气取得繁荣发展的一年。美国贡献了全球40%的需求增长和45%的产量增长。其他国家的需求增长主要集中在中国（430亿立方米）、俄罗斯（230亿立方米）和伊朗（160亿立方米）。这三个国家和美国贡献了80%的天然气需求增长。

煤炭方面：2018年，煤炭消费量1.4%和产量4.3%的增速均创五年以来新高，两方面增量主要集中在亚洲，绝大部分来自中国和印度。

电力方面：全球电力需求增加3.7%，这是近20年来的最高增速之一，约占一次能源增长的一半。大部分的增长（81%）仍来自发展中国家。其中，中国和印度贡献了2/3。

可再生能源：可再生能源增长14.5%。中国继续领跑可再生能源增长，占全球可再生能源增长的45%，超过经济合作与发展组织所有成员的总和。

2018年，中国能源消费增速由2017年的3.3%增长至4.3%，过去十年平均增速为3.9%。中国仍是世界上最大能源消费国，占全球能源消费量的24%和全球能源消费增长的34%。中国石油对外依存度高达72%，为近50年来最高，天然气对外依存度为43%，成为全球第一大油气进口国。①

① 《〈BP世界能源统计年鉴〉2019中文版发布》，新浪网，https://finance.sina.com.cn/stock/relnews/us/2019-08-08/doc-ihytcitm7760321.shtml。

中国是全球对石油化工产品需求最大的市场，由于自身产能及资源储量的限制，对于进口产品的依赖性较强。根据海关数据统计，2018 年中国原油进口 4.62 亿吨，同比增长 10.1%，并且 2013~2018 年中国原油进口量在不断加大，增长率呈上升状态（见图 4.6）。[①] 2018 年，中国企业对阿拉伯国家直接投资 12 亿美元，是 2010 年的 3.8 倍。中资企业在阿拉伯国家承包工程新签合同额 356 亿美元，同比增长 9%。加强中国和阿拉伯国家的能源合作，是中阿关系的坚强纽带。

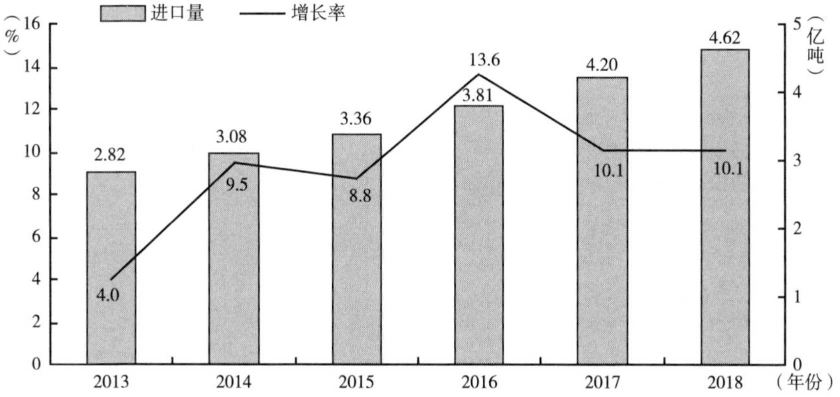

图 4.6　2013~2018 年中国石油进口量及其增长率

资料来源：海关总署前瞻产业研究院整理。

4.2.2　中国与北非阿拉伯国家能源合作概况

4.2.2.1　中国与摩洛哥

摩洛哥与中国有着良好的贸易往来。摩洛哥《2014—2020 工业化发展战略》中，明确提出以中国为主要合作伙伴。根据中国商务部统计数据，2018 年，中摩双边贸易额 43.9 亿美元，同比增长 14.7%，其中，中国对摩出口 36.8 亿美元，同比增长 15.9%，自摩进口 7.1 亿美元，同比增长 9.1%，

① 《2018 年全球石油化工行业市场现状与发展趋势分析》，前瞻网，https://www.qianzhan.com/analyst/detail/220/190426-0bdf69aa.html。

摩洛哥是中国的重要贸易伙伴。[①] 同时，中国对摩洛哥石油焦炭、石油沥青和其他石油残渣或其他从沥青矿物中获得的石油残渣的出口在2014~2018年呈上升趋势（见表4.2）。在非传统能源方面，山东电建三公司正在承建的摩洛哥境内最大工程项目，也是全球装机容量最大的努奥光热电站项目，它代表了中国与摩洛哥新能源合作领域的最新发展，对促进中国太阳能产业的发展、增加中摩就业具有巨大贡献。

表 4.2　中国对摩洛哥的出口情况

产品代码	产品标签	2018年价值（千美元）	2014~2018年年均价值增长（%）	在中国出口中所占百分比（%）	中国实行从价关税（%）
2713	石油焦炭、石油沥青和其他石油残渣或其他从沥青矿物中获得的石油残渣	36	13	0	3
2710	石油和由沥青矿物（不包括原油）获得的油；含有≥70%（重量）石油或由沥青矿物获得的油的制剂；主要包含石油或沥青矿物的废油	4	–32	0	8
2711	石油气和其他气态碳氢化合物	3		0	3

资料来源：Trade Map。

4.2.2.2　中国与阿尔及利亚

根据商务部2019年发布的《国别贸易报告》，2018年上半年，阿尔及利亚对中国的贸易出口额达到5.7亿美元，同比增长了184.4%，增长态势在阿尔及利亚主要贸易合作伙伴国家中位列第二，进口额更是以33.9亿美元占据贸易合作伙伴合作金额的榜首，可见中国与阿尔及利亚贸易往来密切。在能源合作方面，2018年中国从阿尔及利亚的“石油和由沥青矿物（不包括原油）获得的油；含有≥70%（重量）石油或由沥青矿物获得的油的制剂；主要包含石油或沥青矿物的废油”进口量超过6亿美元，2014~2018年年均

① 《2018年中国－摩洛哥双边经贸数据》，商务部网站，http://www.mofcom.gov.cn/article/tongjiziliao/fuwzn/swfalv/201905/20190502867670.shtml。

价值增长达 28%（见表 4.3）。双方在石油气、原油等方面也有着深入的合作，在中国对阿尔及利亚的出口中，煤、褐煤等能源的出口达到了 10.82% 的年均价值增长，其他产品的合作也有着较明显的优势（见表 4.4）。新华社报道，阿尔及利亚国家石油公司与中国中信建设有限公司（中信建设）于 2018 年 12 月 26 日签署合作文件，双方将综合开发阿尔及利亚磷酸盐一体化项目。根据文件，中阿双方将成立合资公司，在阿东部进行磷矿开采，磷肥、复合肥、合成氨生产以及运输线路和港口建设，项目投资额为 60 亿美元，2022 年投产后将年开采 1000 万吨磷矿石。①

表 4.3　中国自阿尔及利亚的进口情况

产品代码	产品标签	2018 年价值（千美元）	2014~2018 年年均价值增长（%）	在中国进口中所占百分比（%）
2710	石油和由沥青矿物（不包括原油）获得的油；含有≥ 70%（重量）石油或由沥青矿物获得的油的制剂；主要包含石油或沥青矿物的废油	601456	28	3
2709	石油和从沥青矿物、原油中获得的油	418124	-15	0
2711	石油气和其他气态碳氢化合物	140217	-24	0

资料来源：Trade Map。

表 4.4　中国对阿尔及利亚的出口情况

产品代码	产品标签	2018 年价值（千美元）	2014~2018 年年均价值增长（%）	在中国出口中所占百分比（%）	中国实行从价关税（%）
2704	煤、褐煤或泥煤的焦炭和半焦炭；碳	78438	10.82	3	5
2710	石油和由沥青矿物（不包括原油）获得的油；含有≥ 70%（重量）石油或由沥青矿物获得的油的制剂；主要包含石油或沥青矿物的废油	1027	132	0	15
2715	天然沥青基础上的沥青胶泥、切屑和其他沥青混合物	48		1	15

① 中国—阿拉伯国家博览会，https://www.casetf.org/jmxx/4376.html。

续表

产品代码	产品标签	2018 年价值（千美元）	2014~2018 年年均价值增长（%）	在中国出口中所占百分比（%）	中国实行从价关税（%）
2707	石油和其他产品的高温煤焦油的蒸馏；芳香族成分的重量超过非芳香族成分的重量的类似产品	12		0	15
2701	煤；用煤制造的煤球、卵石和类似固体燃料	6		0	5
2712	凡士林、石蜡、微晶石油蜡、疏松石蜡、方沸石、褐煤蜡、泥煤蜡、其他矿物蜡以及通过合成或其他方法获得的类似产品	4	–4	0	3

资料来源：Trade Map。

4.2.2.3 中国与埃及

中国与埃及一直有着较为密切的双边贸易往来，都有具备优势的产品。埃及具有丰富的能源，中国从埃及主要进口矿产、石油和天然气等具有相当优势的产品，特别是石油、石油气、原油等进口值均具快速增长的态势（见表 4.5）。中国对埃及的能源出口整体呈现良好趋势，煤、褐煤、沥青等领域的合作具备一定优势（见表 4.6）。2018 年 9 月，中国建筑集团有限公司分别和埃及投资与国际合作部，签署了 35 亿美元的埃及新首都中央商务区二期项目总承包合同，与埃及东部油气公司签订了 61 亿美元的埃及苏伊士炼油及石化厂项目总承包商务合同。①

中国和埃及在新能源方面也取得了实质性进展。2018 年 11 月 6 日，在埃及首都开罗举行的第六届中国阿拉伯国家能源合作大会上，中国国家能源局副局长刘宝华宣布，中阿将成立清洁能源培训中心，双方将组织光伏、光热、风电、智能电网等方面的能力建设活动。② 2018 年 9 月，中国能源企业东方电气与上海电气组成联营体，并与埃及能源企业合作，在红海的

① 中国—阿拉伯国家博览会，https://www.casetf.org/jmxx/5160.html。

② 《中阿将成立清洁能源培训中心》，新华网，http://www.xinhuanet.com/tech/2018-11/06/c_1123670474.htm。

哈姆拉韦因地区，合力修建发电厂，总计投资已经高达 44 亿美元。2018 年，中国汉能薄膜发电集团与埃及达成合作，投资建设埃及光伏产业园区。建成后的光伏产业园区，预计总装机容量将达到 300 兆瓦。另外，埃及政府也出台鼓励居民安装光伏设备的政策，这将有利于中国与埃及光伏项目合作进程的推进。

表 4.5　中国自埃及的进口情况

产品代码	产品标签	2018 年价值（千美元）	2014~2018 年年均价值增长（%）	在中国进口中所占百分比（%）	中国实行从价关税（%）
2709	石油和从沥青矿物、原油中获得的油	1128148	14	0	0
2711	石油气和其他气态碳氢化合物	107732	177	0	1
2710	石油和由沥青矿物（不包括原油）获得的油；含有 ≥ 70%（重量）石油或由沥青矿物获得的油的制剂；主要包含石油或沥青矿物的废油	84780	304	0	6
2713	石油焦炭、石油沥青和其他石油残渣或其他从沥青矿物中获得的石油残渣	20096		1	6

资料来源：Trade Map。

表 4.6　中国对埃及的出口情况

产品代码	产品标签	2018 年价值（千美元）	2014~2018 年年均价值增长（%）	在中国出口中所占百分比（%）	中国实行从价关税（%）
2704	煤、褐煤或泥煤的焦炭和半焦炭；碳	14680		0	5
2708	由煤焦油或其他矿物焦油获得的沥青和沥青焦炭	2344	4	0	2
2710	石油和由沥青矿物（不包括原油）获得的油；含有 ≥ 70%（重量）石油或由沥青矿物获得的油的制剂；主要包含石油或沥青矿物的废油	2138	8	0	5
2715	天然沥青基础上的沥青胶泥、切屑和其他沥青混合物	204	–8	2	10
2713	石油焦炭、石油沥青和其他石油残渣或其他从沥青矿物中获得的石油残渣	25	–56	0	10

续表

产品代码	产品标签	2018 年价值（千美元）	2014~2018 年年均价值增长（%）	在中国出口中所占百分比（%）	中国实行从价关税（%）
2712	凡士林、石蜡、微晶石油蜡、疏松石蜡、方沸石、褐煤蜡、泥煤蜡、其他矿物蜡以及通过合成或其他方法获得的类似产品	15		0	2
2707	石油和其他产品的高温煤焦油的蒸馏；芳香族成分的重量超过非芳香族成分的重量的类似产品	9		0	2
2711	石油气和其他气态碳氢化合物	4		0	5

资料来源：Trade Map。

4.2.3 中国与海合会国家能源合作现状

4.2.3.1 中国与阿联酋

阿联酋作为世界重要的成品油出口国家、海湾国家中的石油大国，有着较好的石油资源禀赋，与中国能源合作潜力巨大。根据《BP 世界能源统计年鉴》2019 年中文版，2018 年阿联酋石油储产量皆居全球第 8 位，其中探明储量 130 亿吨，占全球总量的 5.7%，石油产量 1.777 亿吨，占全球总量的 4%。2018 年原油出口总量 1.259 亿吨，其中对日本出口 3730 万吨、印度 1660 万吨、中国 1220 万吨、新加坡 1060 万吨，其他亚太地区 4190 万吨。中国从阿联酋的能源进口量，特别是石油价值与占比分量都很大，阿联酋是中国不可或缺的能源合作伙伴（见表 4.7）。同时，中国的新能源产业，具有较强竞争优势的风能、太阳能、核能以及其他清洁能源产业，与阿联酋形成了优势互补。

2018 年 5 月 16 日,《中国石油报》发表文章《中国石油阿布扎比陆海项目首次提油》。该文指出：5 月 11 日，从阿布扎比 Das 港完成提油作业的 Island Splendor 号油轮起航驶往目的地。这是中国石油在中阿第一个上游合作的项目——陆海项目的首次提油作业，标志着该项目正式进入投资回收期。2018 年 7 月，中阿联合声明强调，鼓励两国政府主管部门和相关企业深化在原油贸易、油气资源勘探开发和油田工程建设服务领域合作，就战略储备设施、石油衍生品炼化及相关产业和贸易活动的合作进行沟通，将油气合作延伸至原油与石油产品的贸易和销售、先进技术、研发、工程服务、钻井平台和服务等（见表 4.8）。2018 年 7 月，东方物探成功签署了全球物探行业最大地震勘探项目——ADNOC 陆海项目。ADNOC 海上项目是“一带一路”倡议重要油气合作项目。[①]

表 4.7　中国自阿联酋的进口情况

产品代码	产品标签	2018 年价值（千美元）	在中国进口中所占百分比（%）	中国实行从价关税（%）
2709	石油和从沥青矿物、原油中获得的油	6682707	–8	3
2711	石油气和其他气态碳氢化合物	3586376	5	7
2710	石油和由沥青矿物（不包括原油）获得的油；含有≥ 70%（重量）石油或由沥青矿物获得的油的制剂；主要包含石油或沥青矿物的废油	1302976	38	6
2707	石油和其他产品的高温煤焦油的蒸馏；芳香族成分的重量超过非芳香族成分的重量的类似产品	455981	6	5
2713	石油焦炭、石油沥青和其他石油残渣或其他从沥青矿物中获得的石油残渣	5661	–39	0
2712	凡士林、石蜡、微晶石油蜡、疏松石蜡、方沸石、褐煤蜡、泥煤蜡、其他矿物蜡以及通过合成或其他方法获得的类似产品	4014	6	3
2714	天然沥青和柏油；沥青或油页岩和焦油砂；沥青和沥青岩	585	–16	5
2708	由煤焦油或其他矿物焦油获得的沥青和沥青焦炭	15		0

资料来源：Trade Map。

① 《中阿油气项目——阿联酋 ADNOC 海上项目开工》，中国能源网，https://www.china5e.com/news/news-1050861-1.html。

表 4.8　中国对阿联酋的出口情况

产品代码	产品标签	2018 年价值（千美元）	2014~2018 年年均价值增长（%）	在中国出口中所占百分比（%）	中国实行从价关税（%）
2710	石油和由沥青矿物（不包括原油）获得的油；含有≥ 70%（重量）石油或由沥青矿物获得的油的制剂；主要包含石油或沥青矿物的废油	381367	0	1	5
2713	石油焦炭、石油沥青和其他石油残渣或其他从沥青矿物中获得的石油残渣	232408	12	17	5
2708	由煤焦油或其他矿物焦油获得的沥青和沥青焦炭	148579	26	27	5
2704	煤、褐煤或泥煤的焦炭和半焦炭；碳	995	–25	0	5
2714	天然沥青和柏油；沥青或油页岩和焦油砂；沥青和沥青岩	414		20	5
2711	石油气和其他气态碳氢化合物	240	68	0	5
2712	凡士林、石蜡、微晶石油蜡、疏松石蜡、方沸石、褐煤蜡、泥煤蜡、其他矿物蜡以及通过合成或其他方法获得的类似产品	69	–2	0	5
2715	天然沥青基础上的沥青胶泥、切屑和其他沥青混合物	21	4	0	5
2707	石油和其他产品的高温煤焦油的蒸馏；芳香族成分的重量超过非芳香族成分的重量的类似产品	19	–78	0	5
2701	煤；用煤制造的煤球、卵石和类似固体燃料	5	–34	0	5

资料来源：Trade Map。

4.2.3.2　中国与沙特阿拉伯

沙特阿拉伯是中国非常重要的原油进口国和能源合作国。2018 年，中国进口沙特阿拉伯原油 5847 万吨，仅次于俄罗斯，占中国进口原油总量的 16%，同比上涨 12%。[①] 在中国从沙特阿拉伯进口能源中，“石油气和其他气态碳氢化

① 《沙特阿美 IPO 在即 中国寻求更多合作》，能源世界网，http://www.ny21.cn/show.asp?nid=60373。

合物”“石油和由沥青矿物（不包括原油）获得的油；含有≥ 70%（重量）石油或由沥青矿物获得的油的制剂；主要包含石油或沥青矿物的废油”“石油焦炭、石油沥青和其他石油残渣或其他从沥青矿物中获得的石油残渣”的进口比重最大（见表 4.9）。2018 年 10 月，中国香港媒体称，惠生工程公布其全资附属惠生工程（中国）沙特阿拉伯分公司，获 SABIC 批出一项有关 Utilities Park & Pilot Plants 项目的 EPC（设计、采购及施工）承包合同，合同总金额约 1.5 亿美元。此次成功签约，标志着惠生工程在石化能源领域对 EPC 项目的整体执行能力得到国际大型业主的进一步认可，其业主的供应商评级也得到大幅提升。作为亚洲东部和西部的两个重要国家，中国与沙特阿拉伯的能源合作在中国“一带一路”倡议和沙特阿拉伯“2030 愿景”之下，将会有更进一步的合作。

表 4.9　中国自沙特阿拉伯的进口情况

产品代码	产品标签	2018 年价值（千美元）	2014~2018 年年均价值增长（%）	在中国进口中所占百分比（%）	中国实行从价关税（%）
2711	石油气和其他气态碳氢化合物	1235875	38	2	1
2710	石油和由沥青矿物（不包括原油）获得的油；含有≥ 70%（重量）石油或由沥青矿物获得的油的制剂；主要包含石油或沥青矿物的废油	213327	–9	1	6
2713	石油焦炭、石油沥青和其他石油残渣或其他从沥青矿物中获得的石油残渣	204449	252	6	6
2707	石油和其他产品的高温煤焦油的蒸馏；芳香族成分的重量超过非芳香族成分的重量的类似产品	7576	–30	0	7

资料来源：Trade Map。

4.2.3.3　中国与科威特

科威特作为与中国最早签署“一带一路”合作文件的阿拉伯国家之一，与中国有着良好的能源贸易往来，特别是石油领域的合作。2018 年，中国从科威特进口的石油产品价值增长都为正增长（见表 4.10），中国对科威特的出口在 2014~2018 年年均价值也在持续增长（见表 4.11），可见中国与科威特有着更大的合作潜力。2018 年 7 月，中国出口信用保险公司与科威特石油公司（KPC），在北京人民大会堂签署了《框架合作协议》，双方将以此次协议的签署作为良好开端，加强具体项目合作，实现优势互补和互利共赢。[①]

表 4.10　中国自科威特的进口情况

产品代码	产品标签	2018 年价值（千美元）	2014~2018 年年均价值增长（%）	在中国进口中所占百分比（%）	中国实行从价关税（%）
2709	石油和从沥青矿物、原油中获得的油	11881935	12	5	0
2711	石油气和其他气态碳氢化合物	1342882	26	3	1
2710	石油和由沥青矿物（不包括原油）获得的油；含有≥70%（重量）石油或由沥青矿物获得的油的制剂；主要包含石油或沥青矿物的废油	83633	3	0	6

资料来源：Trade Map。

表 4.11　中国对科威特的出口情况

产品代码	产品标签	2018 年价值（千美元）	2014~2018 年年均价值增长（%）	在中国出口中所占百分比（%）	中国实行从价关税（%）
2713	石油焦炭、石油沥青和其他石油残渣或其他从沥青矿物中获得的石油残渣	1109	45	0	5
2704	煤、褐煤或泥煤的焦炭和半焦炭；碳	188		0	5
2715	天然沥青基础上的沥青胶泥、切屑和其他沥青混合物	151		2	5
2710	石油和由沥青矿物（不包括原油）获得的油；含有≥70%（重量）石油或由沥青矿物获得的油的制剂；主要包含石油或沥青矿物的废油	71	–31	0	5
2701	煤；用煤制造的煤球、卵石和类似固体燃料	6		0	5

资料来源：Trade Map。

① 《中国信保与科威特石油公司签署合作协议》，新浪网，http://finance.sina.com.cn/roll/2018-07-12/doc-ihfefkqq6355706.shtml。

4.2.3.4　中国与阿曼

阿曼作为海湾地区重要的产油国家，在中国能源进口中占据不可替代的地位。其中，中国从阿曼进口的“石油和从沥青矿物、原油中获得的油”在中国自阿曼的进口中占比较大；中国自阿曼进口的“石油气和其他气态碳氢化合物”，2014~2018 年年均价值增长 33%，呈现增长的良好态势（见表 4.12）。

表 4.12　中国自阿曼的进口情况

产品代码	产品标签	2018 年价值（千美元）	2014~2018 年年均价值增长（%）	在中国进口中所占百分比（%）	中国实行从价关税（%）
2709	石油和从沥青矿物、原油中获得的油	17329701	–6	7	0
2711	石油气和其他气态碳氢化合物	279959	33	1	1
2713	石油焦炭、石油沥青和其他石油残渣或其他从沥青矿物中获得的石油残渣	29505		1	6
2710	石油和由沥青矿物（不包括原油）获得的油；含有 ≥ 70%（重量）石油或由沥青矿物获得的油的制剂；主要包含石油或沥青矿物的废油	3186		0	6

资料来源：Trade Map。

4.2.3.5　中国与卡塔尔

2018 年，中国与卡塔尔在能源领域有着稳定的合作，特别是石油进口量有着稳定的合作，并且在中国进口中占有一定百分比，同时中国对卡塔尔的能源出口也具有稳固的增长（见表 4.13、表 4.14）。卡塔尔的天然气储量位列世界第三，丰富的天然气资源为中国和卡塔尔提供了更为广泛的合作领域。2018 年 10 月，搜狐新闻报道，卡塔尔石油公司与中国东华能源签署了为期 5 年的天然气进口合同，合同规定卡塔尔石油公司每年将向中国供应 60 万吨液化天然气。

表 4.13　中国自卡塔尔的进口情况

产品代码	产品标签	2018 年价值（千美元）	2014~2018 年年均价值增长（%）	在中国进口中所占百分比（%）	中国实行从价关税（%）
2711	石油气和其他气态碳氢化合物	6880901	4	14	1
2709	石油和从沥青矿物、原油中获得的油	748805	40	0	0
2710	石油和由沥青矿物（不包括原油）获得的油；含有≥70%（重量）石油或由沥青矿物获得的油的制剂；主要包含石油或沥青矿物的废油	247414	3	1	6

资料来源：Trade Map。

表 4.14　中国对卡塔尔的出口情况

产品代码	产品标签	2018 年价值（千美元）	2014~2018 年年均价值增长（%）	在中国出口中所占百分比（%）	中国实行从价关税（%）
2710	石油和由沥青矿物（不包括原油）获得的油；含有≥70%（重量）石油或由沥青矿物获得的油的制剂；主要包含石油或沥青矿物的废油	80303	19	0	5
2708	由煤焦油或其他矿物焦油获得的沥青和沥青焦炭	21455	7	4	5
2704	煤、褐煤或泥煤的焦炭和半焦炭；碳	6		0	5
2711	石油气和其他气态碳氢化合物	2		0	5

资料来源：Trade Map。

4.3　中阿能源合作展望

在“一带一路”和推动构建人类命运共同体的大背景下，在世界气候大会的号召之下，节能减排、低碳发展是当前各国经济发展的重要趋势。中阿之间在能源领域本就有着密切合作，在原有的石油、天然气、电力等项目的合作基础上，本节将结合国家发展战略、阿拉伯国家发展规划对中阿之间能源合作潜力做进一步展望。

当前，由于全世界石油、天然气、煤炭这种一次能源的逐渐消耗，及一次能源使用所带来的巨大污染，未来国家之间的能源合作势必走向低碳化，即新能源将成为未来中阿合作的新“蓝海”。新能源如太阳能、地热能、风能、海洋能、生物质能和核聚变能等，在实际的营运中表现为新能源发电。所以，中阿新能源合作潜力的展望，主要可从新能源电力项目来观测。随着科技、计算机和人工智能的不断发展，除了低碳化以外，中国和阿拉伯国家之间的能源合作，也将更加智能化，即逐渐走向“能源 + 互联网”。

4.3.1　新能源发电将成为中阿未来合作的主体

由于中国电力消费市场广阔，需求旺盛，电力能源发展水平迅速。中国目前的发电方式也不仅仅局限于传统的火力发电、水力发电，还有越来越多的清洁、环保发电方式，如光伏发电、风力发电、生物质能发电等。

结合《中国新能源发电分析报告（2019）》[①] 可知，中国当前新能源发电发展势头良好，新能源发电及并网技术取得了重大突破，发电成本进一步下降，其中尤其是风电和光伏发电成本下降显著。据此推测，未来中国新能源发电将继续保持增长态势，发电装机数量、新能源发电量、新能源发电设施、输送通道和配套工程建设等将不断增多，新能源并网和送出工程建设，跨省、跨区输送通道建设工程也将进一步完善。在中国如此强大的电力水平支撑下，中国与阿拉伯国家之间的电力合作也必将进一步拓宽深化。近些年，中国能源企业“走出去”，与阿拉伯国家成功合作，向世界展示了中国在能源领域的强大综合实力，也为未来中阿更加深入的合作提供了更多的可能。

近年来，沙特阿拉伯、科威特、阿联酋、埃及等阿拉伯国家，先后提出经济改革转型规划，积极寻求能源转型，旨在减少对传统能源的依赖，

① 《中国新能源发电分析报告（2019）》，国网能源研究院网，http://www.china-nengyuan.com/news/143844.html。

发展清洁和可再生能源，实现经济可持续发展。同时，中国正加快能源结构调整，构建清洁、低碳、安全、高效的能源体系，中阿都处于能源发展转型的关键阶段，具有共同的发展愿景。

在第六届中国阿拉伯国家能源合作大会上，中国新能源发电领域的技术、设施、网络等都获得了阿拉伯国家代表团的高度评价，阿方代表团对中国新能源发电实力给予了高度认可，并对未来中阿双方在新能源领域的合作进行了展望，希望有更多的中国能源企业到阿拉伯国家投资建厂，开展新能源发电项目。同时，中国参会代表也表示，中国新能源利用技术的不断发展，中国可再生能源发电成本的不断下降，推动了中国的能源转型，中方愿与阿方加强技术交流与创新合作，共享新技术与创新发展经验。①

由此可见，未来中阿之间的新能源电力合作将进一步拓宽深化，中国的电力技术、输电设施和设施建设技术，将助推中阿新能源合作迈上一个新台阶。

4.3.2 能源互联网构建是实现中阿能源合作可持续发展的关键

早在2015年，习近平主席在联合国发展峰会上，就提出了中国倡议构建全球能源互联网，推动以清洁和绿色方式为满足的全球电力系统。2019年，国家电网有限公司提出了“三型两网，世界一流”战略目标。其中，“三型”是指枢纽型、平台型、共享型；“两网”是指坚强智能电网、泛在电力物联网；“世界一流”是指要瞄准世界一流。至此，“以互联网技术为核心，以配电网为基础，以大规模可再生能源和分布式电源接入为主，实现信息技术与能源基础设施融合，通过能源管理系统对大规模可再生能源和分布式能源基础设施实施广域优化协调控制，实现冷、热、气、水、电等多种能源优化互补，提高用能效率的智能能源管控系统”的能源互联网标

---

① 《清洁能源有望成为中阿能源合作新“蓝海”》，新华网，http://www.xinhuanet.com/fortune/2018-11/12/c_1123699543.htm。

准，在中国逐渐建立起来。[1] 同时，中国已经针对电力系统开发了基于数字孪生技术的全电磁暂态云仿真平台——Cloud PSS，以及针对能源互联网规划设计了能源互联网规划云平台——Cloud IEPS。

未来，中国能源发展将结合本国实际，按照能源互联网发展的标准，进一步优化配置能源资源，在确保国家能源安全的基础上，大力发展新能源，努力优化配置国际电力资源，引领全球电网技术发展。大力发展物联网，助推能源互联网的发展。

当前，全球能源互联网的建设总体处于起步阶段，发展的潜力和机遇巨大。阿拉伯国家以油气为主导的发展方式，产业结构单一，急需转型升级。同时，阿拉伯国家地处两洋三洲五海之地，水能、风能、太阳能等可再生资源丰富，开发潜力巨大。阿拉伯国家之间已实现一定规模的跨国联盟，周边地区电力需求旺盛。因此，中国与阿拉伯国家是天然的能源领域合作伙伴，合作前景广阔。

在中国能源互联网构建的基础之上，在全世界能源互联网的发展愿景之下，中国将与阿拉伯国家联合起来，共同推进清洁能源开发和能源互联网的建设。利用中国建设能源互联网的经验，强化国内互联，推进跨国联网工程，加强电网建设和互联互通，完善区域电力合作机制，建设“区内紧密互联、跨区高效配置、多能互补互济”的能源发展新格局；建立以多站融合、互联互通、能源互联、协同创新的电力系统为核心的绿色、开放、共享的能源互联网系统。

结合《中国与阿拉伯国家产能合作发展报告 2019》，按照中阿“1+2+3”（“1”是以能源合作为主轴，“2”是以基础设施建设、贸易和投资便利化为两翼，“3”是以核能、航天卫星、新能源三大高新领域为突破口）合作格局，中国与阿拉伯国家将重点加强战略对接，改变双方对油气资源的高度依赖，以能源转型带动经济转型，充分利用阿拉伯国家区位优势，以阿拉

① 前瞻产业研究院：《2019 年中国能源互联网行业市场现状及趋势分析 全球化、区域一体化发展大势不可逆》，前瞻网，https://bg.qianzhan.com/report/detail/458/190605-0a7d4912.html。

伯国家能源互联网为平台，合作开发清洁能源，打造亚欧非清洁能源生产中心和贸易枢纽，形成能源生产清洁化、配置广域化、消费现代化的能源体系，满足各国能源需求，增进政治互信，实现联动发展。进一步夯实能源互联网发展基础，推动全球能源互联网发展再上新台阶。

第 5 章　中阿科技合作专题报告

5.1　阿拉伯国家科技发展现状

5.1.1　北非主要阿拉伯国家科技发展现状

埃及科技发展概况：埃及的科技体系相对成熟。1939 年建立科学研究委员会，1968 年设立科研部。1996 年重新组建内阁最高科技委员会，负责制定全国科技发展规划。科研部是埃及科学研究的最高行政管理机构，负责协调全国的科技活动，制定国家科技政策和科技五年计划。埃及政府对研发和科技推广提供免税、担保和财政资助多种优惠政策措施。埃及与外界科技合作广泛，合作的重点为西方国家。埃及与 29 个国家和国际组织签署了科技合作协定，很多技术如农业、轻工业、医学、新材料、遥感、计算机应用、遗传工程、新能源利用等，处于非洲和阿拉伯世界的领先地位，是该地区主要的科技输出国。在西方发达国家协助下，埃及在农作物品种改良、病虫害防治、沙漠改良、遥感技术应用、心血管疾病和血吸虫病防治等方面，正逐渐迈入世界先进行列。尽管埃及的科学技术在非洲和阿拉伯世界领先，但其绝大多数领域仍低于世界平均水平。

摩洛哥科技发展概况：摩洛哥于 20 世纪中期独立。此前，摩洛哥作为法国的保护国，受法国科技影响巨大。21 世纪以来，摩洛哥科技水平取得了长足发展与进步，尤其是在清洁能源（如太阳能）方面。在世界银行、气候投资基金会等机构资助下，瓦尔扎扎特—努奥综合发电厂于 2016 年在东南部沙漠建成并投入使用，该发电厂能满足 100 多万户家庭的用电需要，减少碳排放 76 万吨 / 年。有“液体黄金”之称的摩洛哥精油——阿甘油是天然植物化妆品，受到世人追捧，具有较高的经济价值。阿拉伯人长期致力于阿甘油的研发工作。阿甘油的母体阿甘树不仅具有很高的经济价值，还有助于沙漠化治理。随着摩洛哥国内阿甘树种植面积的持续增加，困扰摩洛哥的沙漠化问题也得到了解决。

利比亚科技发展概况：利比亚位于地中海南岸，与埃及、苏丹、乍得、尼日尔、阿尔及利亚、突尼斯相邻。利比亚长期实行单一国营经济，依靠石油资源富甲非洲。长期以来，西方国家在利比亚获得巨额石油利润的同时，对其实行严密的技术和管理垄断。利比亚的石油储量虽丰富，但在二三十年后可能出现能源危机，利比亚政府为应对危机将大力发展清洁能源。利比亚水资源不足及水质退化，地下水资源有限，在水资源开发与利用、清洁能源、荒漠化等方面技术需求巨大。

5.1.2 西亚主要阿拉伯国家科技发展现状

叙利亚科技发展概况：叙利亚紧靠地中海东部，地处肥沃的新月地带，雨量充沛，是中东地区农业大国，农业比较发达，棉花、大棚作物都很有特色。叙利亚政府虽然为了提高科学技术水平采取了多种措施，但科技发展速度依然缓慢，尤其在空间科技、材料与制造科技等高新科技方面不发达，武装装备技术也比较落后，军事方面处于劣势地位。

黎巴嫩科技发展概况：黎巴嫩位于亚洲西南部地中海东岸，东北与叙利亚接壤，南邻以色列。黎巴嫩政府不断加大对军事的投入，对科技研发投入相对较少，科技发展水平较低、发展速度缓慢，创新水平不高。黎巴嫩国内工业基础薄弱、技术陈旧，农业不发达。黎巴嫩不产石油，主要依靠进口，资源以铁、铅、铜、褐煤和沥青为主，开采技术落后，工业以传统冶金业为主，技术水平不高。加工业以家具、服装、纺织等为主。黎巴嫩农业集约化程度较低，自然小农经济和粗放经济占相当比例，如何提高农业品质、增加农业效益、实现农业集约化生产需要强有力的科技支撑。

如何通过农业生产技术升级实现粮食自给自足是黎巴嫩最大的科技需求。

伊拉克科技发展概况：伊拉克是资源型国家，工业是国民经济的命脉。科技主要围绕产业布局和工业领域，石油工业体系完备，技术先进。建材工业技术落后，发展缓慢。农业领域科技水平落后，不能为农业发展提供科技支撑。农业科技援助缺乏可持续性，农业技术推广整体乏力。

约旦科技发展概况：相对周边国家，约旦在政治、经济和文化生活等方面均有较好发展。传统上，侨汇、旅游和外援是约旦经济的三大支柱。近年来，约旦正在改变经济结构。当前，建筑业、旅游业、科技信息产业已成为约旦三大支柱产业。约旦干旱少雨、水资源稀缺，海水淡化技术需求巨大。在中东地区，约旦是缺乏石油资源的国家。能源需求巨大，急需核电站技术。可再生能源与水资源开发的融合是今后约旦发展需求的主要趋势。作为资本密集型和科技密集型产业，约旦在可再生能源开发方面不仅面临能源业回报周期长、融资成本高等困境，也需应对自身的诸多短板。风电的发展面临诸如间歇性、分布偏远和并网难度高等问题，生物质能的发展面临成本高昂以及基因技术领域的争议等。

巴林科技发展概况：巴林具有政治稳定、经济开放度和市场化程度高、经济增长前景良好的优势，城镇化率、工业化率高，石油是其经济支柱。巴林积极进行产业结构调整和扩大对外开放，建立了炼油、石化及铝制品工业。巴林是世界上第一个使用注气法保持油层压力的国家，在这方面已取得成功。巴林政府开始依靠最新技术掘井，以新油井取代陈旧的老油井，以此保持石油生产水平。同时，在新地区勘探石油的计划正在执行之中。巴林石油产量在海湾各国中最少，为应对石油资源枯竭风险，巴林石油业进行了大规模的技术改造，充分依托世界油库的资源优势积极发展国际炼油业，代邻国炼油，以出口石油产品代替出口原油。巴林通过开展国际合作，引进技术发展汽车制造业，联手德国路福汽车公司，建立了海湾南岸地区的首家汽车制造厂，利用德国先进的技术生产德国高级轿车，推动本国汽车行业的发展。

卡塔尔科技发展概况：卡塔尔探明石油储量为 28 亿吨，居世界第 12

位；天然气储量25万亿立方米，居世界第3位。[①] 借助丰富的石油与天然气，卡塔尔大力发展相关工业，同时大力发展农牧业。卡塔尔政府重视科技创新，建立了卡塔尔科技园，领先阿拉伯国家的科研中心吸引了众多国际知名企业以及资金。国际知名跨国公司和高科技公司进驻卡塔尔科技园，如欧洲航空防卫与空间公司（EADS），美国通用电器（GE）、微软、思科、埃克森美孚、康菲，英国壳牌、维真集团，法国道达尔，印度塔塔集团等。卡塔尔重视新技术的商用化对经济发展的作用，力图使卡塔尔科技园成为推进新技术上市的专业平台，弥合实验室和商用化技术间的鸿沟。卡塔尔重视通过项目培养人才，目前启动的五个计划中，三个是专门为青年人才设计的，分别是“大学生研究成长计划”“中学生研究成长计划”“青年科学家研究计划”。近年来，美国卡耐基梅隆大学、得克萨斯A&M大学和威尔康奈尔医学院等很多世界知名大学都已在多哈建立分校。

阿曼科技发展概况：阿曼苏丹国扼守世界最重要的石油通道——波斯湾霍尔木兹海峡，是阿拉伯半岛最古老的国家之一，2000多年前已经广泛进行海路和陆路贸易活动，并成为阿拉伯半岛的造船中心。阿曼农业不发达，渔业资源丰富。

随着经济改革的推进和石油业的快速发展，阿曼工业经济得到突飞猛进的快速发展。近年来，阿曼致力于提高科技创新水平，奠定了其在该地区工业领跑者的地位。新技术EOR（提高采收率技术）的成功应用，提高了石油采收率和天然气生产效率。阿曼同其他海湾六国遇到的问题一样，必须不断探寻非石油领域可再生能源的开采技术，以满足国内对水电能源的需求。早在2003年，阿曼就提出了建立“数字阿曼”的构想，以实现一体化、协作化、数字化的阿曼，并计划在2020年实现这一构想。

阿联酋科技发展概况：阿联酋是中东地区最开放的国家。地理位置、市场竞争体系是其优势。工业基础相对薄弱，主要集中在石化、天然气行

① 《卡塔尔国家概况》，中华人民共和国外交部官网，https://www.fmprc.gov.cn/web/gjhdq_676201/gj_676203/yz_676205/1206_676596/1206x0_676598/。

业。阿联酋高等科研机构较少，缺少高新技术企业，凭借其石油美元，购买世界上最先进的技术。阿联酋在国防、环保、石油天然气勘探开采、海水淡化、药品和医疗设备、通信（卫星、交换机、手机）、信息科技（服务器、网络）、生物科技（椰树培养、奶牛工业）等高新技术方面需求广泛，当前，进口产品和技术是满足其国内需求的主要途径。阿联酋高新技术产品主要来源于美、日和欧洲一些发达国家。由于水资源的约束，阿联酋农业发展依然面临水资源短缺的困境，节水灌溉技术是其急需、紧缺的技术之一。据阿联酋最高能源委员会数据，阿联酋电力供应 99% 来自天然气，1% 来自燃料油。为改变能源结构单一现状，阿联酋正致力于发展可替代能源项目，主要是核电站和太阳能。阿联酋是中东最重视传统医学的国家。1989 年成立阿布扎比草药中心，1996 年组建扎伊得草药与传统医学研究中心。使用传统草药治病在阿联酋已成习惯，中医药在阿联酋有一定的市场。2000 年迪拜建立了第三自由贸易区，打造了电子商务专门地区，目标是让迪拜成为中东地区电子商务中心和信息科技研究中心、海湾地区的“硅谷”。为鼓励和推动信息技术的发展，阿联酋许多独立酋长国建立了 IT 相关部门。例如，在迪拜，商会成立了专门部门来处理电子商务问题，鼓励发展网上业务。目前，阿联酋电子商务的规模在阿拉伯国家和中东国家中排名第一。作为全世界最富裕的国家之一，石油开采带来的丰厚利润和港口贸易使得移动通信业务需求巨大，阿联酋是世界上移动渗透率最高、ARPU 值[①]最高的国家之一。阿联酋电信（ETISALAT）作为该国唯一的移动运营商，拥有世界级的先进通信网络，位列世界 500 强。

沙特阿拉伯科技发展概况：沙特阿拉伯石油储量世界第二位，是世界上最富裕的国家之一，也是世界上最大的淡化海水生产国。沙特阿拉伯除石油、石化产品外，至今未形成完备的工业体系，建材和农畜产品以外的工业品需要进口。作为全球 16 个最缺水的国家之一，沙特阿拉伯境内没有淡水河流或湖泊，年降水量不足 100 毫米，由于气候炎热，大部分降水被

① ARPU（Average Revenue Per User），指每个用户的平均收入，用来衡量电信运营商、游戏运营商等机构绩效的重要指标。

蒸发。随着人口数量增长和经济发展，用水需求不断攀升，水资源匮乏及污水处理系统不健全等问题日益突出。无论从战略角度，还是未来发展角度，沙特阿拉伯把农业自给和生态治理放到了国家建设的重要地位，强调发展新型节水农业和实施节水科技生态治理，大力推广节水喷、滴灌技术。沙特阿拉伯是中东地区通信业规模最大、增长速度最快、发展最具潜力的国家，技术主要的关注和需求点在能源产业、水资源开发利用、信息通信产业等领域。

5.2 中国—阿拉伯国家科技合作

基于中阿友好交往传统基础，尤其近年来中阿合作论坛等机制性推动，中阿科技合作进展快速，涉及合作机制、合作内容、合作平台、科技人员交流等方面。

5.2.1 中阿科技合作机制

新时代的中阿科技合作是伴随中阿整体战略及中阿经贸合作的发展而推进的。受制于科技合作的特殊性、长期性、无形性，合作机制是科技合作的基础和平台。目前中阿科技合作机制包括官方机制和民间机制两种。

中阿科技合作官方平台：主要有中阿合作论坛、中阿博览会、中阿技术转移中心。

目前，中阿科技合作的最重要的官方机构是中阿合作论坛。基于中阿合作论坛大框架下的中阿能源合作大会、中阿北斗合作论坛，都直接或间接涉及中阿之间的科技合作。2014 年中阿合作论坛第六届部长级会议上，中国国家主席习近平提出构建中阿“1+2+3”合作格局，“1”即以能源合作为主轴，“2”是以基础设施建设、贸易和投资便利化为两翼，“3”是以核能、航天卫星、新能源三大高新领域为新的突破口，三大高新领域均涉及科技合作。

服务于中阿整体合作战略的中阿博览会是经中国国务院批准，由中国商务部、中国贸促会和宁夏回族自治区人民政府共同主办的大型涉外经贸会展活动。自 2010 年以来已成功举办了三届中阿经贸论坛和四届中阿博览会。自 2015 年开始中阿博览会加入了科技内容，举办中阿技术转移暨创新合作大会，中阿技术转移中心揭牌，一批中阿重点科技合作项目签约。2017 年中阿博览会活动包括中阿技术转移与创新合作大会暨高新技术与装备展。2019 年，第四届中阿博览会期间举办了第三届中阿技术转移与创新合作大会、高新技术与装备展、10 场次技术推介对接会。

中阿技术转移中心是专业从事中阿技术合作的双边机构。中阿技术转移中心是 2014 年中阿合作论坛第六届部长级会议上由中国国家主席习近平倡议、中国国家科技部和宁夏回族自治区人民政府共同建设，旨在打造中国对阿拉伯国家技术转移和创新合作的高效务实平台。中阿技术转移中心按照《中国—阿拉伯国家技术转移中心总体方案》，坚持“阿方所需、中方所能”，加强中阿技术转移中心和双边技术转移分中心建设，构建覆盖中阿有关国家的技术转移协作网络。

2016 年 1 月，中国政府发布首份《中国对阿拉伯国家政策文件》，提出：“利用中阿技术转移中心，构建覆盖中国和阿拉伯国家的一体化技术转移协作网络。”同月 21 日，习近平主席在阿盟总部，宣布正式建立中阿技术转移中心。2016 年 9 月 2 日，中国政府印发的《推进“一带一路”建设科技创新合作专项规划》，明确了中阿技术转移中心的重要使命。2017 年 5 月 14 日，习近平主席在“一带一路”国际合作高峰论坛开幕式上的演讲中指出，“启动‘一带一路’科技创新行动计划，开展科技人文交流、共建联合实验室、科技园区合作、技术转移 4 项行动”。2018 年 7 月 10 日，在中阿合作论坛第八届部长级会议上，中阿双方签署了《中阿合作论坛第八届部长级会议北京宣言》、《中阿合作论坛 2018 年至 2020 年行动执行计划》和《中阿合作共建“一带一路”行动宣言》三份重要成果文件。中阿技术转移中心、中阿技术转移与创新合作大会等工作均进入上述文件。2019 年 4 月 22 日，中国国家推进“一带一路”建设工作领导小组办公室发布《共建“一带一路”倡议进展、贡献和展望》报告，中阿技术转移中心写入该报告；这是中阿技术转移中心成立以来，第8次被明确写入国家重要文件和报告，再次凸显了中阿技术转移中心“国家大平台，宁夏新使命”的重要战略定位。

另外，中国科学技术部国际合作司，也是中阿科技合作的重要推动机构，其主要工作包括搭建平台、项目撮合、信息发布、组织会议或论坛等。

中阿科技合作民间平台：一是中国公司跟阿拉伯国家相关机构自行进行技术转移，如中国石化集团公司、深圳华为技术有限公司、中国铁建股份有限公司、中国国家铁路集团有限公司等。二是一些市场化的技术转移机构，如中阿国际科技产业合作联盟。中阿国际科技产业合作联盟以中国企业园区国际合作联盟、中国—阿拉伯国家青年创业管委会、北京水木春锦资本管理有限公司、中农科产业发展基金、泰华集团、北京京鹏环球科技股份有限公司、中阿（宁夏）国际技术转移有限公司等14家国内外企业及商会等为核心单位，联盟成员百余家。产业涉及智能制造、智能高效农业、科技人才交流培训基地等领域。2017年10月，中阿国际科技产业合作联盟与阿曼巴哈万集团在京洽谈合作，双方拟在新能源、高效科技智慧农业产业、特色产业园区（小镇）、健康产业合作研发、双向国际贸易合作、智慧科技、冷链仓储物流、科教文化、国际跨境电商合作及其他领域进行合作，并签署了合作备忘录。

5.2.2 中阿科技合作内容及进展

伴随经济全球化和世界多极化趋势，中阿双方包括科技在内的全方位合作逐步加大；中阿科技合作的范畴涵盖技术转移、技术合作开发、技术人员交流、科研合作、共建技术交易与研发平台；合作领域包括能源开发、航空航天、信息通信、高铁基建、水资源利用、现代农业、食品生产、能源与环保等。

5.2.2.1 科技人才合作

中阿加大在北斗卫星、旱作节水、防沙治沙等领域的培训力度，为推进中阿技术转移合作培养了一批专业人才。2018年10月，中国科学院银川科技创新与产业育成中心，举办了“一带一路”沿线国家科技园区及孵化器建设与运营国际培训班，来自埃及、苏丹、伊拉克、尼日利亚、泰国等国家的 20 多名学员分别在银川、北京两地接受培训。2018 年 10 月 28 日，中阿技术转移中心（CASTTC）、长城战略咨询有限公司（GEI）与埃及电子研究所（ERI），在面向“一带一路”沿线国家科技园区及孵化器建设与运营国际培训班上，签署了三方框架合作协议，协力促进埃及电子研究所科技园区领域的发展与推广。先后建成宁夏（中阿）旱区资源评价与环境调控重点实验室等科技创新平台，举办跨国技术人才培训班，构建综合信息服务平台，务实推进中阿科技交流合作。2019 年 4 月，中国—沙特阿拉伯技术转移中心主任图尔基博士一行专程访问中阿技术转移中心银川总部，双方展开深入交流。

5.2.2.2　科学技术转移

中阿双方继续推进技术转移合作。2018 年 10 月，宁夏与阿曼《中阿节水设备技术转移合作协议》合同资金 1.1 亿元人民币，已由阿曼合作方分批次打到中方合作单位宁夏大学银行账户和第三方机构，标志着宁夏与阿曼围绕节水灌溉技术的技术转移项目取得成功并全面组织实施。① 宁夏大学资源环境学院和艾因沙姆斯大学共建的国际联合节水灌溉实验室建成，该项技术受到埃及科研院、国家研究中心、艾因沙姆斯大学的热烈欢迎。同时，该项目获得中华人民共和国科学技术部立项支持，获批专项经费 281 万元人民币，这是宁夏自 2015 年国家科技计划改革后首个获批的国际科技合作项目。②

5.3　中阿科技合作的未来展望

5.3.1　深化合作符合中阿共同利益

2000 年前，中阿先辈开辟出联通亚欧大陆的丝绸之路。2000 年前的古丝绸之路，跨越千山万水，将亚、欧、非大陆和海上许多国家点缀成线。

① 《宁夏与阿曼技术转移取得突破性进展》，中国—阿拉伯国家技术转移中心网，http://www.casttc.org/article/00000823.html，2018 年 10 月 8 日。

② 中国—阿拉伯国家技术转移中心网，http://www.casttc.org/。

今天，“一带一路”以其广泛的包容性和普惠性，激活了贯穿千百年的丝路精神，唤醒了植根于各国人民心中的历史记忆，凝聚了世界近2/3人口对美好生活的追求与向往，将爱好和平、期盼繁荣的人们紧紧相连。①

5.3.2 科技合作是中阿合作的重要内容

信息技术带来由大数据、云计算、移动终端、物联网组合而成的数字经济也快速发展，加快了全球一体化趋势。共商、共享、共建成为新的国际关系共识。中阿科技交流，符合“一带一路”倡议，通过交流、合作、交易客观上推动了双方彼此的科技进步，也推动了双方经济社会持续发展。

深化中阿科技创新合作，是“一带一路”沿线国家科技合作与交流的重要组成部分。从重视资源开发转向重视技术转让，有助于培育双边战略互信。技术需要物质载体，面向阿拉伯国家的技术转让，在一定程度上为国内产业升级和发展转型提供机遇。

近年来，中阿经贸快速增长，但科技交流合作仍存在渠道不畅、层次不高、领域不宽的情况，阿拉伯国家是“一带一路”的西端交汇地区，中阿是共建“一带一路”的天然合作伙伴。由于历史文化、地理、自然资源禀赋不同，中阿之间科技合作有很强的互补性，大多数阿拉伯国家有着与中国合作的愿望。因此，中阿开展科技合作，符合双方利益。阿方在引进中国新能源、高速铁路、核能、航空航天通信、装备制造、现代农业、环境保护、水资源利用等方面有着巨大需求。

5.3.3 中阿双方科技合作前景

面对世界百年未有之大变局，站在新的历史起点，中阿科技合作迎来新的远景与空间。应加强科技政策对话与沟通，积极推动创新发展战略对接，营造创新理念互通的合作生态；合作远景包括科技人文交流、平台建

---

① 《携手建设“一带一路”命运共同体——在“一带一路”媒体合作论坛上的讲话》，中国人大网，http://www.npc.gov.cn/npc/c238/201607/4fffc63ccef947de9ec0932d82cb8449.shtml，2016年8月20日。

设、机制优化、共识重塑等。

持续推动中阿科技互动交流。政府积极引导，增进中阿政产学研各界的互信与交流，加大双方在相同需求领域开展多种形式的科技合作。包括持续举办知识产权研讨会和培训班，加强知识产权领域的政策沟通和转移契约，提升双方在国际场合有关知识产权和竞争力领域议题的共识。中阿科研机构合作开展双方知识产权状况及知识产权制度对比研究。中阿双方就知识产权促进遗传技术、传统知识和民间文艺保护及发展等方面开展探讨和合作。持续推动中方“杰出青年科学家来华工作计划”，使更多阿方青年科研人员来中国进行短期研究工作，持续推进阿方科技管理和技术人员参与中国科技部每年举办的“先进适用技术与科技管理培训班”。面向阿拉伯国家开展“创新中国行”、技术培训等，搭建科技交流平台。中阿共建联合实验室，建立长期稳定的产学研合作关系。深入开展科技园区合作，辐射园区规划建设、政策咨询、人才培养、产业对接等方面。

持续推动中阿科技平台建设。继续推动中阿科技创新机制，建设“一带一路”联合实验室，完善中阿技术转移协作网络建设，优先推进中阿技术转移中心和双边分中心建设，构建覆盖中阿各国的一体化技术转移网络，服务双方技术需求；加强科技政策沟通，积极鼓励民间技术转移平台建设。持续培养双边专业技术服务型人才，依托技术转移平台实施形式多样的科技交流活动，双方合作开展技术示范与培训，促进先进实用技术在阿拉伯国家转移推广。利用相关技术优势，开展针对性强的专项培训，如航天卫星等。第三届中阿北斗合作论坛将于 2021 年在中国举办，论坛致力于践行丝路精神，推动中阿卫星导航合作不断深化。在中阿合作论坛框架下，做强北斗导航论坛机制、酝酿合作项目，务实推动北斗服务阿拉伯国家建设。①

顺应经济全球化的大趋势，连接世界，融入全球，发展开放型经济，是发展中国家经济社会发展的必然选择；尤其是面对全球性挑战，中阿双

---

① 《第二届中阿北斗合作论坛在突尼斯举行》，中国日报网，https://baijiahao.baidu.com/s?id=1629766953664334027，2019 年 4 月 3 日。

方顺应全球化趋势，持续推进包括科技在内的全方位合作。持续优化政府推动、市场主导的机制。金融优先、技术优先、人文优先显得十分现实和迫切。当前，阿拉伯国家已成为中国第一大原油供应方和第七大贸易伙伴。中阿是共建“一带一路”的天然合作伙伴，构建以能源合作为主轴，以基础设施建设和贸易投资便利化为两翼，以核能、航天卫星、新能源三大高新领域为突破口的“1+2+3”合作格局，加强产能合作等倡议得到阿拉伯国家积极响应。中国政府十分重视加快中阿政府间科技创新合作机制建设，实施中阿科技伙伴计划，不断提高阿拉伯国家的科技能力。

中阿继续深化科技合作的共识。中国具有国际竞争力的高速铁路、航天通信、核能、新能源、数字农业等高新技术及装备，十分符合阿拉伯各国需求。阿拉伯国家能源丰富，面临经济社会发展的机遇和任务，发展以信息技术为龙头的数字经济，使阿拉伯国家在工业升级、农业现代、数字经济、科技创新、航空航天、新型能源、基础设施、技术交流、国际物流等“硬”领域，以及在人文交流、旅游开发、技术培训、卫生体育等“软”领域，探讨开展科技园区合作，驱动创新发展，与中国合作走上强劲可持续、创新可共赢的发展道路。

基于双方在传统友谊、发展阶段、地缘政治等方面的默契关系，以及全球大变局带来的挑战，技术能源供求互补，中阿科技合作的前景依然广阔。

第6章　中阿新兴产业合作专题报告

6.1　阿拉伯国家新兴产业选择

本章将研究对象锁定为新兴产业。相比于传统产业，新兴产业是朝阳产业，其发展空间和潜力较大，增长速度明显较快，经济效益较好，主要体现于依赖高技术水平、拥有较高附加值。现今，新兴产业不仅是一国经济发展的动力，也引领产业发展的方向，对经济长远发展具有重要的引导和带动作用。

阿拉伯国家大多属于发展中国家，虽然经济基础整体较为薄弱，各国经济发展水平和科学技术需求不尽相同，但是基于资源禀赋、发展基础、市场需求、产业带动等条件，考虑到新兴产业在当前国际经济和科技竞争中的重要影响，阿拉伯国家确立了七个积极发展和重点扶持的新兴产业。一是新能源产业，二是新能源汽车产业，三是新兴高端装备制造产业，四是新材料产业，五是新兴生物医药产业，六是新兴节能环保产业，七是新兴信息技术产业。具体来看，在"新能源产业"，核能、风能、太阳能、生物质能产业将领衔；在"新能源汽车产业"，主要发展方向确定为插电式混合动力汽车和电动汽车（电动客车和乘用车）；在"新兴高端装备制造产业"，提出了重点发展航空航天产业、卫星及应用产业、轨道交通装备产业、海洋工程装备产业和高端智能装备产业；在"新材料产业"，主要发展特种功能和高性能复合材料产业等；在"新兴生物医药产业"，主要面向生物医药、生物农业和生物制造产业；在“新兴节能环保产业”，将重点突破高效节能产业、先进环保产业、资源循环利用产业；在“新兴信息技术产业”，将聚焦下一代通信网络产业、物联网产业、网络人工智能信息安全服务产业、新型平板显示、高性能集成电路和高端软件产业。

需要说明的是，实际上各个阿拉伯国家在新兴产业发展方面都有自己的侧重点。例如，沙特阿拉伯、科威特等国拥有得天独厚的再生能源，风能和太阳能是他们当前的重点发展领域。沙特阿拉伯的《2030 愿景》旨在改变产业结构从过度依赖石油经济，向新能源和矿业等多样化领域拓展，推动可再生能源开发、工业装备制造本地化等工业制造业发展。埃及的《2030 年发展计划》，提出开发苏伊士运河，包括在运河沿线建设工业园区，发展汽车组装厂房建设项目、电子产品生产项目、玻璃制造项目。摩洛哥的《新工业发展规划》提出，将重点推进与民生关系密切的经贸与投资合作项目的建设，绿色能源、新能源汽车制造、航空航天等行业具有较强的技术实力和国际竞争力，是其新兴产业发展的重点对象。

6.2 阿拉伯国家新兴产业现状

6.2.1 大量新兴产业项目稳步有序推进

近年来，阿拉伯国家大多高度重视新兴产业的培育和发展，出台了一系列扶持政策和措施，取得显著成效。以摩洛哥为例，摩洛哥努奥光热电站项目是摩洛哥实现自主减排以及能源独立的最大工程项目。2018 年初，二期项目并网一次成功，机组各项运行指标正常，标志着全球单机容量最大的槽式光热电站项目顺利并网发电。整个二期项目由 65 万块光伏镜面组成，实现了发电过程的“零污染”。努奥光热电站项目全部投产后，将为摩洛哥供应近 50% 的电力，能满足超过 100 万户家庭的用电需求，摩洛哥每年可减少 76 万吨的碳排放，还可把富余的电能出口到欧洲。除此之外，该项目的实施建设还为当地提供了近 4000 个就业岗位。此外，摩洛哥工业基础比较薄弱，缺乏专业的电力工程人才，通过努奥光热电站项目的建设运行，摩洛哥电建工程队伍越来越专业，为其电建发展储备了大量优秀人才，极大推动了其与国际接轨。可以说，努奥光热电站项目为摩洛哥尽快摆脱经济发展的困境，培育经营能力强的龙头企业，进一步夯实新兴产业基础，实现产业规模的扩大，提高国际市场竞争力积累了较大优势。

6.2.2　清洁能源领域发展普遍得到重视

近几年，阿拉伯国家普遍加大了对清洁能源领域的投资建设。例如，埃及政府宣布计划到 2022 年，将清洁能源发电量占总发电量的比例提高到 20%。阿联酋政府（2017 年初）宣布将在清洁能源领域进行大力投资，计划增加 1630 亿美元投资可再生能源项目，争取将清洁能源在国内能源消耗中的占比提升至 50%。摩洛哥政府积极发展可再生能源项目，制定可再生能源发展战略，2020 年计划投资 217 亿美元，实现可再生能源消耗占比超过 50%，并将可再生能源发电装机容量提高到 800 万千瓦，占其全部电力生产的 42%，到 2030 年这一比例提高到 52%。在科威特，太阳能被认为是可再生能源中最具投资潜力的能源，除此之外，还有风能和水能。科威特大力发展可再生能源项目：由科威特石油公司承建的“塞德拉 500”太阳能发电项目，于 2017 年 10 月在乌姆盖迪尔区投入使用，是石油部门实施的首批可再生能源项目之一；正在筹备的“达卜达拜”太阳能项目，由科威特石油公司发起，旨在通过该项目建造太阳能发电站，到 2020 年为科威特石油部门提供 15% 的电力需求；计划兴建 260 万千瓦级别的风力发电厂，服务于电网和偏远地区的通信塔；计划建设氢气站生产和储存氢气，使其作为燃料电池以满足公交系统的电力需求；利用太阳能和风能为海水淡化装置提供动力，启动净水装置从深 80 米的井底抽取淡盐水，该设备还在调试过程中，以实现效率最大。

6.2.3　政府支持新兴产业的政策多样化

新兴产业发展初期离不开政府政策的支持。新兴产业在发展初期，企业往往会面临成本投入过高、失败风险大等困境，在这种情况下，企业往往无法集中资源研发产品，从而导致项目夭折，甚至企业破产。因此，政府的扶持政策至关重要。阿拉伯各国政府已充分认识到这一点，多措并举，从创新资本体系、采取财政税收优惠政策等方面，培育和壮大新兴产业企业。以阿联酋为例，近几年，迪拜政府鼓励公众从汽油车转向电动汽车，要求市场所售汽车中电动或混合动力汽车占比2020年达到2%，2030年提高至10%。为鼓励公众使用电动汽车，阿联酋政府出台了一系列电动汽车鼓励计划：一是强制10%的政府公务用车为电动汽车；二是着力解决当前电动车融资难、保险难的突出问题，部分银行提出对电动汽车给予2.75%利率和8年期限的贷款条件；三是对电动汽车的上牌注册费减免50%；四是在户外提供免费停车位（40个）和免费使用充电桩；五是在商场和购物中心给予电动汽车优先车位；六是Salik通行费用全免（可以理解为中国高速的ETC收费）。

6.3 中阿新兴产业合作的现状

随着中国“一带一路”倡议的推进和实施，中国与阿拉伯国家经贸合作关系不断深化，中阿产业合作的重要性日益凸显，新兴产业合作成效较为显著。

6.3.1 中阿新兴产业合作项目规模较大且增长较快

中阿积极规划和落实新兴产业大型项目。投资额较大的项目主要有五个，具体情况如下。

一是中国与沙特阿拉伯的延布炼油厂项目。项目投资额约为100亿美元，由沙特阿美（占股62.5%）与中国石油化工集团公司（占股37.5%）合资建设，该厂原油设计加工能力达到40万桶/日（合2000万吨/年）。这是中国石化首个海外炼化项目，也是中国在沙特阿拉伯最大的投资项目。其中，沙特延布三期项目是全球在建规模最大的燃油电站项目，包括新建5台660兆瓦燃油电站和配套的55万立方米海水淡化工程，项目于2017年

5 月 17 日正式开工，总承包方为山东电建三公司。截至 2019 年 6 月，该项目 1、2、3 号机组全部并网成功，各项指标优良，项目总体工程进度约完成 74%。

二是埃及的中国—埃及苏伊士经贸合作区项目。该合作区起始的 1.34 平方千米早已全部建成，二期工程（2 平方千米）已经揭牌，引进了包括巨石集团、西电集团等近 70 家大型企业，涵盖摩托车、太阳能等行业，吸引协议投资额近 10 亿美元，实现年销售额 1.8 亿美元，达成进出口额 2.4 亿美元，为埃及创造 1 万多个就业机会。

三是规划总面积 12.2 平方千米的中国与阿联酋产能合作示范园项目，目前已有 20 多家企业签署入园意向协议，投资额超 17 亿美元。

四是中国—阿联酋合作建设中的迪拜 700 兆瓦光热发电项目，由迪拜 ACWA 电力公司在 2019 年 4 月 13 日与上海电气签订项目总承包合同。它是中东地区首个清洁煤发电项目，也是当今世界规模最大、技术最先进的单体光伏、光热太阳能发电项目。

五是航天卫星合作项目，2017 年中国成功为阿尔及利亚发射一号通信卫星。

另外，有关研究显示，中阿新兴产业合作项目日渐增多。以科威特为例，2018 年中国企业在科威特参与建设的项目达 89 个，与 2015 年相比项目数大幅增加。

6.3.2　中阿新兴产业合作领域逐渐扩大

有关研究显示，中阿新兴产业合作范围十分广泛。目前，中阿积极鼓励双方企业在核能、太阳能、风能、水电、人工智能、大数据、云计算、新材料、生物制药、智慧城市、航空航天、特色农业等高新技术领域广泛开展创新合作。其中，在核能、太阳能、风能、水电等低碳能源领域，以阿联酋为例，两国合作已取得了一系列成果：2016 年 6 月，中国哈电集团和丝路基金以投资方身份参与中东地区首个清洁煤发电项目的建设；2017 年 2 月，中国晶科能源与日本企业组成联合体中标阿布扎比光伏发电项目；

2017 年 8 月，中国天合光能为“迪拜可持续城市”提供约 4 万个太阳能光伏组件；2018 年 12 月，穆罕默德·本·拉希德·阿勒马克图姆太阳能公园第四期工程建设进一步推进，完成了该项目太阳能塔的 128 个支柱。

在新兴信息通信领域，以科威特为例，当前中科两国的合作已经大范围铺开，以华为和中兴为代表的中国企业近年来与科威特的合作日益紧密，中国企业已经进入科威特通信设备市场，并取得良好的市场反响。除此之外，华为还与科威特当地的电信运营商 Wataniya Telecomhe 和 Zain 开展战略合作。华为承建运营商 Wataniya Telecomhe 的缓存网络建设项目，助力科威特实现移动宽带业务的可持续发展；华为同运营商 Zain 探索 B2B 业务合作，构建惠及当地市民、企业和政府机构，打通中科乃至世界商业、社会网络互联互通的价值链。2017 年，华为在科威特建立创新与培训中心，并且同科威特通信和信息技术监管局（CITRA）签署谅解备忘录以促进信息通信领域的合作。

在新兴信息产业领域，2016 年中国阿里云与迪拜 Meraas 集团（阿联酋知名的政府开发商）合作成立云计算合资公司 Yvolv，并在迪拜发布了中东数据中心，投资中东最大打车平台，收购中东北非最大电视购物公司，推动移动支付合作，提供以云计算为底层支撑的系统集成服务。另外，中国 AI 独角兽商汤科技已进入中东，开始洽谈相关项目。

在新兴高端装备制造业领域，中阿积极扩大航天卫星领域合作，中国帮助阿尔及利亚通信卫星成功发射，中国北斗导航系统和气象遥感卫星技术服务阿拉伯国家建设。中国北斗卫星系统中心 2018 年 4 月正式落户突尼斯贾扎拉科技园内，为突尼斯等阿拉伯国家培养了许多卫星导航系统人才，支撑了数字经济发展，利用相关技术平台，推广卫星导航技术应用。北斗中心在阿拉伯国家及非洲地区建立的北斗系统共建共享平台，有助于推动中国航天技术与阿盟及非盟国家在农业、地理、矿业等领域的合作。

在新兴新能源汽车领域，近年来，中国新能源电动汽车企业加快对阿拉伯市场的拓展，并积极占领份额。

另外，中阿医疗卫生机构间合作、医疗技术研究、传染病防控、传统医药、卫生人力资源开发等方面的合作不断深入，未来中阿卫生合作将着眼于开放医疗医药市场、推动中阿医疗产业、促进传统医学领域互动合作，让中国医药走出去，把阿方好的医药产品引进来。这些均表明中阿新兴产业合作领域逐渐拓宽。

6.3.3　中阿新兴产业合作的良好环境进一步优化

目前，中国已与12个阿拉伯国家建立了全面战略伙伴关系或战略伙伴关系，与18个阿拉伯国家签署了“一带一路”合作文件。中阿双方通过高层互访、建立中阿政府间磋商和对话机制，强化战略对接，持续优化新兴产业合作环境。2018年6月，“阿拉伯国家能源互联网暨‘一带一路’建设论坛”在北京举办。中国外交部和国家发改委、阿盟、阿拉伯地区可再生能源等政府部门，围绕阿拉伯国家清洁能源开发进行深入讨论，达成共识，为中阿新能源产业合作创造了良好的政策环境。2018年7月，中国—阿拉伯国家合作论坛第十五次高官会在北京举办，规划中阿共建“一带一路”合作蓝图，为中阿新能源产业合作的发展指明方向，有利于中阿新能源产业合作进程的进一步推进。可以说，中国—阿拉伯国家合作论坛会议的成功召开，中阿政府高层的频繁沟通，为中阿新能源合作创造良好政策环境。另外，中阿实现互免签证、互换驾照，中阿经贸联委会签署投资、贸易、中小企业等领域合作备忘录等，均为中国与阿拉伯国家开展新兴产业合作创造了良好的政策环境。

6.3.4　中阿新兴产业合作有效平台逐渐完善

产业园区是推进中阿新兴产业合作的主要平台。2016年1月，中国政府公布的《中国对阿拉伯国家政策文件》中指出：“坚持企业主体、市场主导、政府推动、商业运作的原则，对接中国产能优势和阿拉伯国家需求，与阿拉伯国家开展先进、适用、有效、有利于就业、绿色环保的产能合作，支持阿拉伯国家工业化进程。”2018年7月10日，中阿合作论坛第八届部长级会议在北京召开，会议讨论通过了《中国—阿拉伯国家合作论坛2018

年至2020年行动执行计划》，其第三条强调："应发挥经贸合作区等对深化双方产能与投资合作的平台和集聚作用，支持中阿企业在合作区建设领域开展更多合作。"

为积极响应国家政策，中国国家发改委、商务部等部委以及宁夏回族自治区等地方政府，高度重视与阿拉伯国家的产能合作，先后与阿曼、沙特、埃及等"一带一路"沿线国家的政府部门和相关机构合作，设立了一批产业园区。经过不懈努力，中国—阿曼（杜库姆）产业园、中国沙特（吉赞）经济城中国企业特别发展区建设取得了积极进展，中国阿联酋（迪拜）食品工业园、中国埃及（曼凯）纺织工业园建设正在稳步推进。

6.4 中阿新兴产业合作路径和展望

当前，中国与阿拉伯国家均处于经济社会转型发展的关键时期，深入探讨中阿新兴产业合作的升级途径，对于推进中国"一带一路"倡议与阿拉伯国家发展战略对接、确保中阿新兴产业合作顺利进行、实现互利共赢、共谋发展目标非常重要。

6.4.1 探索中阿新兴产业合作新模式

开展新兴产业合作不仅能够加快各国新兴产业的发展速度，还有利于提升产业的国际竞争力。虽然现实中中国和各个阿拉伯国家间的新兴产业合作还存在许多竞争，但以利益交叉点为基础的互利合作是大局和主流。目前，中国通过与阿拉伯国家在新兴产业领域开展形式多样的广泛合作、取长补短，取得了不凡的成绩。但需要注意的是，新兴产业的国际合作从本质上讲，就是高端科学技术的合作。无论是国家还是企业，都应当具备较为坚实的产业基础与科技基础。虽然目前中国已具备了较好的基础条件，但由于面临着核心技术、核心知识产权、研发资金不足等方面的挑战，开展国际合作显得尤为重要，如"第三方市场合作"。

"第三方市场合作"是一种国际合作新模式，这种新模式是指两国合作开发第三方国家市场。它可以将中国的优势产能、发达国家的先进技术和广大发展中国家的发展需求有效对接，共同为第三国经济发展注入新动能。中国已同法国、加拿大、日本、新加坡、西班牙、荷兰、比利时、意大利、澳大利亚等国家，正式签署了第三方市场合作文件，与有关国家推动设立了第三方市场合作基金，如中国发起的“丝路基金”与欧洲投资开发银行建立了第三方市场合作基金、中车集团与德国西门子在一些重点项目上达成三方合作协议等。未来，中国将与有关国家、企业一道，继续扩大第三方市场合作范围，积极创新合作模式，支持各类企业通过联合投标、共同投资等，开拓新的投资、生产、经营市场，实现优势互补、多方共赢。基础设施建设、新能源、高端装备制造业领域等是第三方市场合作的重点领域。参与共建“一带一路”的多为发展中国家和地区，正处在工业化初期，亟须加快发展基础设施、实现工业化，但又极度缺乏技术和资金。在基础设施建设和新能源领域开展第三方合作，是推动企业在第三方市场开展环境友好型产业合作的重要抓手。在高端制造业领域开展合作，未来通过结合中高端制造产业优势和发达国家的先进理念、高端技术，中国将有能力为第三方国家提供高水平、高性价比、更具竞争力的产品和服务，并避免招投标过程中恶性竞争等，实现“三方共赢”。因此，“第三方市场合作”亦不失为未来中阿之间开展新兴产业合作的新模式之一。

6.4.2 提升中阿新兴产业合作层次

一是提升中阿双方在新能源领域开发合作的层次。近年来，阿拉伯国家能源需求增长较快，政府积极制定可再生能源发展战略，大力开发新能源（如风能、太阳能），致力于将风能、太阳能转化为电能，并接入电网，以缓解国内经济对传统能源的依赖。中国新能源企业和具备优势产能的能源企业可借此机遇和阿拉伯国家继续加强合作，深化新能源领域全产业链合作，坚持低碳化、安全化、清洁化、高效化的发展方向，促进太阳能多元化利用，有序开发风能，积极促进地热能源勘探开发利用，推动新能源装备制造业升级，实现优势互补和双赢。可以说，中阿双方在新能源领域的合作空间还很大。

二是提升中阿双方在信息通信技术领域开发合作的层次。目前，阿拉伯国家政府正致力于全面推进政府公务系统、公民服务系统、通信基础设施等方面的数字化转型，希望通过兴建相关信息通信领域的基础设施来整合和扩大资源利用率，推进互联网的普及率，大力发展电子政务和电子商务进程，建设“智慧城市”和“安全城市”，并加速推动国内经济转型。中国作为信息通信技术产品最大出口国和进口国，在信息通信领域成就斐然，如我国自主研发的“北斗卫星导航系统”就是信息基础设施的重要突破。阿拉伯国家在信息通信技术领域的发展需求日益增加，中国可以提升与阿拉伯国家在信息通信技术领域的合作层次。

三是提升中阿双方在新能源汽车领域开发合作的层次。比如，近年来，中国新能源电动车企业加快进军迪拜市场，成绩令人欣慰。如天津艾康尼克新能源汽车有限公司、广东银隆新能源股份有限公司、上海申沃客车有限公司等企业，无论是技术、专业定制服务，还是产品性能等各个方面都受到迪拜市场的高度认可。中国电动汽车自主品牌艾康尼克与世界领先的汽车设计、科技品牌展开合作，其中包括与麦格纳斯太尔、微软和 AKKA 建立合作伙伴关系。自创建初期，艾康尼克就走出国门并在迪拜开设首家全球旗舰店，与阿联酋马斯达尔城共同测试深化研发无人驾驶汽车。阿布扎比警队与艾康尼克在当地签约，宣布订购 5000 辆艾康尼克纯电动七座 MPV 作为警车使用，为其超豪华警车车队增添了一抹亮丽的环保绿色。银隆新能源作为中国新能源行业领军企业推出了 12 米新型低地板纯电动公交车、充电桩、储能沙盘等一系列产品。在奇瑞、江淮、长城、比亚迪等自主品牌进入迪拜市场之后，广汽传祺、吉利等自主品牌也进入中东市场。目前，申沃客车正在研发电池耐高温技术。另外，郑州东工实业有限公司生产的酷跑电动汽车（观光车、全地形车）凭借外观专利使此款车型在国内外独一无二，并且根据标准化流程制造出符合客户需求的车型，深受客户青睐。未来，中国可以进一步提高同阿拉伯国家的合作层次。

6.4.3　完善新兴产业合作方式

目前，中阿双方在新兴产业各个领域中的合作均比较频繁。其合作方式主要有企业间的合作、企业和政府间的合作、政府间的合作、企业和高等学府间的合作。其中，企业间合作占比很大，政府间合作也比较频繁，而企业和政府间的合作、企业和高等学府间的合作相对来说还比较少。双方的合作方式中缺少研究机构间的合作和高等学府间的合作，相互间的技术交流、人才培养、共同研发、合作政策的探讨和制定等方面，与中阿双方新兴产业的发展现实相比不匹配，这无疑是在未来需要改善的问题。

总体上看，中阿共建“一带一路”合作已经取得丰硕成果，中国已经同所有阿拉伯国家签署了双边政府经济、贸易和技术合作协定。中国与阿拉伯国家在经济上互补性较强，中阿新兴产业合作发展潜力巨大，前景广阔。可以预见，未来中国与阿拉伯国家新兴产业合作会在更大范围、更宽领域、更高层次、更大力度上展开与推进。

第 7 章　中阿农业合作专题报告

7.1　中阿农业现状与合作基础

7.1.1　阿拉伯国家农业发展现状

阿拉伯国家主要分布在西亚北非地区，少数几个国家位于非洲西北部和东北部。农业自然禀赋差，政府农业投入不够稳定和持续，农业科技应用不够广泛，农业普遍不发达。大多数阿拉伯国家无法实现农产品自给，面临严重的粮食安全问题。即便是农业自然禀赋较好的伊拉克，也因战乱无法实现农产品自给自足；曾经被称为“拜占庭帝国的粮仓”的埃及，如今也无法靠土地养活人民。大多数阿拉伯国家都严重依赖粮食进口，加之人口增长快，受国际市场影响，大多数国家至今无法有效解决粮食安全问题，农业可持续发展面临较大问题。

阿拉伯国家农业发展现状具体表现在以下几个方面。

第一，阿拉伯国家境内沙漠广布，多属热带、亚热带沙漠气候，降水稀少，水资源奇缺，严重制约了农业发展。该地区 68%的土地为沙漠，可耕地面积少。如沙特的可耕地面积只占土地面积的 1.6%。就降水量而言，埃及、阿联酋、卡塔尔等国年降水量不足 100 毫米，只有黎巴嫩、巴勒斯坦等少数国家的大部分地区年降水量可达 400 毫米以上。[①] 因此，绝大多数

① 阿拉伯国家农业发展组织:《阿拉伯农业统计年鉴》(第 35 卷)，http://www.aoad.org/statbook35.htm。

阿拉伯国家的大多数地区都不适合进行农业生产。

第二，阿拉伯国家工业化水平低，农业科技相对落后。由于农业自然禀赋差，水和其他农业资源缺乏，要想发展农业生产就只能依靠引入现代农业科技。阿拉伯国家目前已设想和实行的科技项目包括海水温室、农业机械、基因工程、水产养殖和“养耕共生”等。但是此类技术往往耗资巨大，普通农民很难获得，因此需要政府提供大量的农业投资和补贴。阿拉伯国家的农业投入往往不具稳定性和持续性，加上进口农产品价格优势的冲击，即便是像沙特这样富有的产油国，也都转变农业发展战略，放弃了小麦等农产品自给自足的计划，转而实行海外农业投资计划。因此，现代农业科技在阿拉伯国家仍然没有得到广泛应用。

第三，受自然和地理条件的限制，阿拉伯国家粮食安全问题未能得到有效解决，大多数国家农产品供应严重依赖进口，农产品贸易赤字严重。2018 年，大多数国家国内基本农产品生产量甚至满足不了国内需求的一半，有些国家甚至 90% 以上的国内需求都靠进口解决。也门等一些战乱国家，既无法通过国内生产满足需求，也无法通过进口来满足，面临严重的粮食危机，急需国际援助。以小麦为例，2018 年阿拉伯国家各国国内小麦生产量完全无法满足自身需求，需要大量进口，埃及和阿尔及利亚分别是世界上第二和第三大小麦进口国，进口额分别为 22 亿美元和 18.4 亿美元，进口额远超世界人口第一大国的中国（7.8 亿美元）。两国的小麦进口额占世界小麦市场的 10% 左右。阿联酋、科威特等国本国人口很少，却跻身世界小麦进口大国。由此可见，阿拉伯国家小麦进口额及其在世界小麦市场的比重，与本国人口占世界人口的比重严重不相符。2018 年，小麦进口额在 1 亿美元以上的阿拉伯国家就有 15 个，如表 7.1 所示。

表 7.1　2018 年部分阿拉伯国家小麦进口情况

世界市场排名	国家	进口额（百万美元）	占世界市场的比重（%）
2	埃及	2200	5.3
3	阿尔及利亚	1840	4.4

续表

世界市场排名	国家	进口额（百万美元）	占世界市场的比重（%）
14	摩洛哥	977.7	2.3
21	沙特阿拉伯	720	1.7
25	也门	536	1.3
26	伊拉克	478.3	1.1
27	苏丹	478.2	1.1
37	阿联酋	292.2	0.7
40	约旦	265.5	0.6
44	突尼斯	192.9	0.5
50	利比亚	171.7	0.4
52	毛里塔尼亚	167.9	0.4
62	黎巴嫩	130.7	0.3
63	阿曼	116	0.3
70	科威特	102.8	0.2

资料来源：世界顶级出口国，http://www.worldstopexports.com/wheat-imports-by-country/。

第四，由于农产品无法自给自足，严重依赖进口，受国际市场粮食和食品价格的影响大，阿拉伯国家每年投入大量财政预算用于农产品进口补贴，以满足民众的基本需求。以埃及为例，2018~2019 财政年，政府斥资 86 亿埃及镑（48 亿美元）用于面包和食品补贴计划，其中大约一半都用于面包补贴计划。面包补贴后的价格为每块 0.05 埃及镑，连市场价格的 1/10 都不到。沙特在政府的大量补贴下，面粉的价格已经有 30 多年没有变化，维持在 0.27 ~ 0.33 美元每千克的区间。大量的粮食和食品进口补贴不仅体现了阿拉伯国家农业发展的相对落后，也增加了财政压力，但削减和取消补贴又会加重人民的负担，甚至引发动乱。“阿拉伯之春”的发生，与阿拉伯世界普遍面临的粮食危机有密切的关系。因此，粮食和食品进口补贴已成为阿拉伯国家经济改革中不得不面对的一个难题。

总的来看，阿拉伯国家农业自然禀赋较差，农业科技水平相对落后，农业普遍不发达，农业生产不能满足国内需要，严重依赖进口。为保证社会稳定，政府每年都得花费巨资进行食品补贴。加上阿拉伯国家人口增长率普遍较高，目前和可预见的未来，仍无法有效解决粮食安全问题，农业可持续发展任重道远。

7.1.2　中国农业发展现状

中国是传统的农业大国，自古以来就有以农治国的传统。新中国成立以来，党和政府更是重视“三农问题”的解决，农业发生了巨大的变化，正在从传统农业大国向现代化农业强国迈进，具体表现在以下几个方面：①农业生产稳步增长，②农业产品结构逐步优化，③农业现代化水平稳步提高，④农产品国际贸易和农业信息化快速发展，⑤农业新产业不断发展壮大。2018 年，中国农业总产值 61452.59 亿元，同比增长 5.84%。主要农产品产量从高到低依次是蔬菜、粮食、水果等，分别为 70346.70 万吨、65789.22 万吨和 25688.35 万吨；农业机械总动力达到 100371.70 万千瓦；2018 年农产品累计进口总额 9480.54 亿元，累计出口总额 5556.54 亿元。[①]

新中国成立到今天，中国作为传统农业国，在粮食、蔬菜、水果种植等领域具有丰富的经验。目前中国正处在从传统农业国向现代化农业强国稳步转型的阶段，农业机械化等农业技术水平、农业信息化等现代化水平正在稳步提高。

因此，未来中国和阿拉伯国家虽然农业国情不同、农业发展状况和阶段各异，但农业互补性强，双方在农业技术、农产品贸易等领域可以进行广泛合作。

7.2　中阿农产品贸易合作状况

中国和阿拉伯国家是“一带一路”建设中的重要合作伙伴。自 2016 年中国政府发布首份《中国对阿拉伯政策文件》以来，双方又先后签署了

① 中华人民共和国农业农村部网站，“主要指标”，http://zdscxx.moa.gov.cn:8080/nyb/pc/index.jsp。

《多哈宣言》《中国—阿拉伯国家合作论坛2016年至2018年行动执行计划》等重要文件。2018年7月，双方召开了中阿合作论坛第八届部长级会议，通过并签署了《中国和阿拉伯国家合作共建“一带一路”行动宣言》和《中国—阿拉伯国家合作论坛2018年至2020年行动执行计划》等重要文件。尽管文件确立的中阿合作重点为继续推进“1+2+3”合作格局，但农业贸易合作也是中阿合作的重要内容。

《中国—阿拉伯国家合作论坛2018年至2020年行动执行计划》确立了两国在农业贸易合作的重点方向和关键领域，主要内容如下。

第一，致力于巩固和加强农业领域的双多边机制，在农业、有机农业/生物农业、粮食安全领域加强合作，借鉴中国在基因改良方面的经验，鼓励双方农业科技和管理人员加强交流，增加信息沟通。

第二，积极建立中国与阿拉伯国家农业合作机制，继续加强双方农业领域的合作，包括通过双多边机制加强节水农业、有机农业/生物农业、粮食安全、农产品市场体系建设、动物和渔业资源及食品工业和兽医服务等领域合作，积极开展农业领域经验交流，借鉴中国的经验。

第三，充分发挥中阿博览会平台作用，在中阿博览会期间举办中阿农业贸易与农业投资洽谈会。双方呼吁为对方企业在本国投资营造良好的投资环境，出台相关优惠政策，提供便利措施和服务。

第四，加强在水务技术、水资源利用和节约、雨水收集、废水处理再利用和干旱地区水资源管理等领域的合作，加强双方水资源研究中心的合作关系。

第五，鼓励在农业领域建立联合企业，包括化肥生产、农业机械装备制造，以提高各类农业活动生产率。

第六，推动在阿联酋建立农牧渔业批发市场，欢迎中国农业农村部和阿联酋气候变化和环境保护部签署关于加强农业合作的谅解备忘录，以及中国农业部和苏丹农业和林业部在2016年签署的农业领域合作备忘录，欢迎中国农业农村部和埃及农业和农垦部签署农业合作行动计划（2018~2020）。①

① 中阿合作论坛：《中国—阿拉伯国家合作论坛2018年至2020年行动执行计划》，http://www.chinaarabcf.org/chn/lthyjwx/bzjhy/dbjbzjhy/t1577009.htm。

此外，该行动计划还规定，双方将继续在与农业密切相关的其他领域加强合作，如林业和荒漠化防治等。

2018 年，在中阿双方的大力推动和积极参与下，中阿双方贸易额进一步增长。来自中国商务部的信息显示，中国与阿拉伯国家贸易额 2443 亿美元，同比增长 28%。中国自阿进口 1394 亿美元，对阿出口 1049 亿美元，[①]其中，农产品贸易额为 28.80 亿美元。

7.2.1　中阿农产品贸易合作规模

2018 年，中阿贸易结构不断优化，中国对阿拉伯国家出口中，机电产品和高新技术产品仍占主体地位，占比达 66%，但在进口中，以农产品为代表的非石油产品在不断增加。2018 年，中阿农产品贸易总额为 28.80 亿美元，其中，中国对阿拉伯国家出口贸易额为 22.13 亿美元，中国从阿拉伯国家进口农产品贸易额为 6.67 亿美元。与以往情况相同，2018 年，在中国同阿拉伯国家的农产品贸易中，中国继续保持着较大的贸易顺差，顺差额为 15.46 亿美元。[②]

7.2.2　中阿农产品贸易合作结构

2018 年，中国与阿拉伯国家农产品贸易的主要产品依次是“含油子仁及果实；杂项子仁及果实；工业用或药用植物；稻草、秸秆及饲料”；“咖啡、茶、马黛茶及调味香料”；“蔬菜、水果、坚果或植物其他部分的制品”；“食用蔬菜、根及块茎”；“食用水果及坚果；柑橘属水果或甜瓜的果皮”；“鱼、甲壳动物、软体动物及其他水生无脊椎动物”；“烟草、烟草及烟草代用品的制品”；“食品工业的残渣及废料；配制的动物饲料”；“肉、鱼、甲壳动物、软体动物及其他水生无脊椎动物的制品”等 9 类。以上 9 类农产品贸易额均在 1 亿美元以上，其余 15 类农产品贸易额均在 1 亿美元以下（见表 7.2）。

---

① 中华人民共和国商务部西亚非洲司：《2018 年中国对阿拉伯国家贸易数据统计》，http://xyf.mofcom.gov.cn/article/tj/zh/201905/20190502864325.shtml。

② 根据联合国贸易数据库（UN Comtrade Database）数据计算，分类依据：HS2002。

表 7.2 2018 年中国与阿拉伯国家农产品贸易情况

单位：万美元

贸易额排名	产品代码	产品名称	贸易额
1	12	含油子仁及果实；杂项子仁及果实；工业用或药用植物；稻草、秸秆及饲料	62818.38
2	09	咖啡、茶、马黛茶及调味香料	51592.22
3	20	蔬菜、水果、坚果或植物其他部分的制品	35939.93
4	07	食用蔬菜、根及块茎	17894.83
5	08	食用水果及坚果；柑橘属水果或甜瓜的果皮	17850.66
6	03	鱼、甲壳动物、软体动物及其他水生无脊椎动物	15780.94
7	24	烟草、烟草及烟草代用品的制品	14328.32
8	23	食品工业的残渣及废料；配制的动物饲料	13896.01
9	16	肉、鱼、甲壳动物、软体动物及其他水生无脊椎动物的制品	11986.60
10	17	糖及糖食	9223.80
11	21	杂项食品	8510.00
12	10	谷物	7847.95
13	22	饮料、酒及醋	4512.52
14	19	谷物、粮食粉、淀粉或乳的制品；糕饼点心	2862.89
15	13	虫胶；树胶、树脂及其他植物液、汁	2663.77
16	15	动植物油、脂及其分解产品；精制的食用油脂；动、植物蜡	2511.71
17	02	肉及食用杂碎	1847.81
18	05	其他动物产品	1374.87
19	18	可可及可可制品	1351.21
20	04	乳品；蛋品；天然蜂蜜；其他食用动物产品	1157.61
21	06	活树及其他活植物；鳞茎、根及类似品；插花及装饰用簇叶	859.20
22	11	制粉工业产品；麦芽；淀粉；菊粉；面筋	850.42
23	14	编结用植物材料；其他植物产品	201.72
24	01	活动物	71.53

分类依据：HS2002。

资料来源：UN Comtrade Database。

2018 年，中国对阿拉伯国家出口的主要农产品依次为“咖啡、茶、马黛茶及调味香料”；“蔬菜、水果、坚果或植物其他部分的制品”；“含油子仁及果实；杂项子仁及果实；工业用或药用植物；稻草、秸秆及饲料”；“食用蔬菜、根及块茎”；“烟草、烟草及烟草代用品的制品”；“鱼、甲壳动物、软体动物及其他水生无脊椎动物”；“肉、鱼、甲壳动物、软体动物及其他水生无脊椎动物的制品”等 7 类。以上 7 类农产品出口额都在 1 亿美元以上，其余 17 类农产品出口额均在 1 亿美元以下（见表 7.3）。

表 7.3　2018 年中国向阿拉伯国家农产品出口情况

单位：万美元

贸易额排名	产品代码	产品名称	贸易额
1	09	咖啡、茶、马黛茶及调味香料	51489.84
2	20	蔬菜、水果、坚果或植物其他部分的制品	35867.24
3	12	含油子仁及果实；杂项子仁及果实；工业用或药用植物；稻草、秸秆及饲料	29262.47
4	07	食用蔬菜、根及块茎	17891.51
5	24	烟草、烟草及烟草代用品的制品	13614.89
6	03	鱼、甲壳动物、软体动物及其他水生无脊椎动物	12327.37
7	16	肉、鱼、甲壳动物、软体动物及其他水生无脊椎动物的制品	10559.25
8	21	杂项食品	8482.63
9	17	糖及糖食	8250.84
10	10	谷物	7847.95
11	08	食用水果及坚果；柑橘属水果或甜瓜的果皮	7802.38
12	22	饮料、酒及醋	3646.54
13	19	谷物、粮食粉、淀粉或乳的制品；糕饼点心	2602.30
14	23	食品工业的残渣及废料；配制的动物饲料	2084.18
15	02	肉及食用杂碎	1847.81
16	05	其他动物产品	1354.19
17	18	可可及可可制品	1300.46
18	13	虫胶；树胶、树脂及其他植物液、汁	1276.17
19	04	乳品；蛋品；天然蜂蜜；其他食用动物产品	1153.88
20	06	活树及其他活植物；鳞茎、根及类似品；插花及装饰用簇叶	859.11
21	11	制粉工业产品；麦芽；淀粉；菊粉；面筋	849.48
22	15	动植物油、脂及其分解产品；精制的食用油脂；动、植物蜡	746.19
23	14	编结用植物材料；其他植物产品	167.06
24	01	活动物	1.87

分类依据：HS2002。

资料来源：UN Comtrade Database。

2018年，中国从阿拉伯国家进口农产品贸易额为6.67亿美元，阿拉伯国家与中国的贸易逆差为15.46亿美元，处于较大的贸易入超地位。阿拉伯国家向中国出口的农产品只有3类贸易额超过了1亿美元，从高到低依次是“含油子仁及果实；杂项子仁及果实；工业用或药用植物；稻草、秸秆及饲料”；“食品工业的残渣及废料；配制的动物饲料”；“食用水果及坚果；柑橘属水果或甜瓜的果皮”，其余19类农产品贸易额均在1亿美元以下。只有4类农产品贸易额在1000万美元至1亿美元，从高到低依次是“鱼、甲壳动物、软体动物及其他水生无脊椎动物”；“动植物油、脂及其分解产品；精制的食用油脂；动、植物蜡”；“肉、鱼、甲壳动物、软体动物及其他水生无脊椎动物的制品”；“虫胶；树胶、树脂及其他植物液、汁”，其余15类农产品贸易额都在1000万美元以下（见表7.4）。两类产品，即“肉及食用杂碎”和“谷物”未向中国出口。总的来看，阿拉伯国家向中国的农产品出口规模有限。

表7.4　2018年中国从阿拉伯国家进口农产品情况

单位：万美元

贸易额排名	产品代码	产品名称	贸易额
1	12	含油子仁及果实；杂项子仁及果实；工业用或药用植物；稻草、秸秆及饲料	33555.90
2	23	食品工业的残渣及废料；配制的动物饲料	11811.83
3	08	食用水果及坚果；柑橘属水果或甜瓜的果皮	10048.28
4	03	鱼、甲壳动物、软体动物及其他水生无脊椎动物	3453.57
5	15	动植物油、脂及其分解产品；精制的食用油脂；动、植物蜡	1765.52
6	16	肉、鱼、甲壳动物、软体动物及其他水生无脊椎动物的制品	1427.35
7	13	虫胶；树胶、树脂及其他植物液、汁	1387.60
8	17	糖及糖食	972.96
9	22	饮料、酒及醋	865.98
10	24	烟草、烟草及烟草代用品的制品	713.43
11	19	谷物、粮食粉、淀粉或乳的制品；糕饼点心	260.58
12	09	咖啡、茶、马黛茶及调味香料	102.39

续表

贸易额排名	产品代码	产品名称	贸易额
13	20	蔬菜、水果、坚果或植物其他部分的制品	72.68
14	01	活动物	69.66
15	21	杂项食品	58.37
16	18	可可及可可制品	50.75
17	14	编结用植物材料；其他植物产品	34.66
18	05	其他动物产品	20.68
19	04	乳品；蛋品；天然蜂蜜；其他食用动物产品	3.73
20	07	食用蔬菜、根及块茎	3.32
21	11	制粉工业产品；麦芽；淀粉；菊粉；面筋	0.95
22	06	活树及其他活植物；鳞茎、根及类似品；插花及装饰用簇叶	0.0893

分类依据：HS2002。

资料来源：UN Comtrade Database。

7.2.3　中阿农产品贸易市场结构

2018 年，中国与阿拉伯国家农产品贸易主要伙伴，按贸易额从高到低依次为阿联酋、苏丹、埃及、摩洛哥、沙特阿拉伯、毛里塔尼亚、阿尔及利亚、伊拉克等 8 国。8 国与中国的农产品贸易额均达到了 1 亿美元以上，与中国的农产品总贸易额占到了中国与所有阿拉伯国家农产品贸易额的 81.82%。巴勒斯坦、科摩罗两国与中国的农产品贸易额在 1000 万美元以下，其余 12 个阿拉伯国家与中国的农产品贸易额均在 1000 万美元至 1 亿美元。

22 个阿拉伯国家中，19 个国家与中国存在较大农产品贸易逆差；利比亚、科威特、卡塔尔、巴勒斯坦、科摩罗 5 国未向中国出口任何农产品；苏丹、毛里塔尼亚、索马里 3 国在与中国的农产品贸易中处于顺差地位，顺差分别为 32224 万美元、313 万美元和 872 万美元。苏丹的较大顺差主要来源是向中国出口了 32839 万美元的“含油子仁及果实；杂项子仁及果实；工业用或药用植物；稻草、秸秆及饲料”产品；毛里塔尼亚的贸易顺差主要来源于“食品工业的残渣及废料；配制的动物饲料”产品；索马里的顺差主要来源于其“鱼、甲壳动物、软体动物及其他水生无脊椎动物”产品。

22个阿拉伯国家中，中国的主要出口市场为阿联酋、阿尔及利亚、摩洛哥、沙特阿拉伯、埃及、伊拉克等6国，出口额均在1亿美元以上，中国对以上6国的出口额占对所有阿拉伯国家出口额的44.13%。中国的主要进口来源地为苏丹、毛里塔尼亚、埃及、摩洛哥、阿联酋、索马里等6国，其中，自苏丹的进口额达到3.73亿美元。中国从以上6国的进口额均在1000万美元以上，占自所有阿拉伯国家进口额的97.81%。各阿拉伯国家在中阿农产品贸易中的市场结构情况见表7.5。

表7.5　2018年中阿农产品贸易市场结构

国家	中国出口市场排名	中国进口来源地排名	双边贸易额排名
阿联酋	1	5	1
苏丹	11	1	2
埃及	5	3	3
摩洛哥	3	4	4
沙特阿拉伯	4	8	5
毛里塔尼亚	10	2	6
阿尔及利亚	2	15	7
伊拉克	6	9	8
黎巴嫩	7	13	9
约旦	8	12	10
也门	9	11	11
阿曼	13	7	12
利比亚	12		13
巴林	14	16	14
科威特	15		15
卡塔尔	16		16
叙利亚	17	14	17
突尼斯	18	10	18

续表

国家	中国出口市场排名	中国进口来源地排名	双边贸易额排名
索马里	20	6	19
吉布提	19	17	20
巴勒斯坦	21		21
科摩罗	22		22

分类依据：HS2002。
资料来源：根据联合国贸易数据库（UN Comtrade Database）计算得出。

7.3　中国农产品在阿拉伯市场空间展望

2019 年，阿拉伯国家较差的农业自然禀赋、较落后的农业科技水平、不稳定的政府农业投入、普遍落后的农业生产水平，使本国农业生产无法满足国内基本需求、大量依赖进口的现状和结构性因素仍然无法得到根本改变，粮食安全问题很难得到根本解决。据联合国粮农组织等机构估计，2019 年，阿曼、巴林、沙特、毛里塔尼亚国内的粮食自给率分别为 47.6%、6%、20% 和 35%。① 而约旦等国国内谷物和饲料需求量的 97% 都靠进口解决。② 以小麦为例，根据联合国粮农组织的估计，2019 年绝大多数阿拉伯国家国内小麦生产量完全无法满足国内需求，需要大量进口（见表 7.6）。

表 7.6　2019 年部分阿拉伯国家小麦生产量和进口需求量

单位：百万吨

国家	国内小麦生产量	小麦进口需求量
阿尔及利亚	6	7.2
埃及	9.2	12.5
伊拉克	4	3.7

① 中华人民共和国外交部网站，“国家和组织”（2019 年 12 月更新）。
② Food and Agricultural Organization of United Nation, “Country Analysis: Jordan”, http://www.fao.org/giews/countrybrief/country.jsp?lang=en&code=JOR.

续表

国家	国内小麦生产量	小麦进口需求量
约旦	0.03	1
摩洛哥	4.9	4.7
沙特阿拉伯	0.7	3.2
突尼斯	1.5	2.9

资料来源：联合国粮农组织，http://www.fao.org/giews/countrybrief/country.jsp?lang=en&code=DZA。

另外一些阿拉伯国家，农产品需求既无法通过国内生产解决，也无法通过进口从国际市场满足，无力解决食品安全问题，急需国际社会的食品援助。根据联合国粮农组织的估计，22 个阿拉伯国家中，将有索马里、吉布提、利比亚、毛里塔尼亚、苏丹、叙利亚、也门、伊拉克等 8 个国家急需国际食品援助。

就中阿农产品贸易来说，可以预见 2019 年乃至其后，双方贸易额将达到 30 亿美元左右，中国仍将处于大规模出超的地位，中国向阿拉伯国家的农产品出口额和从阿拉伯国家的农产品进口额都有望增加，但进口额仍将较小。

从贸易结构来看，阿拉伯国家需求的“咖啡、茶、马黛茶及调味香料”；“蔬菜、水果、坚果或植物其他部分的制品”；“含油子仁及果实；杂项子仁及果实；工业用或药用植物；稻草、秸秆及饲料”；“食用蔬菜、根及块茎”；“烟草、烟草及烟草代用品的制品”等农产品，将继续成为中国出口阿拉伯国家的主要产品。

中国从阿拉伯国家进口的主要农产品，仍可能为“含油子仁及果实；杂项子仁及果实；工业用或药用植物；稻草、秸秆及饲料”等少数几类产品。

从市场结构来看，阿联酋、埃及、沙特、摩洛哥等国，仍将是中国的主要农产品贸易伙伴，大多数阿拉伯国家与中国的农产品贸易逆差恐难扭转。位于中国农产品出口前列的水产品、蔬菜、水果等在阿拉伯国家仍然具有较大市场空间，小麦、大米等谷物类产品在阿拉伯国家存在长期的、较大的市场潜力。

随着 2018 年 7 月通过的《中国—阿拉伯国家合作论坛 2018 年至 2020 年行动执行计划》有关农业和农产品计划的执行，2019 年中阿双方在农业、有机农业、粮食安全、基因改良、节水农业、农产品市场体系建设、动物和渔业资源、食品工业和兽医服务、水务技术、水资源利用和节约、雨水收集、废水处理再利用和干旱地区水资源管理、化肥生产、农业机械装备制造、农牧渔业批发市场、林业和荒漠化防治等领域的合作有望加强，将有力推进中国农产品在阿拉伯国家市场的竞争优势。科摩罗、巴勒斯坦、吉布提、索马里、叙利亚等国，或由于国土面积狭小和人口稀少，或由于国内动荡和战乱等因素，中国农产品短期内无法打开和维持较大的市场空间。

中国农产品在阿拉伯国家的市场开拓，继续要以阿联酋、埃及、摩洛哥、沙特等主要国家为经营重点。从长期来看，这些国家或者资金充足，或者人口众多，或者战略位置极其重要，对国际市场的农产品需求将持续扩大，中国农产品在这些国家具有较大的市场空间和发展潜力。

第 8 章　第四届中国—阿拉伯国家博览会专题报告

中国—阿拉伯国家博览会（以下简称中阿博览会）是中阿共建“一带一路”的重要平台。经中国清理和规范庆典研讨会论坛活动领导小组批准，在中央和国家有关部委、各省（自治区、直辖市）的大力支持下，2019 年 9 月 5~8 日，中华人民共和国商务部、中国国际贸易促进委员会和宁夏回族自治区人民政府，在宁夏银川共同举办了第四届中阿博览会。

8.1　基本情况

第四届中阿博览会以“新机遇　新未来”为主题，秉持“共商、共建、共享”原则，聚焦贸易投资、产能合作、“互联网 +”、高新科技、数字经济、基础设施等领域，举办了 8 项展览展示及投资促进活动、4 场会议论坛和主题省（江苏）系列活动。同期举办了“一带一路”国际产业合作论坛和第四届宁商大会。中共中央总书记、国家主席习近平向大会发来贺信，全国人大常委会副委员长曹建明出席开幕大会并宣读习近平总书记贺信。

习近平主席在贺信中指出，近年来，中阿双方顺应时代潮流和各自发展需要，携手推动共建“一带一路”，取得了丰硕成果。2018 年 7 月，习近平主席在中阿合作论坛第八届部长级会议开幕式上宣布建立全面合作、共同发展、面向未来的中阿战略伙伴关系。本届博览会为双方深化务实合作、推动共建“一带一路”高质量发展搭建了有益平台。希望双方以此为契机，抓住机遇，开拓路径，挖掘潜力，携手推动中阿战略伙伴关系实现更大发展，更好造福中阿双方人民。

全国人大常委会副委员长曹建明发表主旨演讲，毛里塔尼亚国民议会第一副议长布瓦迪耶尔·赫梅德、尼日尔国民议会第一副议长伊罗·萨尼出席开幕大会并致辞，宁夏回族自治区党委书记、人大常委会主任石泰峰，中国贸促会会长高燕，商务部部长助理任鸿斌分别致辞，宁夏回族自治区主席咸辉主持开幕大会。

大会共有来自 89 个国家 107 个展团 2900 多家区域组织、商协会等组织机构和企业的 12600 多名代表参会参展，数量均超过前三届。

8.2　主要成效

8.2.1　经贸政策沟通凸显新成效

党中央和国务院高度重视第四届中阿博览会，习近平总书记贺信着眼造福中阿双方人民、推动中阿战略伙伴关系实现更大发展，对进一步推动双向交流、用好中阿博览会平台作用提出殷切期望，得到了与会各方的热烈响应。

全国人大常委会副委员长曹建明在开幕大会上的主旨演讲，围绕落实总书记贺信精神，就深化中阿合作提出加强发展战略对接、深化互联互通合作、巩固能源合作关系、推进金融和高新技术合作、推动贸易投资自由化便利化等五点倡议。

毛里塔尼亚国民议会第一副议长布瓦迪耶尔·赫梅德、尼日尔国民议会第一副议长伊罗·萨尼在开幕大会致辞中，都表达了对习近平主席提出的利用中阿博览会加强交流合作的强烈愿望。

包括阿拉伯国家在内的“一带一路”沿线国家和地区政商界知名人士和商协会、企业代表高度评价、积极响应习近平主席致大会的贺信，对中阿博览会深化双方务实合作发挥的重要作用给予高度肯定，充分表达了抓住新机遇增进友谊、深化合作、促进发展的愿望和信心。

习近平主席的贺信使宁夏全区干部群众备受鼓舞、倍感振奋、倍增信心，宁夏回族自治区工商企业界人士纷纷表示一定要贯彻好总书记的贺信精神，着力打造好中阿博览会经贸合作交流平台，以更积极的姿态融入“一带一路”建设，加快构建全方位、多层次、宽领域对外开放新格局。

8.2.2 经贸合作达成新成果

第四届中阿博览会签约成果362个，其中：投资和贸易项目287个，总额1854.2亿元人民币（投资类项目228个，投资额1758.3亿元；贸易类项目59个，贸易额95.9亿元）；发布合作成果4个；签署国际友城关系备忘录1个；签署合作备忘录（协议）70个。

一是服务共建“一带一路”的成效进一步提升。共达成“一带一路”沿线国家政府间合作协议、融资协议、投资协议、商务合同、合作备忘录等各类合作成果75项（上届博览会18项），涵盖贸易、投资、基础设施、农业、医疗、旅游等众多领域。

二是服务各省（自治区、直辖市）“走出去”功能进一步拓展。兄弟省（自治区、直辖市）积极利用博览会开展国际经贸合作，签约项目31个，投资总额369.3亿元，是上届博览会的近4倍。中央企业签约项目7个，投资额10.2亿元。

三是服务宁夏产业转型升级的作用进一步凸显。博览会期间，宁夏共签订投资合同和协议190个，总额1378.8亿元。立足宁夏资源禀赋和产业基础的“延链补链强链”签约项目占比达到51%，大企业投资大项目引导效应增强，10亿元以上的有45个，亿元以上项目数量占比达到80%。

8.2.3 国际合作平台效应显著

第四届中阿博览会进一步发挥“部区合办”的机制作用，国家部委把中阿博览会作为促进中阿经贸合作的重要平台、推进“一带一路”建设的有力抓手，重点围绕贸易投资、“互联网+”、跨境电商、基础设施、产业合作等领域，举办投资贸易促进、会议论坛、展览展示等活动。

商务部与宁夏共同举办了基础设施、产能合作展暨境外园区投资推介洽谈会、物流合作洽谈会、投资与产能合作大会。

中国贸促会联合阿拉伯国家联盟秘书处、阿拉伯农工商总联盟与宁夏共同举办了中阿工商峰会、"一带一路"合作创新产品展暨"一带一路"沿线国家推介洽谈会。

农业农村部与宁夏共同举办了现代农业展暨农业产业合作对话会。

科技部联合阿拉伯国家联盟秘书处与宁夏共同举办了高新技术装备展暨技术成果推介对接会、中阿技术创新合作大会。

国家网信办与宁夏共同举办了网上"丝绸之路"大会。

文化和旅游部与宁夏共同举办了中阿旅行商大会。

国家卫生健康委与宁夏共同举办了"互联网+医疗健康"产业展暨应用大会。

通过投资贸易促进活动的成功举办，中阿博览会成为经贸政策沟通的重要渠道、最新技术成果的展示窗口、"一带一路"国际经贸合作的桥梁，得到了包括阿拉伯国家在内越来越多的"一带一路"沿线国家和地区的认可。

8.2.4　会议论坛务实高效

第四届中阿博览会各分项活动主题突出、内容丰富、成果丰硕。中阿工商峰会从汇报国家层面政策、建立合作机制、强化经贸合作等方面形成了8项会议成果，交流了共建"一带一路"、推动中阿经贸务实合作的经验和做法，为工商界搭建了多层次、宽领域交流合作、共同发展的桥梁。

中阿技术转移与创新合作大会发布了"农业无人机和农业生产全过程云平台监控系统"等10项重要技术成果项目，启动了技术转移专家咨询委员会，签订了绿色智能节水灌溉技术与设备研发示范项目等10个重点合作项目。

投资与产能合作大会围绕基础设施、产业投资、经贸合作等方面探讨建立合作机制，促成了24项合作成果，举办了“海外投资风险与信用管理分会”“跨国公司宁夏行投资合作恳谈会”“境外经贸合作区投资推介洽谈会”“中阿银联体高官会议”。

网上“丝绸之路”大会聚焦互联网新技术新应用项目合作对接，围绕共建网上“丝绸之路”、加强数字经济合作等方面内容进行深入交流研讨，促成了多项国内外互联网技术经贸合作成果。

中阿旅行商大会着眼于“一带一路”国际旅游合作，国际、国内、区内旅行商同台推介，旅游资源、非遗展演、旅游产品同步展示，融艺术化、互动式、情景式交流于一体，吸引了新加坡、印度尼西亚、日本、韩国、埃及等13个“一带一路”沿线国家以及中国香港、中国澳门、中国台湾地区的80余家旅行商参会参展，现场签订了16个客源互送和项目合作协议。

8.2.5 展览展示呈现新特点

第四届中阿博览会参展商品涵盖了现代农业、基础设施、高新技术、医疗卫生、生物医药、“互联网+”、人工智能、数据服务、仪器仪表、石油石化等领域，共有60个国家107个展团1114家企业4475名代表参展，博览会观展人数达15.5万人次，比上届增长80%，参展国别、企业、观展人数以及现场成交额、签约额均创历届新高。本届中阿博览会具有以下特点。

一是展品突出新技术特点。华为公司最新5G技术和产品、中石化先进钻井仪器及设备、浪潮公司大数据技术及服务器产品、航天五院最新卫星应用技术、神舟十一号飞船返回舱和中国自主研制的飞天舱外服真品、不插管胃镜磁控胶囊、达芬奇手术机器人等的展示抢眼，涉及尖端技术的展览展示占比达到35%。

二是展览服务凸显数字化特点。首次运用最新信息技术开展“5G看展览”，观众现场通过VR眼镜，360°、全景实时观看展览现场，同时设置网上VR展馆，实现线上线下同步展览展示。

三是现场成交额和签约额历届最高。本届博览会专门设置了对接洽谈专区，强化展览展示和投资洽谈互动，组织了 20 余场跨区域、多行业对接洽谈或专项推介活动，有针对性地推进精准对接合作，现场销售额 1.27 亿元；签订销售合作协议 1123 份，金额 3.25 亿元；意向签约客户 8678 个，意向签约销售额 24.9 亿元，均高于往届。

8.2.6　主题省活动迈上新台阶

各省区市通过中阿博览会平台分享"一带一路"合作机遇，有 28 个省（自治区、直辖市）组团参会参展（其中 15 个省区市由省级领导带队），共签订各类投资项目 31 个，总金额 369.3 亿元。

作为本届博览会的主题省，江苏省组织了 13 个地级市 25 个县（市、区）7 个国家级开发区 188 家企业 632 人的代表团参会参展，展出面积 1500 平方米。举办了江苏总体形象、苏州专题和特色产品展，重点展示了国际物流、贸易畅通、园区合作、科技创新、新能源、现代农业、文化旅游等江苏高质量发展的新成果；举办了苏宁两省区贸易投资暨产业园区合作对接会、央企与江苏省企业对接会。博览会期间，江苏省签约合作项目 42 个，总投资额 200.3 亿元。

此次主题省活动的规模、内容、层次、成果均创历届博览会主题省活动之最，进一步凸显了主题省机制的示范引领效应。

8.2.7　各方参与者充分肯定办会成效

参会参展的国内外政府机构、国际组织、商协会、企业对中阿博览会的经贸合作平台作用予以充分肯定。

阿拉伯农工商会总联盟秘书长哈立德·哈纳菲表示：中阿博览会是推进经贸合作的好机会，中国对包括阿拉伯国家在内的世界各国保持开放姿态将惠及中阿双方。

阿联酋经济部次长阿卜杜拉·萨利赫表示：中阿博览会在国际上产生了深远影响，得到了广泛认同，为推进中阿经贸合作做出了积极贡献。

科威特经济学家贾西姆·萨阿敦表示："一带一路"倡议是一个互惠互

利的倡议，中阿博览会也是了解这一倡议的窗口。

阿拉伯国际展览和会议联盟秘书长尤瑟夫·加拉希望借助中阿博览会平台，成立中阿国际展览与会议联盟。

与会阿拉伯国家驻华使节认为中阿博览会越办越好，中阿共建“一带一路”前景广阔，双方务实合作必将持续发展、不断深化。

奇瑞汽车负责人表示：中阿博览会为阿拉伯国家及各国企业“走进来”、中国企业“走出去”架起了合作桥梁，也是奇瑞汽车进一步开拓阿拉伯国家市场的重要机遇。

福建汇圆生物科技有限公司通过中阿博览会与苏丹企业签约2亿多元，计划在苏丹共建一个中药实验室，该公司负责人说：“这次参加省里的组团，我才发现阿拉伯市场有多大。”

8.2.8 品牌推广成效显著

来自《人民日报》、新华社、中央广播电视总台、《光明日报》、《经济日报》、《中国日报》、阿曼新闻出版社、巴勒斯坦通讯社、沙特电视台等92家国内外知名媒体的611名记者，对第四届中阿博览会进行了全方位的宣传报道。

新华社全媒体报道的《舟船继路辟新天　商使交属焕新颜——写在第四届中阿博览会开幕之际》和新媒体报道的《这个博览会，习主席为何四致贺电》阅读量均超过100万人次。

《经济日报》开设新媒体直播节目《聚焦中阿博览会》，当天点击量超过15万人次。截至博览会闭幕，国外媒体刊播原创稿件34篇（条），国内媒体刊播原创稿件1761篇（条），转载7134篇（次）。

通过精彩纷呈的宣传报道，中阿博览会的影响力和美誉度持续提升。

中国-阿拉伯国家博览会
معرض الصين والدول العربية
CHINA-ARAB STATES EXPO

Development Process of China-Arab States Economic and Trade Relations Annual Report

2019

The Secretariat of China-Arab States Expo /Editor
Jin Zhongjie　Feng Lulu /Chief Editor

中阿经贸关系发展进程 2019年度报告

社会科学文献出版社
SOCIAL SCIENCES ACADEMIC PRESS (CHINA)

Acknowledgments

Guided by the Secretariat of the China-Arab States Expo, this report was organized and compiled by the Arab College of Ningxia University and the Chinese Academy of Arab States. With special thanks to JinZhongjie and Feng Lulu, who served as editors-in-chief, the text highlights each author's subject matter expertise (see author references below). The editors compiled the manuscript and aggregated authoritative data sources in presenting descriptive, predictive, and prescriptive models of the current and future state of China-Arab economic and trade relations.

JinZhongjie and Feng Lulu edited the Chinese edition of this report. Reviewed by Ding Liping. Ma Xiaoling, Ma Xin provided leadership in aggregating and publishing the production version of the text and data, Ma Lina, Jin Rui, Du Le, and Chen Yuxiang managed the English translation of the manuscript, Ma Xiaoling conducted high-quality proofreading and review of the English version of this report.

We want to express our sincere gratitude to all who worked so hard to produce this report. The team's professionalism and fortitude were evident throughout the process. The team's exceptional collective efforts reflect in the quality and substance contained therein. We thank the Secretariat of the China-Arab Expo for its support and assistance in producing this report with admiration and respect.

The views expressed in this report are solely from the authors. They do not represent the official views and policies of the China-Arab Expo Secretariat.

"Development Process of China-Arab States Economic and Trade Relations Annual Report 2019" Compiling group member

Editor

Jin Zhongjie (Professor of Ningxia University)

Feng Lulu (Professor of China Academy for Arab Studies at Ningxia University)

Chinese review

Ding Liping (Editor of Ningxia People's Publishing House)

Compiling group member

Sun Degang/Wu Tongyu (Researcher of Fudan University Institute of International Studies/Ph.D. student of Middle East Institute of Shanghai International Studies University)

Yang Shaoyan (Professor of School of Economics and Management at Ningxia University)

Liu Dong (Associate Researcher of Institute of West Asian and African Studies at Chinese Academy of Social Sciences)

Feng Lulu (Professor of China Academy of Arab Studies at Ningxia University)

Ma Xin (Associate Professor of Yinchuan Municipal Party School of CPC)

Xia Shuqin (Professor of School of Economics and Management at Ningxia University)

Lei Changwei (Ph.D of China Academy for Arab Studies at Ningxia University)

Yang Zishi (Ph.D. student of Ningxia University)

CONTENTS

Chapter Ⅰ Official Report on China-Arab Economic and Trade Cooperation under the Jointly Developed China-Arab "Belt and Road" Framework

The development of the "Belt and Road" framework has led to significant progress in China-Arab relations. As of July 10, 2018, the partnership entered a critical new phase. At the opening ceremony of the 8th Ministerial Meeting of the China-Arab Cooperation Forum, Chinese President Xi Jinping highlighted the progress and exciting opportunities for future growth and prosperity. President Xi announced that the strategic partnership should be continued "for comprehensive cooperation, common development, and future-oriented ventures."

Moreover, he proposed that China and Arab countries should "build on their strategic mutual trust and work towards realizing the dream of a dynamic revival in trade and economic relations. He expressed confidence in achieving mutually beneficial results, promoting tolerance and collaborative learning, and building a community of destiny."

President Xi's strategic roadmap offers guidelines for holistic cooperation between China and Arab countries in the new era. Of the 22 Arab countries, 18 have signed-on to the "Belt and Road" cooperation. These countries have reinforced the initiative and strengthened the multilateral benefits, increasing the win-win outcomes.

China and the Arab country's economic and trade cooperation is a powerful force for a mutually beneficial - and sustainable strategic partnership.

With the joint efforts of both sides, the 2018 China-Arab "Belt and Road"

economic and trade cooperation has achieved fruitful results. There is significant momentum to continue progress and realize gains across a wide range of economic and trade areas.

1.1 China-Arab General Summary and Current Status

1.1.1 Bilateral trade nears record level

In 2018, China's trade with Arab countries was $244.3 billion, up 28% year-over-year. Of that total, $139.4 billion was Arab imports, and $104.9 billion was China's exports to Arab countries. China has become the second-largest trading partner of Arab countries. The Gulf Cooperation Council (GCC) remains China's largest regional trading partner from the Arab countries. In 2018, bilateral trade between China and GCC countries amounted to $162.891 billion, which accounted for 66.70% of China's total trade with Arab countries - up to 27.24% from the $128.18 billion total from 2017.

1.1.2 Overall investment in Arab countries shows a downward trend

In 2018, China's direct investment in Arab countries totaled $1.2 billion[①], covering energy, infrastructure, manufacturing, e-commerce, finance, and other areas. China's direct investment in Arab countries increased to $17.86 billion from $15.77 billion in 2017. Based on a three-year sliding average, the overall downward trend in Chinese investment in Arab countries has remained unchanged. From 2016-2018, China's total direct investment in Arab countries totaled $533 million, showing a 13.4% year-over-year decline. On a three-year sliding average, from 2016 to 2018, Chinese direct investment in Arab countries remained at its lowest level since 2010.

1.1.3 Total number of contracts is nearly identical as the previous year

In 2018, China signed $35.6 billion worth of new contracts in Arab countries. This total is up 9% year-over-year. For the contracting market to Arab countries, Saudi Arabia and the United Arab Emirates are the main partners, and the

① Data source: Department of West Asia and Africa, Ministry of Commerce of the People's Republic of China, http://xyf.mofcom.gov.cn/article/tj/zh/201905/20190502864325.shtml, May 20, 2019.

number of new contracts in Mauritania represents the most significant increase. Other regions remained flat, mainly due to political instability, low domestic development, and other factors.

In North Africa, Algeria is the largest country with the most robust economy. With the increasingly close economic and trade relationship between China and Algeria, Algeria has become one of China's most significant partners in the overseas contracting market.

1.1.4 China-Arab new economic and trade agreements

In 2018, China attached great importance to economic and trade cooperation in Arab countries and signed numerous new economic and trade cooperation agreements. For example, the Minister of the Palestinian Economy attended the first meeting of the China-Pakistan Joint Economic and Trade Commission. It was here where they initiated the official China-Pakistan Free Trade Agreement. They signed "the Memorandum of Understanding between the Ministry of Commerce of the People's Republic of China and the Ministry of National Economy of the State of Palestine on the initiation of the China-Pakistan negotiations."

Additionally, China and Lebanon signed "the Agreement on Economic and Technical Cooperation between the Government of the People's Republic of China and the Government of the Republic of Lebanon." In December 2018, Libya was approved by the Asian Infrastructure Investment Bank Council as an interested member of the bank, helping to revive the country's domestic economy and development.

1.2 Achievements in China-Arab Economic and Trade Cooperation

1.2.1 Energy cooperation achievements

In terms of energy dependence, China is the world's largest oil and gas importer. In 2018, China's external dependence on natural oil reached 72%, the highest in nearly 50 years, and the external dependence of natural gas was 43%.① In 2018, China's crude oil imports increased by 10.1% to 462 million tons. With a total value of RMB 158.817 billion, Saudi Arabia, Iraq, Oman, Kuwait, and the United

① BP World Energy Statistical Yearbook (68th Edition), BP, 2019.

Arab Emirates represented the most significant imports from the Arab countries. These countries' imports were 5673.26 million tons, 45.525 million tons, 32.9067 million tons, 23.2119 million tons, 12.199 million tons, respectively. At the same time, China's energy consumption growth rate grew from 3.3% in 2017 to 4.3%. China continues to be the world's largest energy consumer, accounting for 24% of global energy consumption and 34% worldwide.①

Energy cooperation has always been an essential part of China-Arab economic and trade cooperation. In 2018, China and Arab countries will continue to consolidate their traditional energy cooperation. Most of the Arab countries use oil and gas as the main pillars of their national economy, focusing on the development of the oil and petrochemical industries. In terms of natural gas, the world's total proven natural gas has been 7043 trillion cubic feet. The top five countries are Russia, Iran, Qatar, Turkmenistan, Saudi Arabia. Of the five countries mentioned above, the Arab countries account for two seats, which demonstrates an opportunity for further cooperation between China and the Arab countries. In oil and gas investment, China and Arab countries have made substantial progress in a series of significant energy cooperation projects. In the field of traditional energy cooperation, China and Arab countries, enhance the import and export trade cooperation of crude oil and natural gas. At the same time, China's investment in oil field development, pipeline laying, construction of oil refineries, and even in the field of hydropower station construction continues to maintain upward trends.

China-Arab's new energy cooperation is on the rise. In 2018, China led the renewable energy area, accounting for 45% of global renewable energy growth. China's renewable energy consumption grew by 29%, global growth by 45%, and 74% of global nuclear power generation came from China. Therefore, the cooperation between China and Arab countries in the field of energy is no longer a pure commodity export relationship. However, regional cooperation, joint ventures, and other cooperation models are evolving and starting to mature.

In July 2018, Chinese President Xi Jinping said China would promote cooperation with Arab countries in the oil and gas industry. President Xi pledged

---

① Data source: Department of West Asia and Africa, Ministry of Commerce of the People's Republic of China, http://xyf.mofcom.gov.cn/article/tj/zh/201905/20190502864325.shtml, May 20, 2019.

$20 billion in loans and 0.6 billion yuan in economic assistance to Middle Eastern countries. China and Arab countries will move to promote its "oil and gas plus" cooperation model and jointly build a new platform for China-Arab energy cooperation. They will continue developing in the areas of oil and gas, nuclear energy, and clean energy.

Renewable energy is of particular importance to the development of Arab countries. It is related not only to the restructuring of national energy and economic transformation but also promises to bring a large number of employment opportunities.

On the whole, China-Arab energy cooperation has evolved from a generic oil and gas export relationship to a full range of energy industry initiatives. They will pursue continually expanding the field of new energy and promoting a variety of Chinese-Arab economic and trade cooperation models.

1.2.2 Outcome of scientific and technological cooperation

Scientific and technological cooperation has enabled new frontiers for China-Arab economic and trade expansion. On January 13, 2016, the Chinese government issued its first "China Policy Document on Arab Countries." This document outlines a "China-Arab Technology Transfer Center, to build an integrated technology collaboration network covering China and Arab countries".① On September 2 of that year, the China Ministry of Science and Technology, along with the National Development and Reform Commission, and the Ministry of Foreign Affairs, Ministry of Commerce, and other relevant departments developed and published a Special Plan for Promoting the "Belt and Road" development for Scientific and Technological Innovation and Cooperation. The primary mission is to undertake the development of a China-Arab Technology Transfer Center.

In 2017, the China-Arab International Alliance for Cooperation in Science and Technology was officially endorsed by China and Arab countries as a critical component of the "Belt and Road" initiative. The mission is to develop a global innovation and development cooperation that digitally connects China and Arab countries. Since its establishment in 2015, the China-Arab National Technology

① Xinhua News Agency: "China's Policy Documents for Arab Countries (Full Text)" January 2016, http://news.xinhuanet.com/2016-01/13/c_1117766388.htm.

Transfer Center has achieved impressive results. As of 2018, the "center" supply and demand docking 85 times, reached the intention 57 times, signed 47 agreements, the amount of the agreement 1.21 billion yuan.① Under the "Center", the "China-Arab Association for the Promotion of Science, Technology Cooperation and Technology Transfer" aims to implement the national "Belt and Road" strategic concept, establish a continuous and pragmatic interaction mechanism for the China-Arab Technology Transfer Center, promote sustainable cooperation between China and Arab countries in the fields of scientific and technological innovation, technology transfer and other fields, and attain shared prosperity for the countries of the region. At present, there are 521 members, of whom 233 are domestic, accounting for 44.72 %, and 288 abroad, or 55.27 %.② The types of cooperation come in many forms (see Figure 1.1):

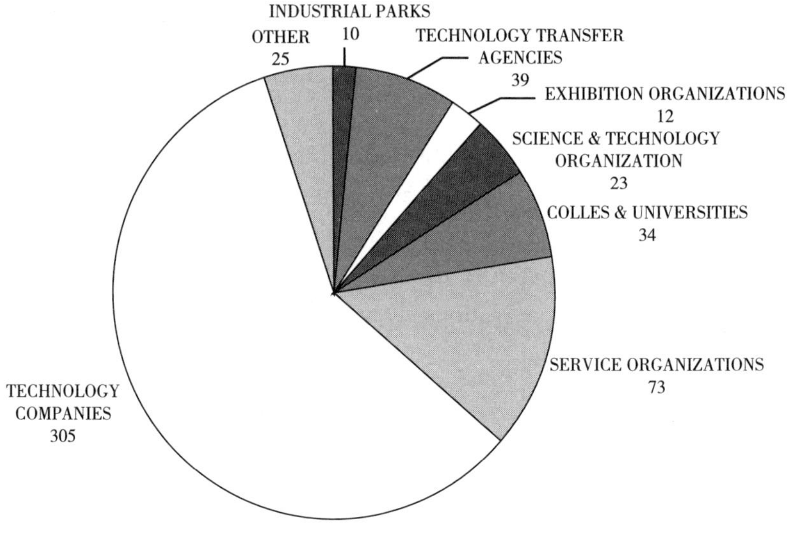

Figure 1.1

The China-Arab science and technology cooperation platform has evolved to a new level. In 2019, the cooperative demonstrated its progress at the science and technology China-Arab Expo. They showcased their progress in the areas

① Data source: China-Arab States Technology Transfer Center, http://www.casttc.org/.

② Data source: China-Arab States Technology Transfer Center, http://www.casttc.org/.

of remote sensing mapping, intelligent manufacturing, environmental protection technology, agricultural Internet of Things, and a robust international technology transfer initiative. The agencies achieved the Key Performance Indicators (KPIs) and success metrics, which they established in the early phases of their project.

During the 4th China-Arab Expo, China-Arab cooperation in science and technology achieved a breakthrough. The Secretariat of the League of Arab States of China and Ningxia jointly organized the high-tech exhibition and awards ceremony. The event featured aerospace and remote sensing and mapping technology, achievements in intelligent manufacturing, green tech initiatives, and thought leadership in the emerging areas of energy technology. Chinese medical technology, along with China-Arab geosciences cooperation, featured in 10 presentation sessions. China and Arab countries have signed ten critical cooperation projects, including green-intelligence water-saving irrigation technology and equipment research and development demonstration projects. The two sides have launched an Expert Advisory Committee to lead the path forward on Technology Transfer.

China-Arab science and technology communication cooperation has taken a significant step forward. In terms of technology communications, data show that by 2024, 5G users in the Middle East and Africa will reach 60 million. Currently, 5G users are in the Gulf states, particularly Saudi Arabia and the United Arab Emirates. These countries were the first to deploy 5G infrastructure in the Middle East. Saudi Arabia will host a global AI summit in 2020, which will showcase the future of Arab countries "from camels to 5G". In October 2018, Huawei held a 5G eco-conference with the theme "5G has come to the new eMBB world". During the 3rd Middle East Innovation Day, Huawei announced that it acquired six 5G commercial contracts in the Middle East. At the end of 2018, 11 telecommunications companies from the Middle East countries of the United Arab Emirates, Saudi Arabia, Kuwait, Oman, and Bahrain had signed 5G technology agreements with Huawei. Huawei is also involved in supporting five islands in Kuwait. During the visit of Kuwait's Emir Sabah to China in 2018, Huawei signed a cooperation agreement with Kuwait CITRA on the five northern islands. Huawei is currently one of China's essential consultants.

1.2.3 Agricultural cooperation outcome

Agriculture is an essential industry and the economic bedrock of a country. As such, these initiatives are a vital component of the "Belt and Road" construction - enabling

international cooperation to engineer next-generation solutions to modernize and transform the agricultural sector.

As a vast traditional agricultural country, China has taken proactive steps to promote a coordinated strategic roadmap for this industry. The practical framework provides a robust exchange of knowledge, technology, and innovation with mutual benefits for the countries along the "Belt and Road" route and China.

According to statistics, China's total agricultural imports and exports reached $216.8 billion in 2018, and the stock of foreign investment in agriculture reached $19 billion. In the next three years, China will send an additional 500 senior agricultural experts to help developing countries improve their agricultural production capacity.

In 2018, China called for accelerating and supporting agricultural outreach. They strengthened international cooperation on the Belt and Road route, and actively expanded domestic imports of scarce agricultural resources and products. While expanding their diversified import channels, they also initiated various multinational enterprise groups while increasing agricultural cooperation abroad.

China-Arab agricultural cooperation is an integral part of their strategic partnership - like a flourishing evergreen tree - it supports their economic and trade expansion. Some Arab countries face significant challenges in securing food imports, especially for non-oil-producing countries. In addition to geographic issues, these countries struggle with an insufficient labor force, obsolete production equipment, lack of technology, and in some cases, outright strife and war.

In line with the concept of innovation, coordination, green, open, and shared development, China and Arab countries have actively carried out cooperation and exchanges with the help of the China-Arab Expo cooperation platform to support a modern and sustainable agricultural infrastructure.

At the 4th China-Arab Expo in Yinchuan, a dialogue on the Agricultural Industry Cooperation is planned. Several institutions, enterprises, and organizations have signed 23 cooperation agreements or contracts. Ningxia, relying on the platform agreed to at the China-Arab Expo, established the "China-Arab Agricultural Technology Transfer Center." They followed the principle of "common business, co-construction, and sharing." They established an overseas sub-center in Mauritania and Jordan. They created a road of foreign

agricultural cooperation emulating China's approach and resembling Chinese characteristics.

In the field of international cooperation in agriculture, China adheres to the combination of "introducing" and "going out." Focusing on the "1+5+5+X" method, they advance the interests of relevant industries and provinces such as Ningxia. They rely on their geographical advantage as well as benefiting from their in-depth national planning efforts to implement the agricultural initiatives agreement from the China-Arab Countries Expo.

The agricultural "introduction" successfully developed a China-Arab high-quality beef cattle breeding and agricultural technology cooperation effort. These projects helped Ningxia's agricultural industry and improved their level of industrial development.

In the area of agricultural, "going out," China has implemented a cow embryo transfer technology in Mauritania. They carried out a vegetable seed test demonstration in the Jordan Valley region and promoted the sale of high-quality vegetable seeds. They experimented with winter vegetable cultivation in Kyrgyzstan, which was supported by their construction of a solar-powered greenhouse. They developed innovative methods for supporting a winter vegetable seedling, conducted management technology training, and excavated domestic and foreign agricultural resources.①

China-Arab agricultural innovations and methods are increasingly adopted internationally and actively supported by the United Nations World Food Programme. The United Nations World Food Programme has announced that it will begin participating in China-Arab agricultural initiatives. They have pledged to help the relevant Arab countries to improve their food production and capacity - and improve nutrition and eliminate hunger in these areas.

In addition to these goals, they will operate under the United Nations framework for China and Arab and "Belt and Road" to carry out agricultural technology exchanges, hands-on technical demonstrations, South-South cooperation project implementation, personnel training, policy communication, and dialogue.

---

① "Agricultural Cooperation-Evergreen Tree of China-Arab Cooperation", published in "Guangming Daily" September 7, 2019, http://news.gmw.cn/2019-09/07/content_33142796.htm.

1.3 Progress of China-Arab Project Cooperation

1.3.1 New progress on infrastructure projects

As of 2018, Chinese companies have made significant progress in the construction of several key infrastructure projects under the "Belt and Road" Initiative. The companies are developing plans to support the Central Port of Algeria - called the "10th Day of Ramadan" - a suburban railway from Egypt. They are utilizing the main power grid transmission line in Egypt, the Egyptian fiberglass production line, and a satellite assembly integrated testing center project. UAE Khalifa Port Phase II Container Terminal, Mauritanian Friendship Port expansion, Morocco "Mohammed VI Bridge" and the "Belt and Road" cooperation between China and Morocco, including a new generation of strategic projects in northern Morocco, Qatar Road Stadium, Jordan's Ararat oil shale power station, Oman Suhar independent power station project, Sudan's Upper Atbara water conservancy hub, Saudi Yanbu refinery is also in development.① China and the United Arab Emirates "Belt and Road" production capacity cooperation park officially started construction. In the Khalifa Industrial Zone in Abu Dhabi, United Arab Emirates, the park has a start-up area of 2.2 square kilometers and reserved land of 10 square kilometers. Jiangsu Overseas Co-operation Co., Ltd manages it.

As of now, 5 Chinese enterprises have signed investment framework agreements with the park, involving building materials, chemicals, new energy initiatives, and other industries. They have invested a total of more than 6 billion yuan in these efforts.

1.4 Prospects of China-Arab Economic and Trade Cooperation Trends

To summarize, the overall economic and trade cooperation between China and Arab countries has progressed steadily in 2018. There is a tremendous opportunity for continued cooperation on multiple fronts. The China-Arab strategic partnership experienced significant growth in economic and trade relations. As of 2018, Chinese companies participated in the construction and

① "China Declaration of Action for the Belt and Road Initiative" in cooperation with Arab countries, Beijing, July 10, 2018, http://www.cascf.org/chn/zagx/gjydyl/t1577010.htm.

operation of Djibouti Port, Sudan Port, Saudi Jeddah Port, Egypt Port Said, and Ain Sukhna Port. Further progress at Algeria Hamdaniya Port, Morocco Tangier Port, and Casablanca Port - along with the Mauritania Friendship Port, shows excellent progress. Ten ports have become important targets for China's port diplomacy on the Maritime Silk Road.①

In the future, additional opportunities and challenges for China-Arab economic and trade relations coexist. On the one hand, the security problems of Arab countries hinder economic and trade development. Arab countries have long faced regional security problems and suffered heavy losses in economic, social, and security areas. Security issues in the Middle East affect not only the development and stability of Arab countries but also world peace and development. Therefore, as Assistant Foreign Minister Chen Xiaodong declared in his keynote speech at the Middle East Security Forum: "The peaceful, safe and stable development of the Middle East is in China's aspiration, interests, and responsibility." "Additionally, the economic development of the Arab countries promotes domestic and regional stability, which is a by-product of the strong momentum of reforms and modernization we have achieved. To collaboratively work towards further economic reform, the Arab countries have held the Arab Economic Summit since 2009, focusing on the economic and social development issues which the Arab countries are now facing. Secondly, the Arab countries put forward economic development plans and strive to optimize the industrial structure and improve the business environment.

The League of Arab States will promote China-Arab cooperation and exchanges and increase political mutual trust. The Gulf Cooperation Council member states, Gulf states, North African countries, and other countries have closer economic and trade exchanges with China. They have been supported and welcomed by the Chinese government in their national strategy. Arab countries and China will work together to promote diversified economic development and all-round cooperation. Our investment and construction at the national level is the basis of a robust China-Arab economic and trade cooperation. These efforts are mutually beneficial for continued economic and trade expansion moving forward. The companies and enterprises operating under the guiding role of a

① Sun Degang: "Theory and Practice of China's Port Diplomacy", "World Economy and Politics" No. 5, 2018, pp 22-24.

national strategy should offer their full support of these efforts. They should actively work towards building innovative models, integrating their enterprises to expand the breadth and depth of China-Arab economic and trade cooperation.

In the future, China-Arab economic and trade relations will continue to foster long-term and stable growth. The alliance will strive toward continued strategic cooperation while seeking common ground and mutually beneficial outcomes. They will seek to avoid conflict and harm and build a Community of Destiny between China and Arab countries.

Chapter Ⅱ Report on China-Arab Trade Cooperation

Nearly a decade after the financial crisis of 2008, the world's economic condition is better than expected. According to the International Monetary Fund (IMF), global economic growth in 2018 averaged 3.7%. As we enter the tenth year since the crisis, the remediation measures which were taken by the world's largest economies have generally stabilized markets and produced sustained growth. As of 2018 - generally speaking - the economic outlook remains healthy and stable.

During this period, China's economy has steadily grown with foreign trade showing a positive upward trend. However, some volatility has occurred, resulting in uncertainty and instability for a range of regions and sectors.

Domestically, substantial economic growth has occurred in many areas, but inadequate expansion remains an issue for various regions and demographics. From an international perspective, the momentum from a decade of growth has continued to support a stable global economy. However, the world's political and economic situation has become significantly more complicated. Unilateralism, trade protectionism, and "anti-globalization" have taken root resulting in volatility in the markets and uncertainty in the world.

The spillover effects of these trends have affected macroeconomic policy. These conditions have resulted in more volatility and geopolitical risks worldwide. As a result, the requirements for a continued robust economic expansion are less stable.

In the context of these unprecedented conditions, especially as it relates to China-US trade friction, China remains committed adhering to and pursuing mutually beneficial trade policies.

The "Belt and Road" policy proposed by President Xi Jinping, for example, is a series of initiatives to promote mutually beneficial and sustained economic growth for China and participating members. The Plan centers on the principles of "five optimizations," which strive for continuous stable growth via domestic demand to stabilize and support China's foreign trade growth in 2018.

In 2018, there were many competing interests among Arab countries vying for power and influence. At the same time, the economic development of Arab states faced challenges in operating under a single financial structure.

The impact of fluctuating energy prices changes, and rising unemployment has also contributed to the challenges they face. To promote economic development, the Arab States have taken various measures. They have introduced tight fiscal policies, the promotion of economic reform and diversification, allowing the private sector to play a more significant role, implementing monetary and tax incentives to attract foreign direct investment, increased infrastructure investment and financing, and optimizing the business environment. These measures have played a decisive role in the economic development of the Arab countries.

According to the World Bank, Arab GDP growth in 2018 is 2.04 %, higher than in 2017. The unemployment rate had fallen from 9.95% in 2017 to 9.93% in 2018. At the same time, Arab countries seeking more diversified external relations, have integrated into the "Belt and Road" construction. The positive gains from this initiative resulted in increased foreign capital to expand international trade.

In the above context, China-Arab trade has overcome difficulties and continues to seek new avenues of cooperation. The potential for further China-Arab cooperation increases opportunity, and the quantity and quality of enhanced trade and business opportunity.

2.1 China's Trade Status with Arab Countries

2.1.1 Basic situation of China's foreign trade

In 2018, China's foreign trade imports and exports reached a record high, with the annual total value of imports and exports at a new level of $4482.831 billion, an increase of 12.78% over 2017 and 21.63% over 2016. Among them, exports amounted to $249.4230 billion. It has increased 10.20% over its 2017 total. The imports totaled $198.601 billion, which is an increase of 16.20% over 2017,

resulting in a trade surplus of $505.629 billion, declining from 8.39% covering 2017.

Total imports and exports in 2018 have reached a record high. So far, China's foreign trade has achieved three consecutive years of growth since 2016, reversed the decline of 2014 to 2016 for three consecutive years (see Table 2.1).

Table 2.1 2010-2018 China's foreign trade volume and growth rate

Index / Year	Import and export trade		Export trade		Import trade		Trade balance	
	Total ($100 million)	YoY change(%)	Amount ($100 million)	YoY change(%)	Amount ($100 million)	YoY change(%)	Amount ($100 million)	YoY change(%)
2010	28668.98	35.18	15777.64	31.30	12891.34	40.25	2886.30	2.17
2011	35191.68	22.75	18983.88	20.32	16207.8	25.73	2776.08	-3.82
2012	37240.51	5.82	20487.82	7.92	16752.69	3.36	3735.13	34.55
2013	40014.58	7.45	22090.07	7.82	17924.51	6.99	4165.56	11.52
2014	41566.47	3.88	23422.93	6.03	18143.54	1.22	5279.39	26.74
2015	38096.63	-8.35	22734.68	-2.94	15361.95	-15.33	7372.73	39.65
2016	36855.58	-3.26	20976.37	-7.73	15879.21	3.37	5097.16	-30.86
2017	39747.95	7.85	22633.71	7.90	17114.24	7.78	5519.47	8.29
2018	44828.31	12.78	24942.30	10.20	19886.01	16.20	5056.29	-8.39

Source: Based on United Nations international trade database data compilation.

Note: China is the reporting country.

Category by: HS3.

In 2018, China's imports and exports to the top four trading partners EU, the United States, ASEAN, and Japan increased by 7.9%, 5.7%, 11.2%, and 5.4%, respectively. These accounted for 49.03% of the total import and export volume (see Figure 2.1). Among them, exports to the EU, the US, ASEAN, and Japan increased by 7.0%, 8.6%, 11.3%, and 4.4%, respectively.

Imports and exports to countries along the "Belt and Road," Africa and Latin America increased by 13.3%, 16.4%, and 15.7%, respectively.

The growth rate is higher than the overall growth rate of imports and exports by 3.6%, 6.7%, and 6.0%, accounting for 27.4%, 4.4%, and 6.7% of the total import and export volume. The potential for trade cooperation between China

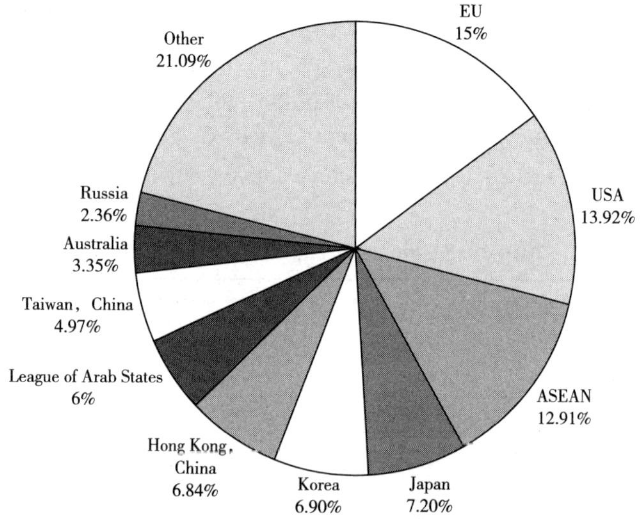

Figure 2.1 2018 The amount and proportion of China's imports and exports to the top ten trading partners

Source: Based on United Nations international trade database data compilation.

Note: China is the reporting country.

Category by: HS3.

and the countries along the "Belt and Road" continues to rise, which has become a new driving force for the development of China's foreign trade. Among them, imports and exports to Russia, Saudi Arabia, and Greece increased by 24.0%, 23.2%, and 33.0%, respectively. Trade with Arab countries increased by 27.59%, achieving substantial gains.

2.1.2 China's foreign trade in services

According to china's Ministry of Commerce, China's total imports and exports of services in 2018 amounted to $782.119 billion, an increase of 12.4%, a record high, ranking second in the world for the fifth consecutive year. Of these, exports of $263.552 billion, increased by 15.5%, the highest growth rate since 2011, while imports increased by 10.9% to $518.567 billion. With the improvement of the level of development of the service industry, especially the productive service industry, the international competitiveness of China's

professional services sector has continued to increase, and the growth rate of service trade exports has been higher than that of imports for two consecutive years (see Table 2.2). The service trade structure continued to be optimized, and high-quality development made positive progress.

Table 2.2 indicates that China's trade in services is in a deficit, and the gap is widening. The debt was $15.1 billion in 2010 and $239.5 billion in 2017, reaching $255 billion in 2018, for an increase of 6.47 % over 2017 totals.

Table 2.2 2010-2018 Imports and exports of China's services trade

Year	China Imports and Exports		China Exports		Imports from China		Difference ($100 million)
	Amount ($100 million)	YoY change (%)	Amount ($100 million)	YoY change (%)	Amount ($100 million)	YoY change (%)	
2010	3717	22.9	1783	24.2	1934	21.7	-151
2011	4489	20.8	2010	12.7	2478	28.2	-468
2012	4829	7.6	2016	0.3	2813	13.5	-797
2013	5376	11.3	2070	2.7	3306	17.5	-1236
2014	6520	21.3	2191	5.9	4329	30.9	-2137
2015	6542	0.3	2186	-0.2	4355	0.6	-2169
2016	6616	1.1	2095	-4.2	4521	3.8	-2426
2017	6957	5	2281	8.9	4676	3.4	-2395
2018	7821	12.4	2636	15.5	5186	10.9	-2550

Source: China's Ministry of Commerce website.

Figure 2.2 showed that China's total imports and exports of services, commodities, and imports from 2010 to 2018 showed an overall upward trend. The scale of service trade continues to expand. China's trade in services has been in a deficit from 2010 to 2018, with imports of services trade far higher than exports, and imports growing significantly faster than exports, and the trade deficit in services widening further.

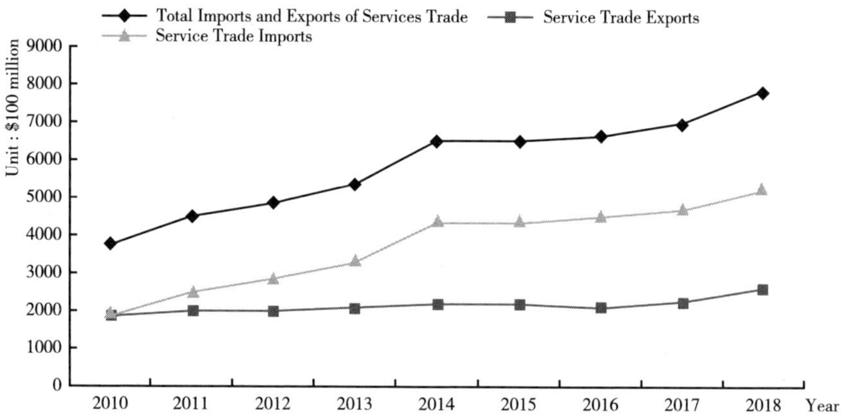

Figure 2.2 2010-2018 Trends in China's trade in services from

Source: China Ministry of Commerce website.

2.1.3 Basic situation of China's exports to Arab countries

In 2018, conflicts in the Middle East continued to escalate. Confrontation, stalemate, and imbalance remain a persistent concern for the Middle East. The issues primarily involve disputes between the United States and its allies - Saudi Arabia and Israel - against their main adversary in the region, Iran. Crisis in Syria, the Palestinian-Israeli conflict, and issues in Yemen, which, despite the hope of a political resolution, remain unresolved and in an ongoing state of conflict. Despite the complicated and challenging situation in the Middle East, China-Arab trade has overcome many challenges and achieved steady growth.

In 2018, China's exports to Arab countries totaled $105.310 billion, breaking the $100 billion mark and up 6.7% from 2017. The trade deficit was $33,947 billion, up 707.39% from 2017, indicating a further increase in China's trade deficit with Arab countries and a significant improvement. (See Table 2.3) China's total imports and imports to Arab countries in 2018 have increased significantly compared to 2017, and China-Arab trade is getting closer (see Figure 2.3).

Table 2.3 2010-2018 Overall china-Arab trade

Index / Year	Import and export trade		Export trade		Import trade		Trade balance	
	Total ($100 million)	YoY change (%)	Amount ($100 million)	YoY change (%)	Amount ($100 million)	YoY change (%)	Amount ($100 million)	YOY change (%)
2010	1368.58	34.37	629.37	16.00	739.21	55.32	-109.83	-264.77
2011	1843.58	34.71	758.61	20.53	1084.96	46.77	-326.35	197.14
2012	2224.20	20.65	912.79	20.32	1311.41	20.87	-398.62	22.14
2013	2388.97	7.41	1013.52	11.03	1375.45	4.88	-361.93	-9.20
2014	2510.51	5.09	1138.21	12.30	1372.30	-0.23	-234.09	-35.32
2015	2025.41	-19.32	1150.40	1.07	875.01	-36.24	275.38	217.64
2016	1710.29	-15.56	1006.74	-12.49	703.56	-19.59	303.18	10.10
2017	1917.57	12.12	986.73	-1.99	930.84	32.30	55.89	-81.57
2018	2445.67	27.57	1053.10	6.7	1392.57	49.60	-339.47	-707.39

Source: Based on United Nations International Trade Database data.

Note: China is the reporting country.

Category by: HS3.

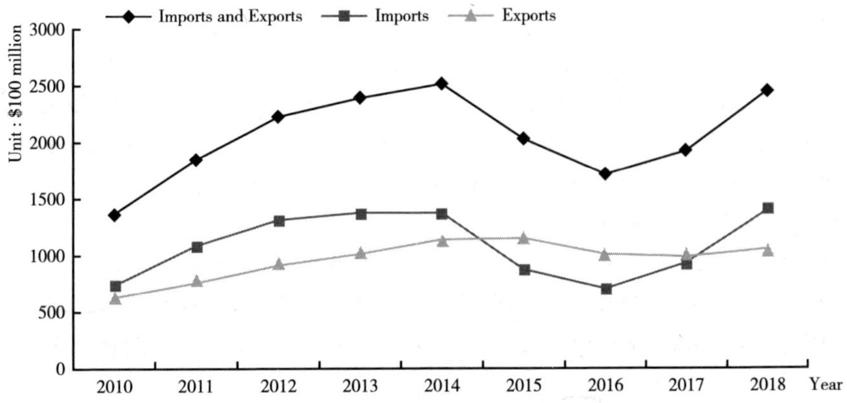

Figure 2.3 2010-2018 Trade Trends between China and Arab Countries

Source: Based on United Nations International Trade Database data.

Note: China is the reporting country.

Category by: HS3.

2.2 The Status of Trade between Arab Countries and China

2.2.1 Basic state of foreign trade in Arab countries

In 2018, total Arab trade with the world reached $1859.823 billion, an increase of 44.86% over the 2017 amount of $128.3843 billion, achieved a substantial improvement. The volume of foreign trade of the Arab countries peaked at $199.0386 billion in 2013 and has since declined for four consecutive years from 2014 to 2017 due to factors such as lower oil prices (see Table 2.4). After oil prices continued to fall for several years, oil prices recovered in 2018. From January to October 2018, the global benchmark Brent crude oil rose nearly 1/3, reaching a high of $86.74 per barrel, which is also the highest since the end of 2014. Affected by the increase in international crude oil prices, the total imports and exports of Arab countries in 2018 achieved a substantial growth from 2017, reversing the four consecutive years of decline since 2014.

In 2018, foreign trade exports from Arab countries amounted to $997.409 billion, up 47.88 percent from US$674.469 billion in 2017 and 59.23 percent from $626.412 billion in 2016, the third consecutive year of growth since 2016. In 2018, Arab foreign trade imports amounted to $862.414 billion, up 41.52% from $609.374 billion in 2017, the highest level on record, the first increase since 2014, and reversing a four-year decline in imports since 2014.

The Trade surplus of the Arab countries in 2018 was $134.995 billion, up 107.38% from $65.95 billion in 2017, and the trade surplus increased further. Foreign trade in Arab countries progressed in 2010-2014 and faced a deficit in 2015 and 2016. There was a surplus in 2017 and 2018, which gradually increased from the totals in 2016-2018.

In 2010-2018, the overall foreign trade of the Arab countries showed a surplus. Except for the trade deficit in 2015-2016, the rest of the year is characterized by a trade surplus, and the surplus gradually increased (see Table 2.4, Figure 2.4).

(see Table 2.4, Figure 2.4).

Table 2.4 2010-2018 Volume and growth rate of foreign trade of Arab countries

Index Year	Import and export trade		Export trade		Import trade		Trade balance	
	Total ($100 million)	YoY change (%)	Amount ($100 million)	YoY change (%)	Amount ($100 million)	YoY change (%)	Amount ($100 million)	YoY change (%)
2010	13439.29	24.02	7960.13	34.32	5479.17	11.59	2480.96	144.16
2011	17392.17	29.41	10906.28	37.01	6485.90	18.37	4420.38	78.17
2012	19446.23	11.81	12289.56	12.68	7156.67	10.34	5132.89	16.12
2013	19903.86	2.35	12088.30	-1.64	7815.56	9.21	4272.74	-16.76
2014	19208.59	-3.49	11205.41	-7.30	8003.18	2.40	3202.23	-25.05
2015	14392.32	-25.07	7091.00	-36.72	7301.32	-8.77	-210.33	-106.57
2016	13007.05	-9.63	6264.12	-11.66	6742.93	-7.65	-478.80	-127.64
2017	12838.43	-1.30	6744.69	7.67	6093.74	-9.63	650.95	235.95
2018	18598.23	44.86	9974.09	47.88	8624.14	41.52	1349.95	107.38

Source: Based on United Nations international trade database data compilation.

Note: Due to the absence of some of the data from the Arab States as a reporting country, the data in the table are of all the countries of the world.

Category by: HS3

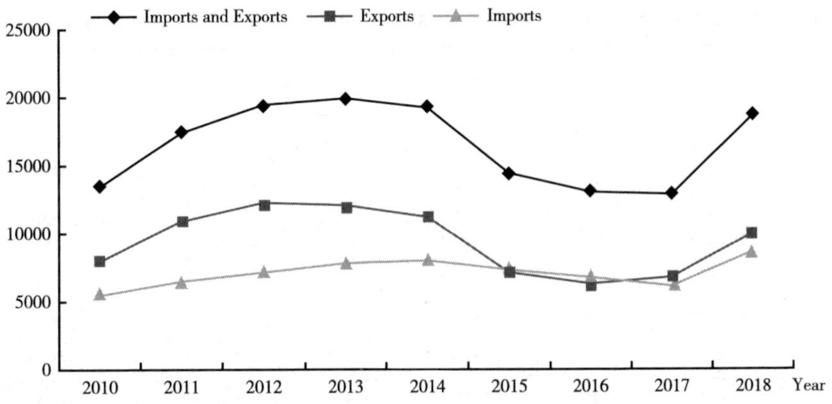

Figure 2.4 2010-2018 Trends in Trade in Arab Countries

Unit: $100 Million

Source: Based on United Nations International Trade Database data.

Note: Due to the absence of some of the data from the Arab States as a reporting country, the data in the table are of all the countries of the world.

Category by: HS3.

2.2.2 Basic status of trade in services in Arab countries

In 2018, total imports and exports of services to Arab countries amounted to $481,082 million, down 0.7% from $484.627 billion in 2017 and 1% from $485.974 billion in 2016. Imports and exports of trade in services peaked at $526.817 billion in 2014 and fell for five consecutive years through 2018. Its imports of services trade in 2018 were $278.301 billion, down 5.2% from $293.587 billion in 2017 and 8.3% from $303.410 billion in 2016, showing a five-year decline from 2014 to 2018. In 2018, its exports amounted to $202.781 billion, up 6.1% from $191.041 billion in 2017, the highest level since 2010, and achieved an eight-year growth in exports of services trade (see Table2.5, Figure2.5).

The share of Arab tradc in services in the world's total trade in services has remained at around 3% since 2014 and 3.51% in 2018, down 0.14% from 3.65% in 2017, a decrease of 3.84%. The overall change is small, basically stable (see Figure 2.6).

Arab trade in services has been in deficit since 2010 and peaked at $168.4 billion in 2014. Since then, the gap has narrowed year by year to $75.520 billion in 2018, down 5.2% from the 2017 service trade deficit of $102.546 billion.

Table 2.5 2010-2018 Imports and exports of trade in services from Arab countries

Year	Imports and exports of Arab countries		Arab exports		Arab countries imports		Difference ($100 million)
	Amount ($100 million)	YoY change (%)	Amount ($100 million)	YoY change (%)	Amount ($100 million)	YoY change (%)	
2010	3516.71	7.9	1226.32	7.4	2290.39	8.1	-1064.07
2011	3788.23	7.7	1222.52	-0.3	2565.72	12.0	-1343.20
2012	4077.73	7.6	1305.54	6.8	2772.19	8.0	-1466.65
2013	4220.32	3.5	1324.40	1.4	2895.92	4.5	-1571.52
2014	5268.17	24.8	1792.08	35.3	3476.09	20.0	-1684.00
2015	5029.84	-4.5	1812.73	1.2	3217.12	-7.5	-1404.39
2016	4859.74	-3.4	1825.64	0.7	3034.10	-5.7	-1208.46
2017	4846.27	-0.3	1910.41	4.6	2935.87	-3.2	-1025.46
2018	4810.82	-0.7	2027.81	6.1	2783.01	-5.2	-755.20

Data source: Based on data compiled on the WTO (World Trade Organization) website.

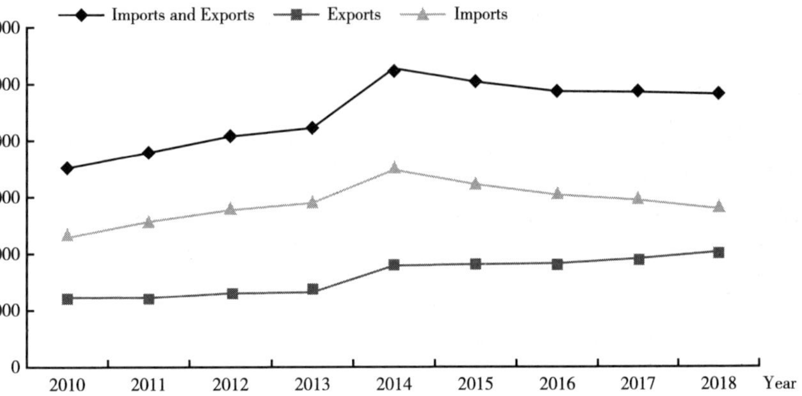

Figure 2.5 2010-2018 Trend of service trade in Arab countries

Unit: $100 million

Source: Calculated according to world trade organization (WTO) database data.

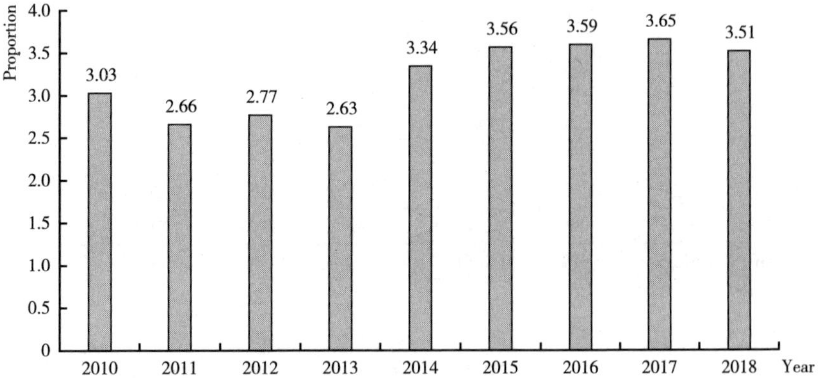

Figure 2.6 2010-2018 The proportion of Arab exports of services trade to the world's total trade in services

Unit: %

Source: Calculated according to world trade organization (WTO) database data.

In terms of Arab trade-in service exports, the top five countries for trade in 2018 are the United Arab Emirates, Egypt, Morocco, Qatar, and Saudi Arabia. The UAE is the region's largest exporter of services trade, with exports of $70,878 billion, up 0.54% from 2017, Egypt second with $22.906 billion, up 14.34% from 2017, and Morocco and Qatar, which came in third place, respectively, and Qatar. Fourth, exports amounted to $17.894 billion and $17.780 billion, respectively.

Increases of 3.67% and 0.42% in 2017, while Saudi Arabia ranked fifth with $17.386 billion, down 3.52% from 2017.

In 2018, the Arab country with the lowest exports of trade in services was Djibouti, with 209 million exports. The GCC countries, led by the United Arab Emirates (UAE, Oman, Bahrain, Qatar, Kuwait, and Saudi Arabia), grew faster and accounted for a higher share of trade in services exports from Arab countries. This accounted for 61.93% of Arab business in services exports. Among the GCC countries, Kuwait's exports of services trade grew the fastest, by 47.53% over 2017. (see Table 2.6)

Table 2.6 2012-2018 Exports of trade in services by Arab countries

Unit: $100 Million

Year / Country	2012	2013	2014	2015	2016	2017	2018
Algeria	37.49	37.73	35.44	34.55	34.33	32.61	30.40
Bahrain	83.32	85.01	85.71	91.13	109.98	111.30	119.15
Comoros	0.70	0.80	0.85	0.84	—	—	—
Djibouti	3.39	3.66	3.82	4.55	4.06	—	2.09
Egypt	217.67	182.62	218.98	185.39	136.06	200.33	229.06
Iraq	28.33	32.98	41.31	62.60	48.35	—	53.06
Jordan	64.21	63.15	71.40	62.69	60.35	67.20	70.21
Kuwait	88.37	61.80	62.68	60.56	55.29	51.63	76.17
Lebanon	151.25	157.20	147.51	159.10	151.93	160.80	152.95
Libya	1.52	1.80	0.79	4.83	0.86	—	—
Mauritania	1.45	1.86	2.79	2.46	2.70	—	—
Morocco	153.47	143.53	162.36	146.74	153.79	172.61	178.94
Oman	26.87	29.55	31.30	33.79	36.04	—	—
Qatar	99.22	111.75	135.26	149.97	151.76	177.06	177.80
Saudi Arabia	110.50	118.45	125.16	144.74	172.53	180.21	173.86
Somalia	—	1.99	3.37	3.55	3.73	3.93	4.05
Sudan	10.59	12.58	15.68	17.27	15.45	15.17	14.86
Syria	—	—	—	—	—	—	—
Tunisia	50.77	48.31	47.34	32.94	32.49	32.60	36.43
U.A.E	160.65	212.39	583.25	607.76	655.96	704.97	708.78
Yemen	15.77	17.26	17.07	7.28	—	—	—
World	45376.57	48298.30	51900.42	49292.05	49533.86	53048.09	57696.71

Data source: Based on data compiled on the WTO (World Trade Organization) website.

Note: "—" represents missing data.

In terms of imports of services trade, the UAE continued to rank first in 2018, Saudi Arabia in second place, Kuwait in third place, Qatar and Egypt in fourth and fifth place, respectively, with imports of services trade amounting to $70.987 billion, $55.477 billion, $33.567 billion, $30.735 billion and $17.834 billion, respectively. Of these, the GCC remains the largest economy in the Arab countries with the highest share of total imports of services trade, at 71.40%. The country with the lowest imports of the services business in 2018 was Djibouti, at $202 million (see Table2.7).

Table 2.7 2012-2018 Imports of trade in services by Arab countries

Unit: $100 Million

Year / Country	2012	2013	2014	2015	2016	2017	2018
Algeria	108.73	107.95	118.03	110.77	108.81	115.99	104.52
Bahrain	60.45	70.51	67.64	65.92	75.30	76.42	79.39
Comoros	1.04	1.09	0.99	0.83	—	—	—
Djibouti	1.60	1.68	1.94	2.30	1.99	—	2.02
Egypt	164.50	164.08	175.50	175.19	170.32	173.99	178.34
Iraq	132.91	146.58	147.90	126.20	100.37	—	177.85
Jordan	45.44	46.12	46.34	45.28	45.65	46.70	46.62
Kuwait	210.97	210.04	237.87	237.96	263.48	285.66	335.67
Lebanon	115.06	130.02	132.16	136.93	132.80	138.53	143.38
Libya	69.96	84.72	74.56	46.58	28.83	—	—
Mauritania	10.17	9.99	9.00	6.41	6.05	—	—
Morocco	81.36	75.71	88.72	79.13	86.04	97.94	92.97
Oman	87.85	97.98	100.14	102.14	99.46	—	—
Qatar	239.06	274.79	328.59	307.75	315.41	314.27	307.35
Saudi Arabia	734.07	766.52	1005.45	880.36	702.67	768.18	554.77
Somalia	—	10.17	12.24	13.28	13.35	14.52	14.78
Sudan	21.09	20.30	20.75	17.79	15.07	19.06	6.07
Syria	—	—	—	—	—	—	—
Tunisia	31.96	33.04	34.00	30.76	30.11	29.62	29.41
U.A.E	632.54	621.92	846.83	818.79	838.39	855.00	709.87
Yemen	23.41	22.72	27.43	12.75	—	—	—

Data source: Based on data compiled on the WTO (World Trade Organization) website.

Note: "—" represents missing data.

2.2.3 Exports of Arab countries to China

In 2018, bilateral trade relations between China and Arab countries will be further strengthened, and total trade will increase further. China-Arab trade totaled $244.3 billion in 2018, an increase of 27.4% over $191.757 billion in 2017.

Exports from Arab countries to China in 2018 amounted to $139.4 billion, up 49.7% from $93.084 billion in 2017 and 98.1% from $70.356 billion in 2016. In 2018, the Arab trade surplus with China was $33.947 billion, an increase of 714.98% over 2017, a significant increase, indicating a further increase in the trade surplus with China (see Figure2.7).

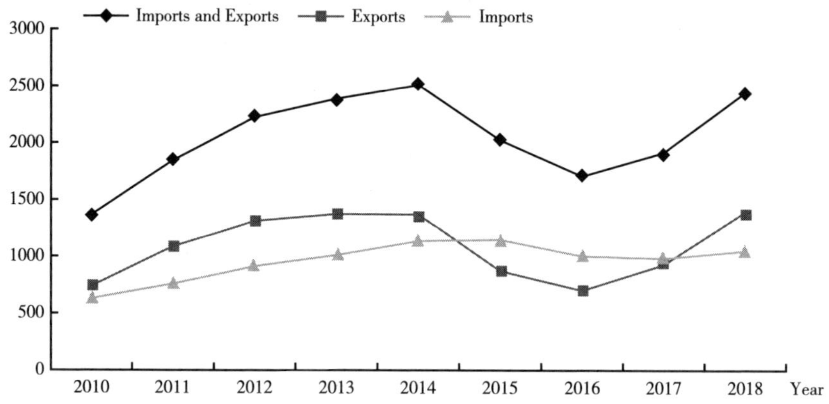

Figure 2.7 2010-2018 Trends in Arab Trade with China

Unit: $100 Million

Source: Based on United Nations International Trade Database data.

Category by: HS3.

Trade between GCC countries and China has always been the most critical component of Arab countries' trade with China. In recent years, the total import and export volume of GCC countries and China has accounted for more than 65% of the total trade between The GCC countries and China. In 2018, the total import and export of GCC countries and China was $162.891 billion, accounting for 66.60% of the total import and export of Arab-Chinese trade, of which the GCC countries exported $105.603 billion to China, accounting for 75.83% of

the Arab countries' exports to China. It shows that the GCC countries occupy a vital position for the Arab-Chinese trade (see Table 2.8, Figure 2.8, and Figure 2.9).

Table 2.8 2010-2018 Overall status of GCC countries' trade with China

Index / Year	Import and export trade		Import trade		Export trade	
	Total ($100 million)	Percentage (%)	Amount ($100 million)	Percentage (%)	Amount ($100 million)	Percentage (%)
2010	925.26	67.61	360.50	57.28	564.76	76.40
2011	1337.14	72.53	468.68	61.78	868.46	80.05
2012	1551.12	69.74	543.3	59.52	1007.82	76.85
2013	1653.47	69.21	596.77	58.88	1056.70	76.83
2014	1751.83	69.78	685.90	60.30	1065.93	77.67
2015	1366.15	67.45	678.10	58.98	688.05	78.63
2016	1122.8	65.65	561.73	55.83	561.08	79.75
2017	1280.29	66.77	551.13	55.89	729.16	78.33
2018	1628.91	66.60	572.88	54.40	1056.03	75.83

Source: Based on United Nations International Trade Database data.

Category by: HS3.

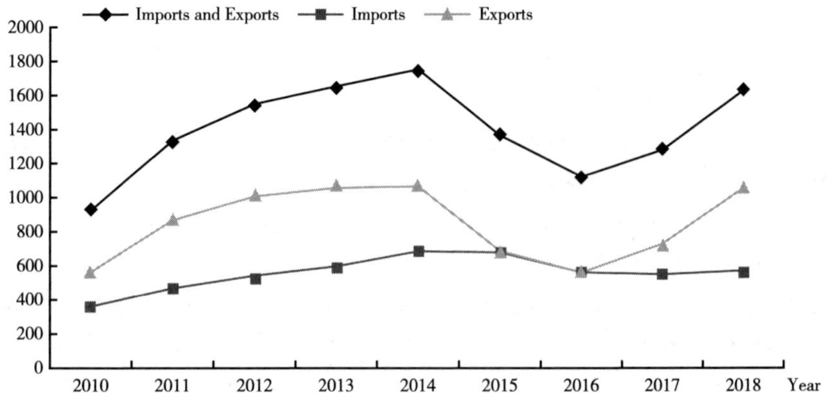

Figure 2.8 2010-2018 Trends in TRADE with China by GCC countries

Unit: $100 Million

Source: Based on United Nations International Trade Database data.

Category by: HS3.

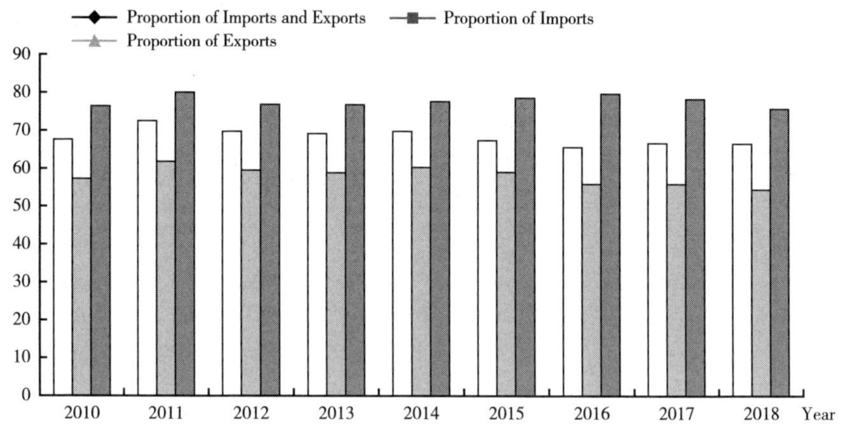

Figure 2.9 2010-2018 The proportion of GCC countries' trade with China

Source: Based on United Nations International Trade Database data.

Category by: HS3.

2.3 Trade Relations between China and Arab Countries

In 2018, the Arab countries are an essential trading partner of China, accounting for 5.46% of China's foreign trade volume in 2018. The trade volume is behind the European Union, the United States, ASEAN, Japan, and South Korea.

2.3.1 Basic trade status of China and significant trading partners of Arab countries

In 2018, China's largest trading partner in the Arab world was Saudi Arabia, with total trade of $63.460 billion. The second-largest trading partner is the United Arab Emirates, with an overall business of $46.184 billion. Iraq, Oman, Kuwait, Egypt, Qatar, Algeria, Morocco, and Jordan ranked 3rd to 10th; Iraq, Oman, Kuwait, Egypt and Qatar totaling more than $10 billion in total trade with China, with total trade amounting to $30,384 billion, $21.697 billion, $18.680 billion, $13.856 billion and $11.58 billion, respectively. Among the top ten trading partners, the most substantial increase in trade volume with China was Kuwait. With an increase of 55.05%, Qatar, Oman, and Iraq also had more significant improvements, 43.28%, 38.21%, and 37.21%, respectively.

In terms of exports, China exported the most to the UAE at $29.903 billion,

followed by Saudi Arabia at $17.561 billion. Egypt, Algeria, and Iraq followed closely behind at $12.021 billion, $7,923 billion, and $7,918 billion. China's exports to these five countries account for 71.53% of total exports to Arab countries. Qatar's most significant growth in exports was 47.98%, followed by Egypt and Oman at 26.72% and 24.18%, respectively.

In terms of imports, China's largest import source in the region is Saudi Arabia, with imports of $45.899 billion. The next most significant imports were Iraq, Oman, the United Arab Emirates, and Kuwait, with imports amounting to $22.466 billion, $18.821 billion, $16.281 billion, and $15.359 billion, respectively. China's imports from these five countries accounted for 85.33% of total imports from Arab countries. Of these, the most significant increases were in Algeria, at 163.17%, followed by Kuwait and Iraq at 71.90% and 62.63%, respectively. The reason for this phenomenon is that the main commodity imported by China from Arab countries is crude oil. The top five countries are all crucial sources of crude oil imports for China. It is important to note that of these five countries, except for the United Arab Emirates, the other four have trade surpluses with China (see Table 2.9).

Overall, compared with 2017, China's top 10 Arab countries' trading partners did not change much in 2018, but the growth rate of imports and exports has changed. In 2017, among China's top 10 trading partners, Egypt, Algeria, and Jordan's imports and exports were all negative growth. Still, in 2018 the leading ten trading partner's imports and exports were all positive growth (see Figure 2.10).

The GCC remains China's largest regional trading partner in Arab countries. In 2018, bilateral trade between China and GCC countries amounted to $162.891 billion, accounting for 66.60% of China's total trade with Arab countries, up 27.24% from $128.029 billion in 2017 (see Figure 2.11).

Table 2. 9 2018 Top 10 China's Arab countries trading partners

Serial number	Countries	Amount ($100 million)			YoY change (%)		
		Import & export	Export	Import	Import & export	Export	Import
1	Saudi Arabia	634.60	175.61	458.99	26.57	-4.64	44.51
2	U.A.E	461.84	299.03	162.81	12.55	-4.10	32.25
3	Iraq	303.84	79.18	224.66	37.21	-4.95	62.63

Continued

Serial number	Countries	Amount ($100 million)			YoY change (%)		
		Import & export	Export	Import	Import & export	Export	Import
4	Oman	216.97	28.76	188.21	38.21	24.18	40.63
5	Kuwait	186.80	33.21	153.59	55.05	6.68	71.90
6	Egypt	138.56	120.21	18.35	27.96	26.72	36.74
7	Qatar	115.80	24.89	90.91	43.28	47.98	42.05
8	Algeria	91.02	79.23	11.79	25.84	16.77	163.17
9	Morocco	44.01	36.90	7.11	15.00	16.18	9.21
10	Jordan	31.88	29.74	2.14	3.41	6.06	-23.30

Source: Based on United Nations International Trade Database data.

Note: China is the reporting country.

Category by: HS3.

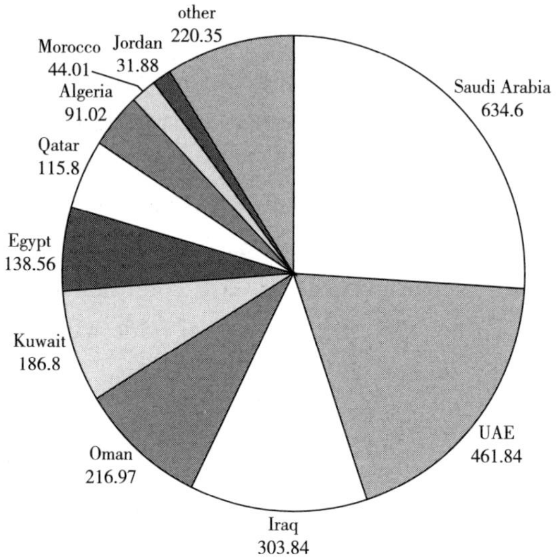

Figure 2.10 2018 The import and export volume of the top ten China's trading partners accounted for the proportion of China-Arab trade import and export scale

Unit: $100 Million

Source: Based on United Nations International Trade Database data.

Category by: HS3.

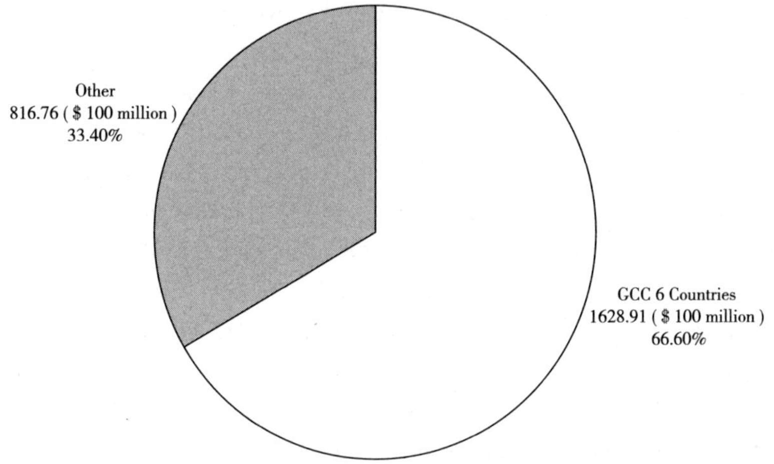

Figure 2.11 The import and export volume of the six GCC countries accounted for the total import and export volume of China-Arab trade in 2018

Unit: $100 Million

Source: Based on United Nations International Trade Database data.

Category by: HS3.

2.3.2 Bilateral trade structure between China and Arab Countries

Arab countries have always been china's important trade partners, China, and Arab countries in the resource endowment, industrial structure, and industrial system. There are many trade complementarities, which also provides the possibility for trade between China and Afghanistan and lays a solid foundation.

The United Nations Conference on Trade and Development has divided trade commodities into four broad categories. These include raw materials, intermediates, consumer goods, and capital goods. Depending on the trade relations between countries, their place in the international division of labor and the state of their industrial structure can be more clearly and concretely expressed. According to the above classification method, the bilateral trade structure between China and Arab countries in 2018 was classified and analyzed accordingly.

In 2018, China's exports to Arab countries were mainly consumer goods and capital goods. The export volume was $45.249 billion and $35.447 billion, respectively; the total value of these two categories of export commodities was $80.696 billion, accounting for 76.63% of all Chinese exports to Arab countries an

increase of 4.22% from 2017. Among them, the growth of capital goods exports was more extensive, up 14.32% from 2017. But in 2018, China export volume was only $1.056 billion in raw materials to Arab countries, accounting for only 1.00% of total export volume. Because it's down 9.67% from 2017, the indication is that manufactured goods have dominated China's exports to Arab countries. In terms of imports, China's most significant imports from Arab countries are raw materials. The import volume was $99.481 billion in 2018, with an increase of 54.28% over 2017 and 71.44% of China's total imports of Arab countries. Imports volume of intermediate goods was the second largest, with an import amount of $22.678 billion, accounting for 16.28%. China's imports of consumer goods and capital goods from Arab countries account for 11.96% and 0.31% of all imports, indicating that China's imports from Arab countries are mostly raw materials. The bilateral trade structure between China and Arab countries in 2017, as described above, showing that the mutual trade structure between China and Arab countries is relatively stable (see Table 2.10, Figure 2.12, Figure2.13).

Table 2.10　Structure of commodity trade in China and Arab countries

UNCTAD Classified Products	Trade volume and proportion	2016	2017	2018
Raw materials	Exports($100 million)	11.52	11.69	10.56
	Proportion (%)	1.14	1.19	1.00
	Imports ($100 million)	494.82	644.81	994.81
	Proportion (%)	70.33	69.27	71.44
Intermediates	Exports ($100 million)	194.60	191.86	221.13
	Proportion (%)	19.33	19.44	21.00
	Imports ($100 million)	127.95	170.3	226.78
	Proportion (%)	18.19	18.30	16.28
Consumer goods	Exports ($100 million)	492.37	464.20	452.49
	Proportion (%)	48.91	47.04	42.97
	Imports ($100 million)	77.38	111.87	166.52
	Proportion (%)	11.00	12.02	11.96
Capital goods	Exports ($100 million)	299.58	310.08	354.47
	Proportion (%)	29.76	31.42	33.66
	Imports ($100 million)	3.24	3.69	4.28
	Proportion (%)	0.46	0.40	0.31

Source: Based on United Nations International Trade Database data.

Commodity classification: calculated according to the classification of the United Nations Conference on Trade and Development.

Note: China is the reporting country.

Category by: HS3.

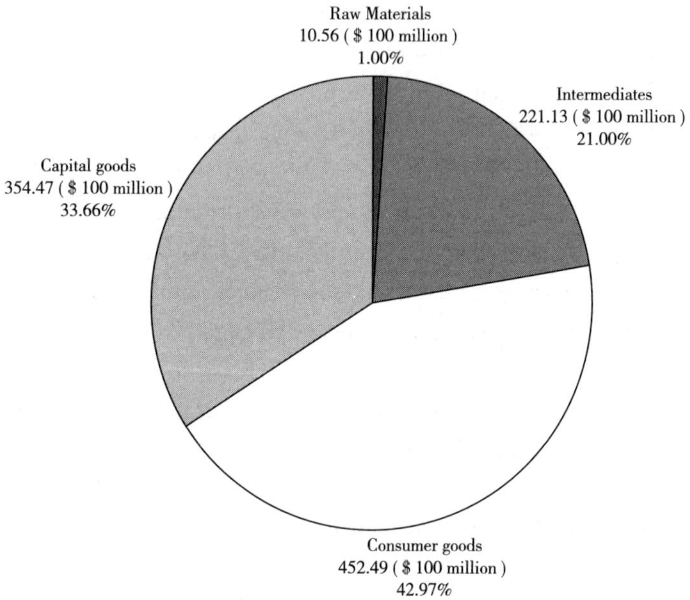

Figure 2.12 2018 Proportion of China's four major commodity exports to Arab countries

Source: Based on United Nations International Trade Database data.

Category by: HS3.

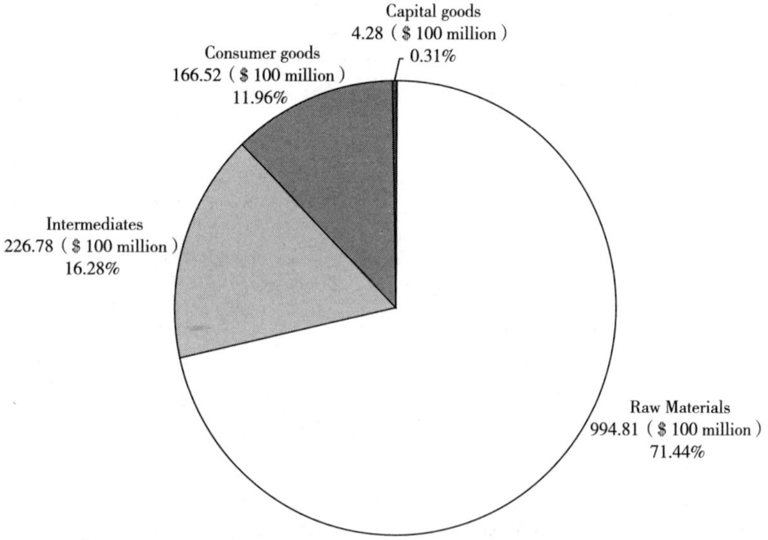

Figure 2.13 2018 Proportion of four major categories of Chinese imports to Arab countries

Source: Based on United Nations International Trade Database data.

Category by: HS3.

In terms of more specific product classification, China's main exports to Arab countries in 2018 are machinery, equipment, and electrical products. Textiles and clothing, along with metal products, accounted for a higher share of total exports, 32.74%, 15.63%, and 12.54%, respectively. These three types of products account for 60.91% of China's total exports to Arab countries. China also exports miscellaneous products, transportation equipment, plastic and rubber products, ore and glass, and chemicals to Arab countries. Compared with 2017, the export structure in 2018 has not changed much; only fossil fuels and mineral oil export had a relatively significant change. With an export volume of $1.455 billion in 2018, there was a 110.87% increase compared with the export volume of $690 million in 2017. The structure of China's exports to Arab countries is relatively stable (see Table 2. 11).

Table 2.11 2018 Structure of China's Exports to Arab Countries

Unit: $100 Million

Product code	products category	Exports in 2016	Exports in 2017	Exports in 2018
84-85	Machinery and electrical products	312.02	319.16	344.74
50-63	Textiles and clothing	192.18	179.74	164.60
72-83	Metal products	122.61	117.85	132.02
90-99	Miscellaneous products	92.22	95.74	96.02
86-89	Transport equipment	42.79	36.52	56.71
39-40	Plastics and rubber products	57.59	59.15	65.34
68-71	Ore and glass	48.22	42.06	44.12
28-38	Chemicals	31.64	33.16	40.13
64-67	Shoe and boots	34.05	32.71	30.22
44-49	Wood and wood products	27.74	25.00	26.22
06-15	Vegetables	11.60	11.56	11.82
41-43	Leather and fur products	15.63	15.17	15.26
16-24	Food	7.88	8.50	8.61
27-27	Fossil fuels and mineral oils	7.28	6.90	14.55
25-26	Minerals	1.40	1.36	1.08
01-05	Animal products	1.89	2.14	1.67

Source: Based on United Nations International Trade Database data.

Note: China is the reporting country.

Category by: HS3.

In 2018, China's import structure with Arab countries had also largely maintained its 2017 situation, which is generally stable. The number one import products are still fossil fuels and mineral oil, with imports amounting to $112.852 billion, which is 81.04% of China's total imports to Arab countries. It was up 54.15% from $73.210 billion in 2017. Chemical products are in the second place, with imports amounting to $11.566 billion, representing 8.31% of China's total imports to Arab countries, is up 42.32% over 2017. Plastics and rubber products are third, with imports amounting to $9.808 billion, representing 7.04% of China's total imports to Arab countries. This trade structure reflects the relatively single industrial structure of the Arab countries. The petroleum industry is its pillar industry. The manufacturing industry and agriculture are relatively weak; their industrial system needs to be improved.

Table 2.12 2018 Structure of China's Imports from Arab Countries

Unit: $100 Million

Product code	products category	Imports in 2016	Imports in 2017	Imports in 2018
27-27	Fossil fuels and mineral oils	553.04	732.10	1128.52
28-38	Chemical products	58.94	81.27	115.66
39-40	Plastics and rubber products	57.09	75.40	98.08
25-26	Minerals	18.18	22.11	26.09
72-83	Metal products	4.19	4.82	6.20
84-85	Machinery and electrical products	3.33	3.92	4.43
06-15	Vegetables	1.99	3.53	4.69
50-63	Textiles and clothing	2.92	3.48	4.19
16-24	Food	0.49	1.47	1.62
68-71	Ore and glass	2.24	1.24	0.84
41-43	Leather and fur products	0.30	0.44	0.42
44-49	Wood and wood products	0.06	0.32	0.82
90-99	Miscellaneous products	0.30	0.31	0.39
01-05	Animal products	0.28	0.23	0.35
86-89	Transport equipment	0.10	0.16	0.21
64-67	Shoe and boots	0.11	0.04	0.05

Source: Based on United Nations International Trade Database data.

Note: China is the reporting country.

Category by: HS3.

Energy cooperation between China and Arab countries has always been an essential part of bilateral trade cooperation. Arab countries have always been the most abundant source of crude oil imports in China. Among them, Saudi Arabia, Oman, Kuwait, and other GCC countries are an essential part of China's strategy. In recent years, Iraq's crude oil import status has also gained importance. In 2018, Saudi Arabia remained China's largest source of crude oil among Arab countries, with China importing $29.663 billion in crude oil from Saudi Arabia; it was up 44.59% from $20.515 billion in 2017. Iraq, Oman, and Kuwait are also essential partners in China's crude oil imports, respectively, with China importing $22.413 billion, $17.330 billion, and $11.882 billion crude oil in 2018. The import volume has increased significantly from 2017, with an increased rate of 62.26%, 40.04%, and 67.75%, respectively. These data indicate that Crude oil trade between China and Arab countries has strengthened. Arab countries are playing an increasingly important role in China's crude oil import trade. (see Table 2.13)

Table 2.13 China Imports of Oil Crude Oil from Arab Countries

Unit: $100 Million

Ranking	Imports Countries	Amount of imports in 2016	Imports in 2017	Imports in 2018
1	Saudi Arabia	155.69	205.15	296.63
2	Oman	111.48	123.75	173.30
3	Iraq	106.60	138.13	224.13
4	Kuwait	48.29	70.83	118.82
5	U.A.E	38.62	41.57	—
6	Libya	3.45	13.62	47.42
7	Sudan	3.38	2.93	2.41
8	Egypt	2.53	8.80	11.28
9	Qatar	1.57	3.81	7.49
10	Yemen	1.43	6.33	7.05

Source: Based on United Nations International Trade Database data.

Note: With China as the reporting country, "—" represents the absence of data.

Category by: HS3, petroleum crude oil is HS2709 commodity.

2.3.3 China-Arab service trade cooperation

Currently, the world is focusing on trade in services, forming a new round of international trade rules. In recent years, China-Arab trade exchanges are frequent, and the service trade cooperation has strengthened. The "Belt and Road" policy has brought a stable source of agricultural tourism, directly or indirectly transported a large number of multilateral tourism talent, and enriched and opened up the China-Arab agricultural tourism market. Under the background of the Belt and Road, China and Arab countries have also started a new chapter in service trade in Chinese medicine. On June 28, 2018, the "Arab Energy Internet and "The Belt and Road" Construction Forum" was held in Beijing, China. The forum urged Arab countries to commit to developing clean energy and strengthening their internet grid connectivity. To further support the "Belt and Road" energy infrastructure connectivity, and implement the China-Arab Cooperation Forum's 10-Year Plan. These objectives strengthen trade between China and Arab countries in both the energy and power sectors. At the same time, Bei Dou Global Satellite systems will begin serving Arab nations around the end of 2018.

On August 24, 2018, the Ministry of Commerce of China hosted the 2018 Arab Coconut Production Technology Training Course in Arab Countries. Twenty agricultural officials and researchers from five countries, including Egypt, Oman, Jordan, Algeria, and Palestine, have attended this training course and completed this training in Haikou. It provided technical training for Arab countries in the cultivation of date palms. China has sent experts and scholars to the United Arab Emirates, Egypt, and other Arab nations to train partners on coconut palm cultivation technology. They provided technical services to Arab countries in the cultivation of date palm, further deepening the cooperation between China and Arab countries in the field of service trade.

Chapter Ⅲ Report on China-Arab Investment Cooperation

3.1 Status of China's Investment in Arab Countries

3.1.1 China's direct investment in Arab countries remains on a downward trend

China's direct investment flows to Arab countries increased by 151.9% in 2018, going from $781 million in 2017 to $1,967 billion in 2018. The stock of Chinese direct investment in Arab countries increased from $15.77 billion in 2017 to $17.86 billion by the end of 2018 (see Table3.1, Table3.).

However, based on a three-year sliding average, Chinese direct investment in Arab countries has remained steady. In 2016-2018, China's direct investment flows to Arab countries averaged $533 million. It has a 13.4% decline compared to 2015-2017. Based on a three-year sliding average, from 2016 to 2018, China's direct investment in Arab countries was still at its lowest since 2010 (see Figure 3.1).

Table 3.1 Table of China's Direct Investment Flows to Arab Countries 2010-2018

(Unit: $10,000)

	2010	2011	2012	2013	2014	2015	2016	2017	2018
Algeria	18600	11434	24588	19130	66571	21057	-9989	-14053	17865
U.A.E	34883	31458	10551	29458	70534	126868	-39138	66123	108101
Oman	1103	951	337	-74	1516	1095	462	1273	5191
Egypt	5165	6645	11941	2322	16287	8081	11983	9276	22197
Palestinian	—	—	2	2	—	—	20	—	—

Continued

	2010	2011	2012	2013	2014	2015	2016	2017	2018
Bahrain	—	—	508	-534	—	—	3646	3696	-235
Djibouti	423	566	—	200	953	2033	6224	10464	-8106
Qatar	1114	3859	8446	8747	3579	14085	9613	-2663	-36810
Comoros	-1	—	50	—	—	—	—	—	93
Kuwait	2286	4200	-1188	-59	16191	14444	5055	17508	19208
Lebanon	42	—	—	68	9	—	—	—	—
Libya	-1050	4788	-668	45	13	-4106	-1705	-17640	2823
Mauritania	577	1969	3087	1527	-733	216	10879	3807	2323
Morocco	175	911	105	774	1144	2603	1016	5986	9078
Saudi Arabia	3648	12256	15367	47882	18430	40479	2390	-34518	38307
Sudan	3096	91186	-169	14091	17407	3171	-68994	25487	5712
Tunisia	-29	376	-65	706	71	564	-322	-82	596
Syria	812	-208	-607	-805	955	-356	-69	53	-1
Yemen	3149	-912	1407	33125	596	-10216	-41315	2725	1045
Iraq	4814	12244	14840	2002	8286	1231	-5287	-881	773
Jordan	7	18	983	77	674	158	613	1516	8562
Total ($billion)	7.88	18.17	8.95	15.87	22.25	22.14	-11.49	7.81	19.67

Source: Ministry of Commerce, National Bureau of Statistics, State Administration of Foreign Exchange 2018 China's Foreign Direct Investment Statistical Bulletin, China Statistics Press, 2019.

Table 3.2 Table of China's Stock of Direct Investment to Arab Countries 2010-2018

(Unit: $10,000)

	2010	2011	2012	2013	2014	2015	2016	2017	2018
Algeria	93726	105945	130533	149721	245157	253155	255248	183366	206286
U.A.E	76429	117450	133678	151457	233345	460284	488830	537283	643606
Oman	2111	2938	3335	17473	18972	20077	8663	9904	15068
Egypt	33672	40317	45919	51133	65711	66315	88891	83484	107926
Palestinian	—	—	2	4	4	4	23	4	4
Bahrain	87	102	680	146	376	387	3736	7437	7196
Djibouti	1247	1813	1799	3055	4088	6046	12540	23286	17849

Continued

	2010	2011	2012	2013	2014	2015	2016	2017	2018
Qatar	7705	13018	22066	25402	35387	44993	102565	110549	43598
Comoros	404	404	454	454	454	453	453	453	545
Kuwait	5087	9286	8284	8939	34591	54362	57810	93623	109184
Lebanon	201	201	301	369	378	378	301	201	222
Libya	3219	6778	6519	10882	10894	10577	21112	36675	42568
Mauritania	4588	7471	10615	10828	100695	10583	19336	23585	23261
Morocco	5585	8948	9522	10296	11444	15629	16270	31821	38229
Saudi Arabia	76056	88314	120586	174706	198743	243439	260729	203827	259456
Sudan	61336	152564	123660	150704	172712	180936	110434	120156	132507
Tunisia	253	629	569	1386	1456	2084	1630	1508	2153
Syria	1661	1483	1446	641	1455	1100	1031	1031	87
Yemen	18466	19145	22130	54911	55507	45330	3921	61255	62300
Iraq	48345	60591	75432	31706	37584	38812	55781	41437	59854
Jordan	1263	1281	2254	2343	3098	3255	3949	6440	14198
Total ($billion)	44.1	63.9	72.0	85.7	123.4	145.8	151.3	157.7	178.6

Source: Ministry of Commerce, National Bureau of Statistics, State Administration of Foreign Exchange 2018 China's Foreign Direct Investment Statistical Bulletin, China Statistics Press, 2019.

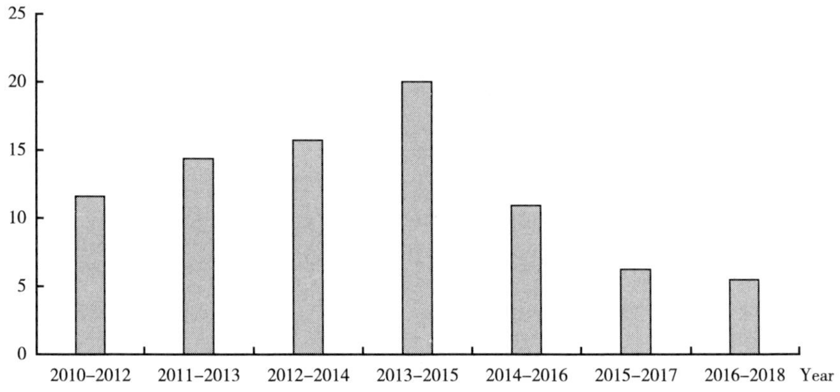

Figure 3. 1 3-year sliding average of China's direct investment in Arab countries from 2010 to 2018

Source: Ministry of Commerce, National Bureau of Statistics, State Administration of Foreign Exchange 2018 China's Foreign Direct Investment Statistical Bulletin, China Statistics Press, 2019.

3.1.2 Significant fluctuations in China's direct investment in Arab countries

From 2016 through 2018, the scale of China's direct investment flows to Arab countries has fluctuated significantly. During 2018, China's direct investment flows to Arab countries shifted into a positive range fueled by investments in five states. Algeria saw an increase from $0.14053 billion to $0.17865 billion. Investment in Libya went from –$0.1764 billion to $28.23 million, and Saudi Arabia is up from –$0.34518 billion to $0.38307 billion. Tunisia increased from $820,000 to $5.96 million and Iraq from –$8.81 million to $7.73 million. Two countries have shifted from positive to negative investment: Djibouti from $0.10464 billion to –$81.06 million and Syria from $530,000 to $10,000.

Also, most of the countries with no change in investment direction showed significant increases and significant declines. Five of the countries with increases of investment include the United Arab Emirates from $0.66123 billion to $1.08101 billion, Oman from $12.73 million to $51.91 million, Egypt from $92.76 million to $22.97 22197 million, Morocco from $59.86 million to $90.78 million and Jordan from $15.16 million to $85.62 million. Two countries had a sharp decline in investment: Sudan (down from $0.25487 billion to $57.12 million) and Yemen (from $27.25 million to $10.45 million). The country with a significant increase in negative investment was Qatar (from $–26.63 million to –$368.1 million).

Compared with 2017, China's 2018 direct investment in Kuwait remained relatively stable. In 2018, China's direct investment flows to Kuwait increased by 9.7%, from $175.08 million to $192.08 million.

3.1.3 Increase in China's concentration of direct investment in Arab countries

China's direct investment in Arab countries primarily involves the Arab's vital oil and gas resources. The five states with the most substantial direct investment from China in 2018 were:

- The United Arab Emirates ($1.08 billion);
- Saudi Arabia ($380 million)
- Egypt ($220 million)
- Kuwait ($190 million)

- Algeria ($180 million)

Except for Egypt, all the other four are essential oil and gas resource countries. By the end of 2018, the five countries with the largest direct investment from China were:

- the United Arab Emirates - $6.43 billion, accounting for 36.03%;
- Saudi Arabia - $2.60 billion, accounting for 14.53%;
- Algeria - $2.06 billion, accounting for 11.55%;
- Sudan - $1.33 billion, accounting for 7.42%;
- Kuwait - $1.09 billion, accounting for 6.11%.

All of these countries are oil and gas rich resource countries.

In 2018, from the country distribution perspective, China's concentration of direct investment in Arab countries further increased. In 2017, in terms of investment stock, the top two states for Chinese investment in Arab countries accounted for 46.98% of China's total direct investment. The top five countries accounted for 73.24% of China's total investment in Arab states. By 2018, these have risen to 50.56% and 75.64%, respectively (see Figure 3.2).

3.1.4 China's share of direct investment in Arab countries has increased

In 2018, due to a significant increase in the volume of Chinese direct investment in Arab countries, there was a substantial increase in the total amount of Foreign Direct Investment (FDI) by Arab countries. In terms of investment flows, the share of China's direct investment rose from 2.49% in 2017 to 6.30% in 2018. The percentage of investment ended at a two-year decline, ranging from 1.83% in 2017 to 2.01% in 2018. (see Table3.3).

Table 3.3 China's flow and stock of Arab Foreign Direct Investment (FDI) from 2010 to 2018

(Unit:%)

	2010	2011	2012	2013	2014	2015	2016	2017	2018
Traffic ratio	1.12	4.04	1.70	3.84	7.04	8.68	-3.48	2.49	6.30
Stock ratio	0.72	0.98	1.03	1.15	1.62	1.85	1.83	1.83	2.01

Source: Ministry of Commerce, National Bureau of Statistics, State Administration of Foreign Exchange, "Statistical Bulletin of China's Foreign Direct Investment 2018", China Statistics Press, 2019; UNCTAD, UNCTAD STAT, https://unctadstat.unctad.org/wds/ReportFolders /reportFolders.aspx, 2019-8-16.

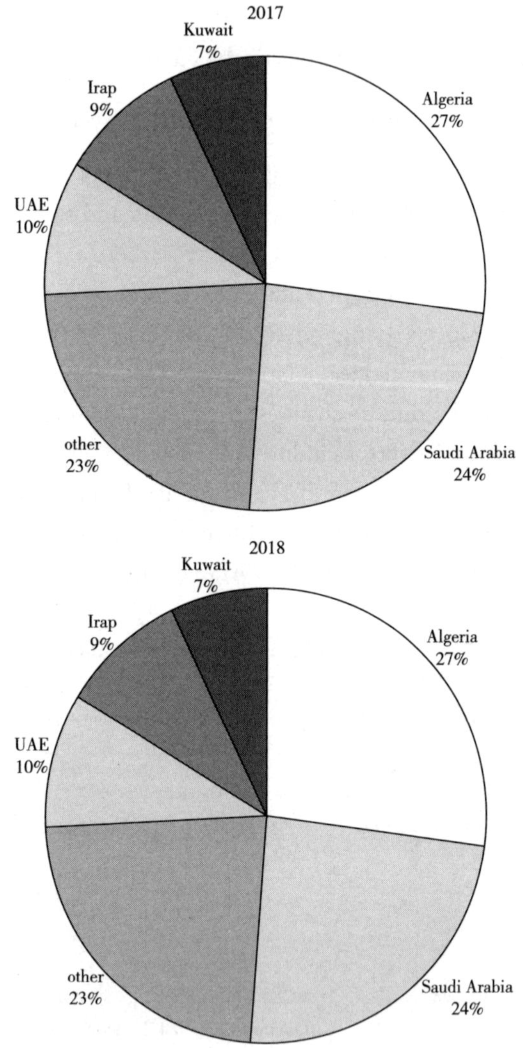

Figure 3.2 China's share of direct investment stock in Arab countries

Source: Ministry of Commerce, National Bureau of Statistics, State Administration of Foreign Exchange 2018 China's Foreign Direct Investment Statistical Bulletin, China Statistics Press, 2019.

However, in terms of absolute numbers, the scale of China's direct investment in Arab countries is still quite small compared with the economic size of China and the Arab countries. From a global perspective, the Arab region is still a region with excellent growth potential for China's foreign direct investment.

3.2 Status of China's Industrial Parks Construction in Arab Countries

3.2.1 Overview of China's industrial parks layout in Arab countries

China has started the construction of industrial parks in Arab lands. In 2007, as part of the second batch of overseas economic and trade cooperation zones approved by the Chinese Ministry of Commerce, there are two zones in the Arab countries, namely, China- Egypt Tiida Suez Economic and Trade Cooperation Zone and China-Algeria Jiangling Economic and Trade Cooperation Zone. Algeria's China Jiangling Economic and Trade Cooperation Zone has not been promoted substantially due to changes in the host country's investment policy. China's construction of overseas industrial parks in The west Asia Arab countries has been slower to develop than in North Africa. Until 2013 after the 'Belt and Road' Initiative began, there were some investment entities began to try to build oversea industrial parks in the west Asia Arab countries.

Table 3.4 Major industrial park models and China parks overview

Country	Park type	Number	China Park	Policy type	China Park Industry Positioning
U.A.E	Free Zone	46	China UAE Capacity Cooperation Demonstration Park	Free Zone	Aluminum, Food, Photovoltaics, Biomedicine, Petrochemicals
Oman	Special Economic Zones, Free Zones, Industrial Zones	13	China - Oman (Dukum) Industrial Park	Special economic zone	Petrochemical, natural gas chemical, construction materials, marine industry, photovoltaic, tires, modern agriculture, food, clothing, automobile assembly
Saudi Arabia	Industrial City, Economic City, Free Zone, Science and Technology Zone	41	China - Saudi Arabia (Jizan) Economic City Chinese Enterprise Special Development Zone	Economic City	Steel, petrochemical, silicon, ship services

Continued

Country	Park type	Number	China Park	Policy type	China Park Industry Positioning
Egypt	Free Zones, Special Economic Zones, Qualified Industrial Parks	118	China-Egypt Suez Economic and Trade Cooperation Zone	Special economic zone	Textile and apparel, petroleum equipment, emerging building materials, high and low voltage electrical appliances, chemicals, automobile, etc.
			China - Egypt (Mankai) Textile Industrial Park	No	Textiles and clothing
Morocco	Integrated industrial parks, economic vitality zones, industrial parks, industrial parks, aviation industry park	113	Mohammed VI Tangier Technology City, Morocco	Not Sure	Textile industry, automobile industry

Source: Wang Xingping, editor in chief, "Development and Planning of Industrial Parks in the Middle East and West Asia", Jiangsu People's Publishing House, 2019; Wang Xingping, editor in chief, "Development and Planning of African Industrial Parks," Jiangsu People's Publishing House, 2019.

Currently, the representative park projects of various Chinese investment entities in the Arab countries include China-Egypt Suez Economic and Trade Cooperation Zone (launched in 2001), China UAE Production Capacity Cooperation Demonstration Park (starting construction in 2018), China Egypt (Mankai) Textile Industrial Park (signed in 2017), China - Oman (Dukum) Industrial Park (signed in 2016), Mohammed VI Tangier Technology city, Morocco (signed in 2017), China Saudi (Jizan) Economic City Special Development Zone for Chinese Enterprises (launched in 2019).

3.2.2 Construction Status of China's significant parks in Arab countries

Several industrial parks invested by China in Arab countries are currently at different stages of development. Among them, the early started China-Egypt

Suez Economic and Trade Cooperation Zone Has entered the phase of strategic adjustment and deepening development. The UAE-China Production Capacity Cooperation Demonstration Park and China-Egypt (Mankai) Textile Industrial Park have completed the initial construction of the Park and entered the stage of substantial investment attraction. China-Saudi (Jizan) Economic City Chinese Enterprise Special Development Zone, China -Oman (Dukum) Industrial Park, Morocco Mohammed VI Tangier Technology City, is still in the planning design and construction phase.

3.2.2.1 China-Egypt Suez Economic and Trade Cooperation Zone

By the end of 2018, the Park has attracted 77 businesses, with over $1 billion actual investment, the sales exceeded $1 billion, the taxes paid to the host country exceeded $1 billion. More than 3,500 people were directly employed. In August 2018, the Jushi company's glass fiber production site began operation in the Park, which has an annual production capacity of 200,000 tons. In addition to China, this project is the world's most extensive fiberglass production base. It is also the only fiberglass production base in Africa. After this project put into operation, Egypt has also become the world's fifth-largest fiberglass production country. From a development perspective, this Park's initiating area is 1.34 square kilometers large. The cumulative investment has reached $109 million. It has initially formed four leading industries, which are new building materials, petroleum equipment, high and low voltage equipment, machinery manufacturing. The expansion area is 6 square kilometers, with a planned development investment of $230 million and an actual cumulative expenditure of $63 million. The first phase of the expansion of infrastructure construction is complete. The development has attracted seven enterprises, including large-scale motorcycling, Shandong gypsum, and more. The investment agreement totaled approximately $200 million.

3.2.2.2 China-UAE Production Capacity Cooperation Demonstration Park

In December 2015, Chinese President Xi Jinping held talks in Beijing with the United Arab Emirates Crown Prince Mohammed of Abu Dhabi. These agreements deepened China-Arab production capacity. Under the "Belt and Road" framework, they began construction of the Model Park for Capacity Cooperation in Afghanistan. The project was a strategically important component needed for arriving at a consensus agreement on the initiative. On October 26, 2016, the China National Development and Reform

Commission (NDRC) announced that Jiangsu Province would take the lead in implementing the Construction of the China-Arab Production Capacity Cooperation Demonstration Zone. In 2017, the National Development and Reform Commission (NDRC) officially identified the China-Arab Production Capacity Cooperation Demonstration Park as the country's first "Belt and Road" production capacity cooperation park. The design area of the first phase of the Production Capacity Demonstration Park in China covers an area of 2.2 square kilometers. The second phase will cover an area of 10 square kilometers. The north side of the start-up area will be a commercial service center. The other areas are the storage and logistics area, the general manufacturing and processing area, the food and beverage and packaging processing area, the metal manufacturing and processing area. Altogether, it will form a "one-center and four sub-area" space structure. In June 2019, the park management center building was completed. It will soon be operational and the first batch of manufacturing enterprises officially starting construction.

3.2.2.3 China-Egypt (Mankai) Textile Industrial Park

Unlike other park projects in Arab countries, the China-Egypt (Mankai) Textile Industrial Park is one of the few specialized industrial parks supported by Chinese investment. Egypt Changjiang Investment Co., Ltd. represented the development and operation of the Park. This company is the overseas investment group and subsidiary of Ningxia Mankai Investment Co., Ltd. The Park, located in the industrial city of Sadat, Egypt, covers an area of 3.1 million square meters. At least 568 enterprises plan to lease space in the area with a total investment of $2 billion. Many of the businesses are from the textile and clothing sector. The buildings are equipped with equipment to support spinning, weaving, printing, dyeing, washing, garment manufacturing, and embroidery. The businesses will manufacture accessories, shoes, hats, bags, and other products and trades. The warehouse includes robust logistics support, technology, and e-commerce capabilities. Enterprises such as education, medical, financial, hotel, research and development, and others will gain from these development efforts. The goal is that by the end of 2019, the first phase of the park project will be completed, with a total of 141 plants and 260,000 square meters construction area.

3.2.2.4 China-Oman (Dukum) Industrial Park

On September 10, 2015, during the 2nd China-Arab Expo, the Ningxia Hui

Autonomous Region Government and Oman's Dukum Economic And Special Administrative Region signed a framework agreement on investment cooperation. In May 2016, the signing and unveiling ceremony for the China-Oman (Dukum) Industrial Park occurred in Muscat, Oman. The China-Arab Wanfang Investment Management Co., Ltd. will coordinate the construction and operations phases of the Park development. The industrial complex will cover an area of 11.72 square kilometers. The proposed project planning requires a total investment of 67 billion yuan. The Park's core industries will be petrochemical, natural gas chemical, building materials, marine industry, textile and clothing, food processing, and other light and heavy industries. The Park is in the early phases of development, beginning with the vocational education section. The group completed the first phase of an Omani student training center. Starting in September 2018, 30 Omani students attended the first cohort training. As of April 15, 2008, the project had a total investment of 500 million yuan. An investment of 100 million yuan was needed to complete the phase 1 construction. In May 2018, the Oman Energy Finance Committee agreed to allocate 5 million cubic meters per day of natural gas resources to the China-Oman (Dukum) Industrial Park. 1.8 million tons of natural gas resources fuel the project development and preliminary planning for phase represents a total investment of 13 billion yuan.

3.2.2.5 Mohammed Ⅵ, Morocco Tangier Technology City

King Mohammed Ⅵ of Morocco approved the Morocco Tangier Technology City Project, which planned to launch in March 2017. Support from Chengdu-based Hait Co., Ltd. and the Moroccan Foreign Trade Bank (BMCE) Bank of Morocco signed off on the effort in March 2017 but did not proceed as planned. In April 2019, during the 'Belt and Road' Summit Forum, China Jiaotong Co., Ltd, China Road Bridge Co., Ltd and Morocco's Tangier Technology Development Corporation (SATT) signed a memorandum on the Tangier Technology City project and will be formally taken over by China Cross-Building and China Road Bridge Co., Ltd. Technology City construction site, located 15km south of Tangier City, covers a total area of about 2,167 hectares. The total investment is approximately $3 billion. It is being developed and built in three phases. It aims to create an integrated modern industrial city blending industry, commerce, residential, public services, and recreation. Project planning for the first phase of land is 468 hectares. The developers have acquired the property,

and the Moroccan authorities completed administrative and logistics planning. The development will primarily support the textile and automobile industries.

3.2.2.6 China-Saudi (Jizan) Economic City Chinese Enterprise Special Development Zone

In March 2019, Guangyin International Investment and Development Co., Ltd. as the representative of the Chinese company in the Sino-Saudi production capacity cooperation project, the Chinese government officially invested in Saudi Arabia Silk Road Industrial Services Co., Ltd., marking the correct operation of the China-Saudi Arabia production capacity project. The Special Development Zone for the Chinese Enterprises is in the China-Saudi (Jizan) Economic City. However, the project is still in the conceptual phase. The concept will be put forward by the Chinese side, and it received a positive response from the Saudi team. After the establishment of The Sino-Sha Company, it will devote itself to promoting the construction of the Special Development Zone for Chinese Enterprises in Jizan Economic City. According to the China side concept, the exclusive development zone for Chinese enterprises includes 30 square kilometers of the industrial territory and 2 square kilometers of living area. Among them, the industrial zone is a conceptual area without fixed boundaries. The current master plan of Jizan Economic City, according to the introduction of the project, will determine the location of Chinese-funded enterprises. It will be within 30 square kilometers to enjoy the relevant preferential policies of the Special Development Zone of Chinese enterprises. The living area shall be planned and built by the Chinese side and provide life support services for Chinese-funded enterprises.

3.3 Status of China's Contracting Projects in Arab Countries

3.3.1 China's rising trend towards the end of engineering contracting in Arab countries

In 2018, although the turnover of China's contracted projects with Arab countries achieved a slight increase of 0.6% year-on-year, from $27.65 billion in 2017 to $27.81 billion. However, according to the three-year sliding average, China's overall decline in the turnover of engineering contracts has not been fundamentally reversed. In 2016-2018, the average turnover of China's contract completion to Arab countries was 294. 6 $600 million, down 2.8% from the

2015-2017 average (see Table 3.5). Based on a three-year sliding average, it was also the first decline since the 2011-2013.

Table 3.5 2009-2018 China's turnover of projects contracted to Arab countries

(Unit: $ million)

	2009	2010	2011	2012	2013	2014	2015	2016	2017	2018
Algeria	587726	494736	405255	446553	519762	633429	824061	843421	784898	752146
U.A.E	354167	297160	193825	154369	133959	115007	153943	224637	249594	361485
Oman	27113	45627	58892	29681	24229	30408	44939	80646	82085	87897
Egypt	79735	116881	102372	96904	102806	92402	201777	228114	154179	204560
Bahrain	6853	8873	1519	179	533	265	27	814	2198	724
Djibouti	6923	2060	3850	3760	6497	36871	107188	84088	36605	30147
Qatar	42364	104330	112918	151785	166010	156402	136173	119875	103368	72739
Comoros	1008	1977	2410	3203	5188	3640	2225	1757	1457	2924
Kuwait	21018	40754	65926	72217	104947	140063	128114	151314	196352	273392
Lebanon	—	3743	1739	3457	10206	935	721	13	6371	79
Libya	191251	344930	80423	5257	56362	15616	17380	3205	5118	107
Mauritania	19075	18586	26474	27867	22291	29174	28413	14098	22821	18324
Morocco	51100	59041	38135	42317	36252	60700	113109	76666	37649	68304
Saudi Arabia	359158	322705	435846	462231	588411	594713	701812	948175	634381	521763
Sudan	207843	233696	273502	240345	198435	181811	154873	146050	82125	50046
Somalia	19	—	5	835	—	49	224	3003	1527	1987
Tunisia	5318	14802	9581	10989	13286	11717	11067	13586	21896	11151
Syria	20343	20143	11946	4813	1418	941	1634	254	62	766
Yemen	46047	37252	30225	6623	10544	10485	3354	1591	1457	1134
Iraq	35313	67165	177328	170054	338070	489810	397661	345464	273809	255713
Jordan	33527	11006	25339	1774	4216	1661	8459	3813	66940	65199
Total($100 million)	209.59	224.6	205.8	193.5	234.3	260.6	303.7	329.1	276.5	278.1

Source: National Bureau of Statistics, China Statistical Yearbook 2019, China Statistical Press, 2019.

3.3.2 The concentration of China's engineering contracting in Arab countries further increased

Similar to China's direct investment in Arab countries, China's project contracting business in Arab countries is mainly dominated by Oil and Gas Resource Countries in Arab. From 2009 to 2018, China's total contracted turnover in Arab countries was $251.57 billion. The top five were Algeria ($62.92 billion), Saudi Arabia ($55.69 billion), Iraq ($25.50 billion), the United Arab Emirates ($17.69 billion), and Sudan ($17.69 billion). During the past ten years, China's turnover of projects contracted in these five countries accounted for 73.21% of China's total turnover of contract completions in Arab countries. Among the top 5 countries, Algeria and Saudi Arabia accounted for a combined 47.15% of the total turnover of project contract completions (see Figure3.3).

From the country distribution point of view, in the past three years, China's concentration on engineering contracting business in Arab countries has increased. From 2016 to 2018, the total turnover of China's contracted projects with Arab countries totaled $88.36 billion. Among them, China's share of the

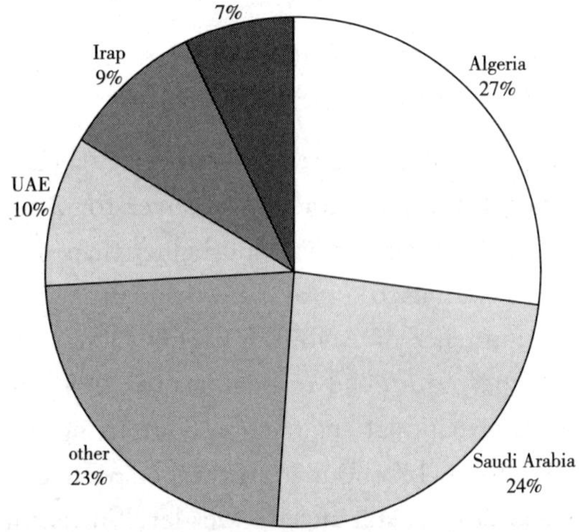

Table 3.3 2009-2018 China-Arab countries' contracted turnover from

Source: China Statistical Yearbook 2019, China Statistics Press, 2019.

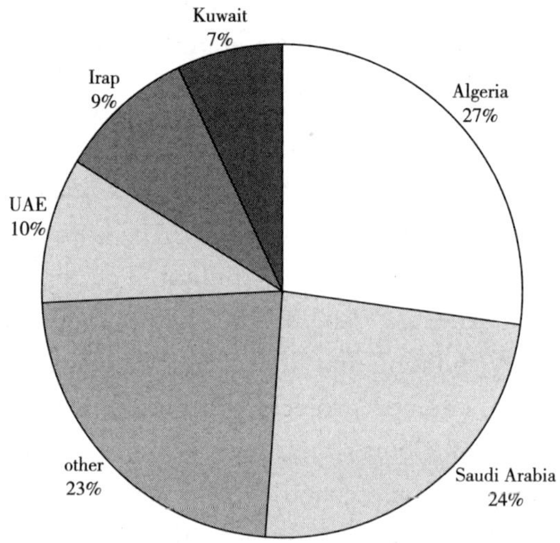

Figure 3.4 2016-2018 Proportion of China's contracted turnover from Arab countries

Source: China Statistical Yearbook 2019, China Statistics Press, 2019.

top five engineering contracting markets in Arab countries rose to 77.15%, and Algeria and Saudi Arabia's markets share rose to 50.76%. Both are significantly higher than the overall level over the past decade (see Figure3.4).

3.3.3 Arab countries' share of China's foreign engineering contracting business has not rebounded significantly

Arab countries always have been an essential market for China's overseas project contracting. However, China's contracted turnover for Arab countries only increased by 0.6% year-over-year. It was still higher than the 0.3% year-over-year increase in China's contracted turnover for world projects in 2018. In recent years, however, the importance of Arab countries in China's foreign engineering contracting business has continued to decline. In 2018, the share of Arab countries in China's international engineering contracting market rebounded, from 16.40% in 2017 to 16.45%. But from the perspective of absolute value proportion, 16.45% in 2018 is still at the lower level in recent years, only five basis points higher than in 2017 (see Table 3.6).

Table 3.6 China's world and Arab League project contracted turnover from 2010 to 2018

(Unit: $100 million)

	2010	2011	2012	2013	2014	2015	2016	2017	2018年
Arab league	224.5	205.8	193.5	234.3	260.6	303.7	329.1	276.5	278.1
World	921.7	1034.2	1166.0	1371.4	1424.1	1540.7	1594.2	1685.9	1690.4
Arab League % (%)	24.36	19.89	16.60	17.09	18.30	19.71	20.64	16.40	16.45

Source: China Statistical Yearbook 2019, China Statistics Press, 2019.

3.3.4 China signed a large number of new projects in Arab countries

In 2018, Chinese engineering contractors signed a large number of new engineering project orders in Arab countries. The petrochemical, power engineering, and other energy projects, from the order composition perspective, still occupies the most substantial proportion in China's plan contracting business in Arab countries. In addition to energy projects, in 2018, Chinese engineering contractors received a large number of orders for transportation construction, communications engineering construction, and urban and industrial construction projects in Arab countries.

3.3.4.1 Petrochemical Engineering Projects

The petrochemical industry has always been the focus of the Chinese engineering contracting business in Arab countries. In 2018, Chinese engineering companies signed major petrochemical engineering contract orders in Arab, which are: China Petroleum Engineering Construction Bohai Drilling Engineering Co., Ltd. to undertake the Iraqi Graff crude oil treatment project; China Hydropower Construction Company International Engineering Co., Ltd. takes the project of Sukhna Zero Fuel Oil Refinery in Egypt; China Petroleum Pipeline Bureau Engineering Co., Ltd. undertakes the construction of Oman crude oil storage tank project.

3.3.4.2 Electrical engineering construction

In 2018, for power engineering construction, Chinese engineering contracting enterprises newly signed major orders in Arab were: [Text Wrapping Break]

- Yanbu Phase 3 5x660 MW power plant project in Saudi Arabia undertaken by Shandong Power Construction;

- Shanghai Electric's Dubai Solar Power Park Phase 4 700MW Solar Thermal Power project made by Shanghai Electric;
- East Africa Energy Free Trade Zone Co., Ltd. Djibouti Power Generation Project made by China Power Construction Corporation Nuclear Power Engineering Co., Ltd.;
- Mauritania 225 kV Nouakchott-Zuatla high-voltage transmission and transmission line design and installation project conducted by CLP International;
- Mauritania-Nouakchott to Nouadhibou 225/90 kV transmission line supporting power station project undertaken by CMC International;
- the construction of the Jordan Samari Phase 4 combined cycle expansion project, Hussein mixed cycle power station project made by Shandong Electric Power Construction Third Engineering Co., Ltd.

3.3.4.3 Transportation construction projects

For transportation construction projects, in 2018, the major projects that Chinese engineering contracting enterprises signed in Arab are: China Construction Algeria Company to undertake 17 km around the city highway project in Algeria, Algeria 53 km highway Fahi section project; CITIC Construction undertakes the construction of the 84 km east-west section of the Algerian East-West Expressway; China Geological Engineering Group Co., Ltd. undertakes the development of highway repair projects for the Comorian Grand Coma and Ang Island sections; China Power Construction Group Guizhou Engineering Co., Ltd. undertakes the development of Kuwait International Airport 2 Terminal project; China Power Construction International Engineering Corporation made the construction of a new terminal project in Rabat-Salé Airport, Morocco.

3.3.4.4 Communications Engineering Construction Projects

For communication engineering construction projects, in 2018, Chinese engineering contractors signed major projects in Arab:

- Huawei Technologies Co., Ltd. has undertaken the construction of Oman Telecom Project;
- Egypt Telecom Project;
- Saudi Arabia Telecom Project;
- Yemen Telecom Project;

- ZTE Corporation makes the construction of the Mauritanian Fiber Optic Project;
- China Merchants International Information Technology Co., Ltd. undertakes the first phase of the Djibouti International Free Trade Zone.
- District Information System Project; Tsinghua Tong Fang Vision Technology Co., Ltd. makes the construction of the Syrian Stabilization Material Sales Project.

3.3.4.5 Urban and industrial construction projects

For urban and industrial facilities construction, in 2018, the Chinese engineering contractors newly signed major projects in Arab are: China Construction company undertook the creation of the second phase of the development of the new capital of Egypt; China Railway Tunnel Bureau Co., Ltd. took the construction of three affordable housing construction projects in Saudi Arabia's Jeddah apartment building, Dammam apartment building and villa; Shenyang Yuanhua Aluminum Engineering Co., Ltd. Qatar Marriott Hotel project; China Construction Engineering (Jiangsu) Steel Structure Co., Ltd. undertakes the construction of the Qatar Foundation Stadium Project; China Harbor Engineering Co., Ltd. undertakes the development of infrastructure and road projects in the Qatar Economic Zone; China Shenyang International Economic and Technical Cooperation Corporation undertakes the Comoros National Maruf Center New hospital construction project; China Railway Fourth Bureau Group took the EPC general contracting project of the Dubai-China Food City in Dubai, UAE; Chengdu Building Materials Industrial Design and Research Institute Co., Ltd. takes the construction of Jordan cement mill expansion project, etc.

Chapter Ⅳ Report on China-Arab Energy Cooperation

4.1 Foundation of China-Arab Energy Cooperation

4.1.1 Background of China-Arab Energy Cooperation

Since the beginning of the 21st century, China has faced problems such as overcapacity, dependence on foreign oil and gas resources, and industry and infrastructure concentrated along the coast. In September and October 2013, Chinese President Xi Jinping launched the "Belt and Road" Initiative to develop economic partnerships with Arab countries actively. The initiative focused on building a community of interests and political mutual trust. The efforts involved economic integration, cultural inclusion, development of a city of destiny, and a community of responsibility. With this aspirational blueprint, China signed the "Belt and Road" Construction Agreement with Saudi Arabia, Sudan, Iraq, Oman, Qatar, Kuwait, Lebanon, Egypt, Morocco, and other Arab countries. It also signed a document for capacity cooperation with five countries: The United Arab Emirates, Algeria, Saudi Arabia, Sudan, and Egypt. Additionally, it established friendly and cooperative relations with several countries in the Arab world.

On July 10, 2018, President Xi Jinping delivered an impactful speech at the opening ceremony of the 8th Ministerial Conference of the China-Arab Cooperation Forum. To grow the China-Arab partnership, President Xi outlined an ambitious roadmap. His plan builds on the region's shared collective histories and envisions a prosperous friendship that will endure forever. It describes a strategy for China, and the Arab countries to support each other in mutually beneficial goals and win-win cooperation. To promote the shared prosperity

and progress of participating nations, it proposes a partnership and shared responsibility in building the "Belt and Road." China's "Belt and Road" initiative enjoys broad support and active participation by Arab countries. The countries have joined hands, complimenting each other's strengths and maximizing the opportunities for win-win outcomes that benefit the region and the world. China is ready to strengthen the alliance with the Arab countries to further these aims and actively promote innovations solutions for oil and gas production and usage, and low-carbon energy solutions. Both parties endeavor to advance an "oil and gas + "cooperation model. These collaborative efforts stand to benefit the entire industrial ecosystem of oil and gas exploration, refining, production, storage, and shipping. The collective aims align with international efforts to significantly lower the world's carbon footprint while also empowering the emerging green and low-carbon energy industry. It encourages benign applications of nuclear, solar, wind, hydropower, and other sustainable energy sources - laying the foundation for re-imagining a next-generation, and sustainable energy sector. The China-Arab alliance is at the forefront of engineering, a long-term approach that's both cost-effective and sustainable.①

On July 18, 2018, before a visit to the United Arab Emirates, Chinese President Xi Jinping published a signed article entitled "Together for the Future." The Report - appearing in several Arab publications - described a continuous and sincere friendship between China and UAE that has prospered since establishing formal ties in 1984. It goes on to state that their bond supports cooperation on many mutually beneficial goals and initiatives. The relationship - built on the premise of mutual trust and independence, utilizes each other's advantages, and supports shared interests. China and Arab countries have achieved numerous landmark accomplishments during their cooperative efforts, and in 2017, the Arab side granted a total of 12% of the Abu Dhabi onshore oil block franchise to Chinese enterprises. For the first time, China received a share of profits from a Middle Eastern oil producer. In March 2018, the Arab side granted 10% of franchises to Chinese companies in two oil fields. The areas belong to the Abu Dhabi Offshore Oil Block. The photothermal power station in Dubai is the largest and

---

① "Xi Jinping's Speech at the Opening Ceremony of the 8th Ministerial Meeting of the China-Arab Cooperation Forum", Xinhua,http://www.xinhuanet.com/politics/leaders/2018-07/10/c_1123105156.htm,July 10, 2018.

most technologically advanced plant in the world. It was the first investment by silk road funds in the Middle East. The Hasyan Clean Coal Power Station will be the first clean coal-fired power station in the Middle East. President Xi Jinping's article also mentions that China is implementing an innovation-driven development strategy. The UAE is also promoting the 'National Innovation Strategy,' along with the '2050 Energy Strategy', and the 'Six Pillars of the Fourth Industrial Revolution." China and Arab countries have pledged to work together in pursuing breakthroughs in high-tech disciplines.①

4.1.2 China-Arab Energy Distribution

4.1.2.1 China Energy Profile

(1) Coal

In 2018 China's total standard coal production was 2.61261 billion tons. With continuous efforts to improve coal capacity replacement and to accelerate the release of high-quality production capacity, raw coal production gradually recovered and is up 4.7% from 1% during 2017. In 2018 total standard coal consumption was 2.7376 billion tons. It has an increased 1% during 2017 (see Figure 4.1).

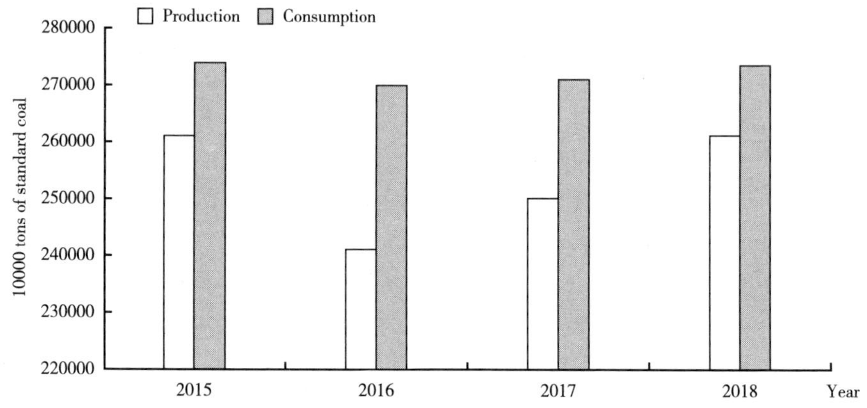

Figure 4. 1 2015-2018 Total coal production and consumption in China

Source: National Bureau of Statistics of the People's Republic of China.

① Xi Jinping: "Working Together for a Better Future", People's Network, http://politics.people.com.cn/n1/2018/0719/c1024-30156330.html, July 19,2018.

With the steady growth of domestic raw coal production, the market supply is more sufficient. In 2018, China's total coal imports amounted to 281.89 million tons, up to 4% from 2017 and down 2% from the previous year. In 2018, China's total coal exports will be 4.93 million tons (see Figure 4.2).

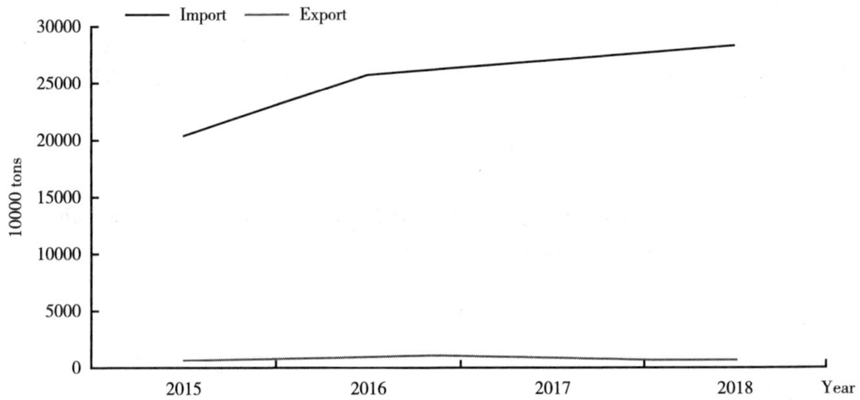

Figure 4. 2 2015-2018 Total coal imports and exports

Source: National Bureau of Statistics of the People's Republic of China.

(2) Petroleum

In 2018, China's total standard petroleum production amounted to 271.44 million tons. There is a decline of 3.5% from the previous year, and the reduction in output reduced. In 2018, China's total petroleum consumption continued to rise, reaching 876.96 million tons, up 3.9% from 2017 and 1.7% less than the previous year (see Figure4.3).

In 2018, China's total petroleum imports reached a new high of 461.89 million tons. There is an increase of 10% over 2017, and total exports amounted to 2.63 million tons, resulting in a decline from 2017 (see Figure4.4).

(3) Natural gas

In 2018, China's total natural gas production was 207.35 million tons, up 7.1% from 2017, and up 1.6% of the increase. In 2018, China's total natural gas consumption reached 361.92 million tons, up 15.2% over 2017, and up 2.7%. (see Figure 4.5).

Natural gas imports are at an all-time high. In December 2018, 92.3 million tons of imported natural gas was up 17.0% YoY; 90.39 million tons of natural

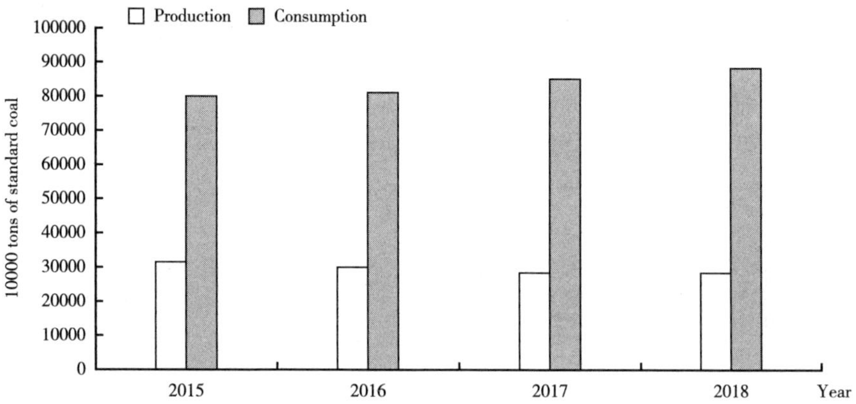

Figure 4. 3　2015-2018 Total petroleum production and consumption in China

Source: National Bureau of Statistics of the People's Republic of China.

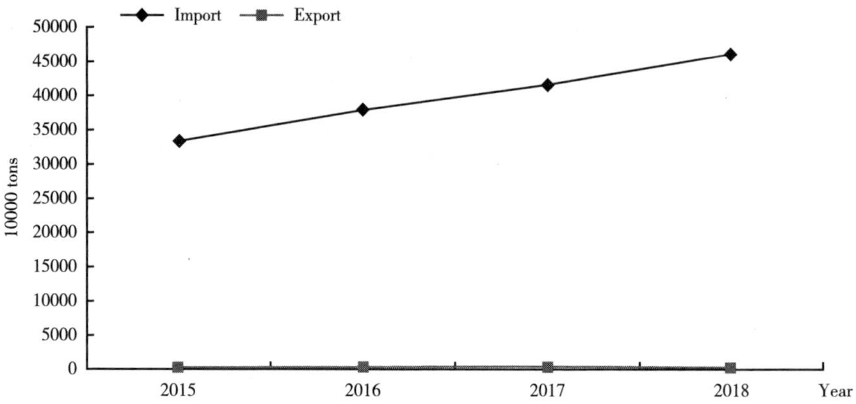

Figure 4. 4　2015-2018 Total Oil Imports and Exports of China

Source: National Bureau of Statistics of the People's Republic of China.

gas was introduced in 2018, up 31.9% YoY, with a ratio of 0.77:1 in imports to production.

4.1.2.2　Arab countries energy overview

In 2018, oil reserves in Arab countries were 712.3 billion barrels, down 0.2% year-over-year. These declines account for 57.1% of the world's reserves. Moreover, Arab natural gas reserves declined slightly. They increased by 0.6% year-over-year to 54.6 trillion cubic meters in 2018, accounting for 27.1% of the world's total natural gas reserves (see Table 4.1).

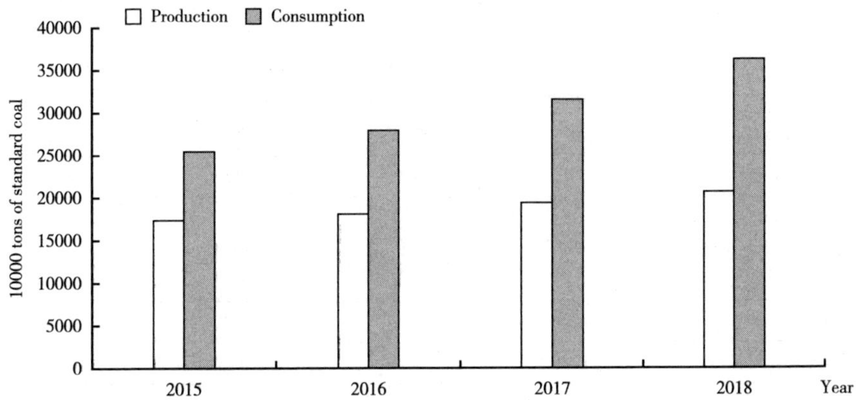

Figure 4. 5 2015-2018 Data on total natural gas production and consumption in China

Source: National Bureau of Statistics of the People's Republic of China.

Table 4. 1 2018 Petroleum and natural gas reserves discovered by the Organization of Arab Petroleum Exporting Countries

Countries	Crude oil (1 billion barrels)	World reserves (%)	Natural gas (1 billion cubic meters)	World reserves (%)
U.A.E	97.8	7.84	6091	3.02
Bahrain	0.1	0.01	193	0.10
Tunisia	0.4	0.03	64	0.03
Algeria	12.2	0.98	4505	2.23
Saudi Arabia	267.0	21.39	9069	4.50
Syria	2.5	0.20	285	0.14
Iraq	145.0	11.62	3729	1.85
Qatar	25.2	2.02	23861	11.83
Kuwait	101.5	8.13	1784	0.88
Libya	48.4	3.87	1505	0.75
Egypt	3.2	0.26	2221	1.10
Jordan	0.001	0.00	6	0.01
Sudan	1.502	0.12	25	0.01
Oman	4.740	0.38	707	0.35
Morocco	0.001	0.00	1	0.00
Mauritania	0.020	0.00	28	0.01
Yemen	2.670	0.21	479	0.24
Organization of Arab Petroleum Exporting	703.4	56.4	53306	26.4

Continued

Countries	Crude oil (1 billion barrels)	World reserves (%)	Natural gas (1 billion cubic meters)	World reserves (%)
Other Arab countries	8.9	0.7	1252	0.6
Arab Countries	712.3	57.1	54558	27.1
Organization of Arab Petroleum Exporting Countries	697.2	55.9	50544	25.1
OPEC	953.9	76.4	96539	47.9
World	1248.1	100.0	201651	100.0

Source: Organization of Arab Petroleum Exporting Countries (OAPEC) 2019 Annual Report.

In terms of crude oil and liquefied natural gas production, Arab countries produced nearly 29.2 million Barrels/Day of crude oil and liquefied natural gas. Of these, 28.1 million Barrels/Day was provided by the Arab Petroleum Exporting Countries Organization members. Arab countries produced 24.8 million barrels of crude oil/ Day, up 1.9% from 2017. Arab countries account for about 28.2% of global crude oil production. The Arab countries achieved a production capacity of 597.2 billion cubic meters of natural gas, of which the OAPEC member countries produced about 562.4 billion cubic meters. These totals account for 94.2% of the Arab countries' output, accounting for nearly 14.6% of the world's total production of 3842 billion cubic meters.

In 2018, there will be 112 exploration activities in Arab countries, 76 newly discovered oil fields, and 36 natural gas fields. Among these findings, OAPEC members found 109 discoveries, including 75 oil and 34 natural gas discoveries.

4.1.3 The history of China-Arab Energy Cooperation

In October 2000, Sinopec and Algeria signed a project cooperation contract to increase the Zarzating oil field's recovery rate. In November 2000, PetroChina won the bid for the Sudan Block 3/7 oil exploration and development project.

In April 2002, PetroChina signed a five-block product-sharing contract with Oman with a 50% interest stake. In December, PetroChina won the bid for the Syria Gebebe Oilfield Enhanced Oil Recovery Project.

In 2003, PetroChina signed a contract with Syria for the development and

production of Gebebe; PetroChina and Algeria signed a risk exploration project for blocks 102a/112 and 350.

In 2004, PetroChina officially purchased a 50% interest in the NK exploration area and SLK oil field. Owned by KUWAIT Overseas Petroleum and entered Tunisia. Sinopec and Aramco of Saudi Arabia formed China Saudi Gas Company, which won the bid for the exploration and development project of Block B in Saudi Arabia.

In November 2008, PetroChina and Iraq signed a contract for the development of the Ahadeb oilfield.

In June 2009, Iraq's first post-war international oil and gas contract involved PetroChina and BP. These companies allied to secure a deal to develop on the Rumaila oil field, which is a giant oil field with a reserve of 17 billion barrels. In the same round of international tenders, CNOOC teamed up with the Turkish National Petroleum Corporation to win a development services contract for the Misan oil and gas field group. In December of the same year, during the second round of international oil and gas tenders, PetroChina, as the lead, jointly won the Hafaya Oilfield Development Services contract with Petronas Malaysia for a comprehensive exploration and production effort in Iraq. During the acquisition of Addax, a Swiss oil company, Sinopec secured a production share contract in Iraq's autonomous Kurdish region.

In 2013, PetroChina acquired a 25% investment interest in Sigurna II from Exxon Mobil, and Sinopec entered the upper reaches of Egypt by acquiring a 1/3interest in Apache's Egyptian oil and gas assets.

In 2018, PetroChina and the United Arab Emirates signed a cooperation agreement with the United Arab Emirates in Abu Dhabi for the Umsshaf-Nasr oil field development project and the Lower Zakum oil field development project.

4.2 Status of China-Arab Energy Cooperation

4.2.1 China's current energy development and the energy cooperation with Arab countries

By observing the world's energy development in the Chinese version of the "BP World Energy Statistical Yearbook," in 2019, we see that China has an essential position in the world's energy field.

Oil: Oil demand continued to grow steadily in 2018, increasing demand by 1.4 million barrels per day (BPD) from the previous year. In absolute terms, developing countries and regions have dominated this segment of growth. Of these, China (700,000 BPD) and India (300,000 BPD) contributed about 2/3of the increase.

Natural gas: According to the BP World Yearbook of World Energy Statistics, global consumption and production of natural gas grew by more than 5% in 2018. The year has represented a boom and development period for natural gas. The U.S. contributed 40% of global demand growth and 45% production growth. The demand growth of other countries has mainly provided by China (43 billion cubic meters), Russia (23 billion cubic meters), and Iran (16 billion cubic meters). These three countries and the United States contributed 80% to the growth in natural gas demand.

Coal: In 2018, global coal consumption increased by 1.4%. Meanwhile, global coal production increased by 4.3%. These growths are at a five-year high. Both increases occurred in Asia, mostly from China and India.

Electricity: Global electricity demand increased by 3.7%. The sector showed the fastest growth rate in nearly 20 years, accounting for almost half of all primary energy source growth. Most of the extension (81%) originated from developing countries. Of these, China and India contributed 2/3 of the increase.

Renewable energy: Renewable energy grew by 14.5%. China continues to lead renewable energy growth by 45% of global renewable energy growth, more than all OECD members combined.

In 2018, China's energy consumption growth rate grew to 4.3% from 3.3% in 2017, with an average growth rate of 3.9% over the past decade. China remains the world's largest energy consumer, accounting for 24% of global energy consumption and 34% of global energy consumption growth. China's external dependence on oil is 72%, the highest in nearly 50years, and natural gas dependence is 43%, which made it the world's largest oil and gas importer.[①]

China has the world's highest demand for petrochemical products. Due to its capacity and resource reserves, its dependence on imported products is reliable. According to customs data, China's crude oil imports in 2018 were 462 million

① "The Chinese version of BP World Energy Statistical Yearbook" 2019, Sina.com, https://finance.sina.com.cn/stock/relnews/us/2019-08-08/doc-ihytcitm7760321.shtml.

tons, up 10.1% Year-Over-Year. China's crude oil imports from 2013 to 2018 increased, as did the growth rate (See Figure 4.6).① In 2018, Chinese companies invested $1.2 billion in Arab countries, 3.8 times as much as in 2010. Chinese enterprises signed new contracts for projects in Arab countries amounting to $35.6 billion, up 9% year-on-year. Strengthening energy cooperation between China and Arab countries is a stable ligament in China-Arab relations.

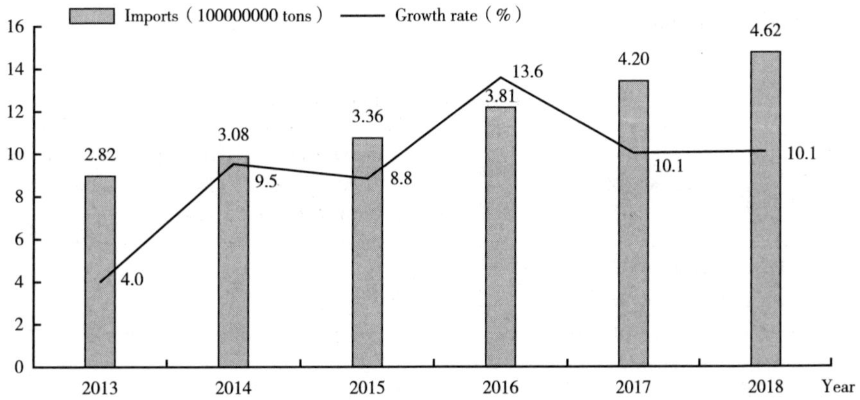

Figure 4. 6 2013-2018 China's total petroleum imports and growth rate

Data source: General Administration of Customs Forward-Looking Industrial Research Institute.

4.2.2 China's current energy cooperation with North African Arab countries

4.2.2.1 China and Morocco

Morocco has good trade relations with China. The Morocco's "2014-2020 Industrialization Development Strategy" clearly state that china is their leading partner. According to statistics from China's Ministry of Commerce, bilateral trade between China and Morocco reached $4.39 billion in 2018, up 14.7% YoY. China's exports to Morocco amounted to $3.68 billion, up 15.9% YoY. The imports from Morocco amounted to $710 million, up 9.1% YoY. Morocco is a valuable trading partner of China.② At the same time,

① "Analysis of Global Petrochemical Industry Market Status and Development Trends in 2018", Prospect Network, https://www.qianzhan.com/analyst/detail/220/190426-0bdf69aa.html.

② "2018 China-Morocco Bilateral Economic and Trade Data", Ministry of Commerce website, http://www.mofcom.gov.cn/article/tongjiziliao/fuwzn/swfalv/201905/20190502867670.shtml.

China's exports of Moroccan petroleum asphalt, along with other petroleum residues derived from asphalt minerals, showed an upward trend in 2014-2018 (see Table 4.2). In the non-traditional energy sector, Shandong Electric Construction Company is the largest project in Morocco. It is also the world's largest optical thermal power plant. It is the latest development in China and Morocco's new energy initiatives. It has contributed to the development of China's solar energy industry, producing an increase in employment for both China and Morocco.

Table 4.2 China's exports to Morocco

Product code	Product labels	Value in 2018 ($1,000)	Average annual value growth 2014-2018 (%)	Percentage of China's exports (%)	China imposes ad valorem tariffs (%)
2713	Petroleum coke, petroleum asphalt and other petroleum residues or other petroleum residues obtained from asphalt minerals	36	13	0	3
2710	Petroleum and oil obtained from asphalt minerals (excluding crude oil); preparations containing Petroleum of up to 70% (by weight) or oil derived from asphalt minerals; waste oil, which mainly contains petroleum or asphalt minerals	4	-32	0	8
2711	LPG and other gaseous hydrocarbons	3		0	3

Source: Trade Map.

4.2.2.2 China and Algeria

According to the "Country Trade Report", issued by the Ministry of Commerce's in 2019, Algeria's trade exports to China reached $570 million in the first half of 2018. It is up 184.4% year-over-year, and the growth trend ranks second among Algeria's major trading partners. Also, its import value from China, which was $3.39 billion, attained support and cooperation from other major trade partners. In terms of energy development in 2018,

China imported more than $600 million goods from Algeria, including oil - and oil from asphalt minerals (excluding crude oil). The preparations showed 70% oil (by weight) or oil derived from asphalt minerals, waste oil, mainly comprising petroleum or asphalt minerals. In 2014-2018, the annual value increased by 28% (see Table 4.3). China and Algeria have in-depth cooperation in Petroleum, crude oil, and related materials. Among China's exports to Algeria, coal, lignite, and other energy exports had an average of 10.82% annually. Other products also have clear advantages in collaboration (see Table 4.4). On December 21, 2018, Xinhua News Agency reported that the Algerian National Petroleum Corporation and China CITIC Construction Co., Ltd. signed a cooperation document. Both sides agreed to a comprehensive development for the Algerian phosphate integration project. According to the text, China and Algeria will set up a joint venture to mine phosphorus ore, phosphate fertilizer, compound fertilizer, synthetic ammonia production, and transportation lines and ports in eastern Algeria a project investment of $6 billion. After being fully commissioned in 2022, 10 million tons of phosphorus ore is mined and produced annually①

Table 4.3 China's imports from Algeria

Product code	Product labels	Value in 2018 ($1,000)	Average annual value growth 2014-2018 (%)	Percentage of China's imports (%)
2710	Petroleum and oil obtained from asphalt minerals (excluding crude oil); preparations containing oil of up to 70% (by weight) or oil derived from asphalt minerals; waste oil, which mainly contains petroleum or asphalt minerals	601456	28	3
2709	Petroleum and oil from asphalt minerals and crude oil	418124	-15	0
2711	LPG and other gaseous hydrocarbons	140217	-24	0

Source: Trade Map.

① China-Arab Exposition, https://www.casetf.org/jmxx/4376.html.

Table 4.4 China's Exports to Algeria

Product code	Product labels	Value in 2018 ($1,000)	Average annual value growth 2014-2018 (%)	Percentage of China's exports (%)	China imposes ad valorem tariffs (%)
2704	Coke and semi-coke of coal, lignite or peat;	78438	10.82	3	5
2710	Petroleum and oil obtained from asphalt minerals (excluding crude oil); preparations containing oil of up to 70% (by weight) or oil derived from asphalt minerals; waste oil, which mainly contains petroleum or asphalt minerals	1027	132	0	15
2715	Asphalt sludge, chips and other asphalt mixtures on a natural asphalt basis	48		1	15
2707	Distillation of high-temperature coal tar in petroleum and other products;	12		0	15
2701	coal; coal balls, pebbles and similar solid fuels made from coal	6		0	5
2712	Vaseline, paraffin, microcrystalline petroleum wax, loose paraffin, opal zeolite, lignite wax, peat wax, other mineral wax, and similar products obtained through synthesis or other methods	4	-4	0	3

Source: Trade Map.

4.2.2.3 China and Egypt

China and Egypt have always had close bilateral trade agreements. They both have products with strategic advantages. Egypt is rich in energy, and China principally imports minerals, oil and gas, and other products from Egypt. These products have considerable benefits, especially the import value of oil, LPG, and crude oil. These sectors show a trend of rapid growth (see Table 4.5). China's energy exports to Egypt as a whole are heading in a positive direction. The cooperation in coal, lignite, asphalt, and other fields maintain key advantages (see Table 4.6). In September 2018, China Construction Group Co., Ltd. and the Egyptian Ministry of Investment and International Cooperation signed a $3.5 billion general contract for the second phase of the central business district of Egypt's new capital and a $6.1 billion public contract for the Suez Refinery and Petrochemical Plant project in eastern Egypt with the Eastern Egyptian Oil and

Gas Company.①

China and Egypt have also made substantial progress in new energy sources. On November 6, 2018, at the 6th China Arab Energy Cooperation Conference held in Cairo, China' State Energy Administration, Liu Baohua announced that China and Arab countries set up a clean energy training center. Both sides will organize capacity-building activities in photovoltaics, light heat, wind power, and smart grid technologies.② In September 2018, China Construction Group Co., Ltd. and the Egyptian Ministry of Investment and International Cooperation signed a $3.5 billion general contract for the second phase of the central business district of Egypt's new capital and a $6.1 billion public contract for the Suez Refinery and Petrochemical Plant project in eastern Egypt with the Eastern Egyptian Oil and Gas Company.

Table 4.5 China's imports from Egypt

Product code	Product labels	Value in 2018 ($1,000)	2014-2018 average annual value increase (%)	Percentage of China's imports (%)	China imposes ad valorem tariffs (%)
2709	petroleum and oil from asphalt minerals and crude oil	1128148	14	0	0
2711	LPG and other gaseous hydrocarbons	107732	177	0	1
2710	petroleum and oil obtained from asphalt minerals (excluding crude oil); preparations containing petroleum of up to 70% (by weight) or oil derived from asphalt minerals; waste oil, which mainly contains petroleum or asphalt minerals	84780	304	0	6
2713	Petroleum coke, petroleum asphalt and other petroleum residues or other petroleum residues obtained from asphalt minerals	20096		1	6

Source: Trade Map.

① China-Arab Exposition,https://www.casetf.org/jmxx/5160.html.

② China and Afghanistan will set up a clean energy training center, Xinhua,http://www.xinhuanet.com/tech/2018-11/06/c_1123670474.htm.

Table 4.6 China's exports to Egypt

Product code	Product labels	Value in 2018 ($1,000)	2014-2018 average annual value increase (%)	Percentage of China's exports (%)	China imposes ad valorem tariffs (%)
2704	Coke and semi-coke of coal, lignite or peat;	14680		0	5
2708	Asphalt and asphalt coke obtained from coal tar or other mineral tar	2344	4	0	2
2710	Petroleum and oil obtained from asphalt minerals (excluding crude oil); preparations containing petroleum up to 70% (by weight) or oil derived from asphalt minerals; waste oil, which mainly contains petroleum or asphalt minerals	2138	8	0	5
2715	Asphalt sludge, chips and other asphalt mixtures on a natural asphalt basis	204	-8	2	10
2713	Petroleum coke, petroleum asphalt and other petroleum residues or other petroleum residues obtained from asphalt minerals	25	-56	0	10
2712	Vaseline, paraffin, microcrystalline petroleum wax, loose paraffin, opal zeolite, lignite wax, peat wax, other mineral wax, and similar products obtained through synthesis or other methods	15		0	2
'2707	Distillation of high-temperature coal tar in petroleum and other products;	9		0	2
'2711	LPG and other gaseous hydrocarbons	4		0	5

Source: Trade Map.

4.2.3 Status of energy cooperation between China and GCC countries

4.2.3.1 China and UAE

As an essential exporter of refined oil products in the world and a significant oil country in the Gulf countries, the UAE has a good oil resource endowment and

a high potential for energy cooperation with China. According to BP's "World Energy Statistics Yearbook 2019", in 2018, the UAE ranked 8th in the world in oil storage, with proven reserves of 13 billion tons, accounting for 5.7% of the world's total. Oil production of 177.7 million tons, accounting for 4% of the global total. UAE's Crude oil exports totaled 125.9 million tons in 2018, including 37.3 million tons to Japan, 16.6 million tons to India, 12.2 million tons to China, 10.6 million tons to Singapore, and 41.9 million tons to other Asia-Pacific regions. China's energy imports from the UAE, especially oil value and share, are massive, the UAE is an indispensable energy partner for China (see Table 4.7). At the same time, China's new energy industry, including wind, solar, nuclear, and other clean energy, represent substantial competitive advantages for the UAE.

On May 16, 2018, China, Petroleum Daily, published an article entitled "China Petroleum Abu Dhabi Land and Sea Project for the First Time". The Report states that on May 11, the Oil tanker Island Splendor, which had completed oil-lifting operations from the Abu Das port, set sail for its destination. As the first oil-raising operation of the Land and Sea project, and the first upstream cooperation between PetroChina and China, the event marked their first investment in the recovery stage. In July 2018, the China-Arab Joint statement stressed that departments of both governments - along with relevant enterprises - are encouraged to deepen cooperation in the fields of crude oil trade. Oil and gas exploration, oil field engineering and construction services will confer to begin planning for participation in the strategic reserve facilities. They will advance oil derivatives refining - along with related industries and trade activities - to extend oil and gas cooperation to support the sale of crude oil and petroleum products. They will seek to advance technology, research, and development, engineering services, drilling platforms, and other services (see Table 4.8). In July 2018, Oriental Exploration successfully signed the ADNOC Land and Sea Project. The project is the most significant seismic exploration project in the global prospecting industry. The ADNOC offshore project is an essential oil and gas cooperation project of the 'Belt and Road' Initiative.[①]

---

① Sino-Arab Oil and Gas Project - ADNOC, United Arab EmiratesOffshore Project Start, China Energy Network, https://www.china5e.com/news/news-1050861-1.html.

Table 4.7 China Imports from UAE

Product code	Product labels	Value in 2018 ($1,000)	Percentage of Imports from China (%)	China imposes ad valorem tariffs (%)
2709	oil and oil derived from asphalt minerals, crude oil	6682707	-8	3
2711	LPG and other gaseous hydrocarbons	3586376	5	7
2710	petroleum and oil obtained from asphalt minerals (excluding crude oil); preparations containing petroleum up to 70% (by weight) or oil derived from asphalt minerals; waste oil, which mainly contains petroleum or asphalt minerals	1302976	38	6
2707	Distillation of high-temperature coal tar in petroleum and other products; similar products in which the weight of aromatic ingredients exceeds the weight of non-aromatic components	455981	6	5
2713	Petroleum coke, petroleum asphalt and other petroleum residues or other petroleum residues obtained from asphalt minerals	5661	-39	0
2712	Vaseline, paraffin, microcrystalline petroleum wax, loose paraffin, opal zeolite, lignite wax, peat wax, other mineral wax, and similar products obtained through synthesis or other methods	4014	6	3
2714	Natural asphalt and asphalt; asphalt or oil shale and tar sands; asphalt rock and asphalt rock	585	-16	5
2708	Asphalt and asphalt coke obtained from coal tar or other mineral tar	15		0

Source: Trade Map.

Table 4.8 China's exports to the UAE

Product code	Product labels	Value in 2018 ($1,000)	2014-2018 average annual value increase (%)	Percentage of China's exports (%)	China imposes ad valorem tariffs (%)
2710	Petroleum and oil obtained from asphalt minerals (excluding crude oil); preparations containing Petroleum up to 70% (by weight) or oil derived from asphalt minerals; waste oil, which mainly contains petroleum or asphalt minerals	381367	0	1	5

Continued

Product code	Product labels	Value in 2018 ($1,000)	2014-2018 average annual value increase (%)	Percentage of China's exports (%)	China imposes ad valorem tariffs (%)
2713	Petroleum coke, petroleum asphalt and other petroleum residues or other petroleum residues obtained from asphalt minerals	232408	12	17	5
2708	Asphalt and asphalt coke obtained from coal tar or other mineral tar	148579	26	27	5
2704	Coke and semi-coke of coal, lignite or peat;	995	-25	0	5
2714	Natural asphalt and asphalt; asphalt or oil shale and tar sands; asphalt and asphalt rock	414		20	5
2711	LPG and other gaseous hydrocarbons	240	68	0	5
2712	Vaseline, paraffin, microcrystalline petroleum wax, loose paraffin, opal zeolite, lignite wax, peat wax, other mineral wax, and similar products obtained through synthesis or other methods	69	-2	0	5
2715	Asphalt sludge, chips and other asphalt mixtures on a natural asphalt basis	21	4	0	5
2707	Distillation of high-temperature coal tar in petroleum and other products; similar products in which the weight of aromatic ingredients exceeds the weight of non-aromatic components	19	-78	0	5
2701	Coal; Coal balls, pebbles and similar solid fuels made from coal	5	-34	0	5

Source: Trade Map.

4.2.3.2 China and Saudi Arabia

Saudi Arabia is a significant importer of crude oil and an energy partner of China. In 2018, China imported 58.47 million tons of Saudi-Arabic crude oil, second only to Russia, accounting for 16% of China's total crude oil imports, up

12% year-over-year.① Among China's imports from Saudi Arabia, the materials with the most substantial proportion of imports are

- Petroleum and other gaseous hydrocarbon compounds
- Oil, and oil derived from asphalt minerals (excluding crude oil);
- Preparations containing oil ⩾ 70% (by weight), or oil derived from asphalt minerals;
- "residual oil" and oil which mainly contains petroleum or asphalt minerals;
- "Petroleum coal, petroleum asphalt, and other petroleum residues or other petroleum residues derived from asphalt minerals".

(see Table 4.9). In October 2018, Hong Kong Media of China reported that Huisheng Engineering announced that it's a wholly-owned subsidiary of Huisheng Engineering (China). The Saudi branch had been awarded an EPC (Design, Procurement, and Construction) contract by SABIC for the Utilities Park and Pilot Plants project, with a total value of approximately $150 million. This successful signing marks the overall implementation of EPC projects by Huisheng Engineering in the petrochemical energy sector. It has been further recognized by large international owners, whose supplier rating has also been greatly improved. China's energy cooperation with Saudi Arabia will have further assistance under China's "Belt and Road" initiative and Saudi Arabia's "Vision 2030".

Table 4.9 China's imports from Saudi Arabia

Product code	Product labels	Value in 2018 ($1,000)	2014-2018 average annual value increase (%)	Percentage of China's imports (%)	China imposes ad valorem tariffs (%)
2711	LPG and other gaseous hydrocarbons	1235875	38	2	1

① "Saudi Aramco IPO is on the way for China to seek more cooperation", Energy World, http://www.ny21.cn/show.asp?nid=60373.

Continued

Product code	Product labels	Value in 2018 ($1,000)	2014-2018 average annual value increase (%)	Percentage of China's imports (%)	China imposes ad valorem tariffs (%)
2710	Petroleum and oil obtained from asphalt minerals (excluding crude oil); preparations containing Petroleum up to 70% (by weight) or oil derived from asphalt minerals; waste oil, which mainly contains petroleum or asphalt minerals	213327	-9	1	6
2713	Petroleum coke, petroleum asphalt and other petroleum residues or other petroleum residues obtained from asphalt minerals	204449	252	6	6
2707	Distillation of high-temperature coal tar in petroleum and other products;	7576	-30	0	7

Data source: Trade Map.

4.2.3.3 China and Kuwait

As one of the first Arab countries to sign the "Belt and Road" Cooperation Document with China, Kuwait has a good energy trade relationship with China, especially in the Petroleum field. In 2018, China's exports of petroleum products from Kuwait were strong (see Table 4.10). The average annual value of China's exports to Kuwait was continued from 2014 to 2018 (see Table 4.11). These data indicate that China and Kuwait have more significant potential for cooperation. In July 2018, China Export Credit Insurance Corporation and Kuwait Petroleum Corporation (KPC) signed the Framework Cooperation Agreement at the Great Hall of the People in Beijing. Both parties will view the signing of this agreement as a good start to strengthen cooperation on specific projects to achieve complementary advantages and mutual benefit.①

① China's Sinbao signed a cooperation agreement with Koko, Sina.com, http://finance.sina.com.cn/roll/2018-07-12/doc-ihfefkqq6355706.shtml.

Table 4.10 China's imports from Kuwait

Product code	Product labels	Value in 2018 ($1,000)	2014-2018 average annual value increase (%)	Percentage of China's imports (%)	China imposes ad valorem tariffs (%)
'2709	Petroleum and oil derived from asphalt minerals, crude oil	11881935	12	5	0
'2711	LPG and other gaseous hydrocarbons	1342882	26	3	1
'2710	Petroleum and oil obtained from asphalt minerals (excluding crude oil); preparations containing Petroleum up to 70% (by weight) or oil derived from asphalt minerals; waste oil, which mainly contains petroleum or asphalt minerals	83633	3	0	6

Data source: Trade Map.

Table 4.11 China's exports to Kuwait

Product code	Product labels	Value in 2018 ($1,000)	2014-2018 average annual value increase (%)	Percentage of China's exports (%)	China imposes ad valorem tariffs (%)
2713	Petroleum coke, petroleum asphalt and other petroleum residues or other petroleum residues obtained from asphalt minerals	1109	45	0	5
2704	Coke and semi-coke of coal, lignite or peat, whether or not clumps; carbon	188		0	5
2715	Asphalt glue, chips and other asphalt mixtures based on natural asphalt	151		2	5
2710	Petroleum and oil obtained from asphalt minerals (excluding crude oil); preparations containing Petroleum up to 70% (by weight) or oil derived from asphalt minerals; waste oil, which mainly contains petroleum or asphalt minerals	71	-31	0	5
2701	Coal; Coal balls, pebbles and similar solid fuels made from coal	6		0	5

Data source: Trade Map.

4.2.3.4 China and Oman

Oman, as a critical oil country in the Gulf region, occupies a unique position in China's energy imports. The Petroleum and oil from asphalt minerals and crude oil account for a relatively large proportion of China's imports from Oman. The petroleum gas and other gaseous hydrocarbon imports from Oman grew by 33% annually. The value from 2014 to 2018 showed a stable growth trend (see Table 4.12).

Table 4.12 China's imports from Oman

Product code	Product labels	Value in 2018 ($1,000)	2014-2018 average annual value increase (%)	Percentage of China's imports (%)	China imposes ad valorem tariffs (%)
2709	Petroleum and oil derived from asphalt minerals, crude oil	17329701	-6	7	0
2711	LPG and other gaseous hydrocarbons	279959	33	1	1
2713	Petroleum coke, petroleum asphalt and other petroleum residues or other petroleum residues obtained from asphalt minerals	29505		1	6
2710	Petroleum and oil obtained from asphalt minerals (excluding crude oil); preparations containing oil of up to 70% (by weight) or oil derived from asphalt minerals; waste oil, which mainly contains petroleum or asphalt minerals	3186		0	6

Source: Trade Map.

4.2.3.5 China and Qatar

In 2018, China and Qatar maintained stable cooperation in the energy sector. Petroleum imports, which account for a good percentage of China's imports, have increased. China's energy exports to Qatar have also grown steadily (see Table 4.13, Table 4.14). Qatar has the third-largest natural gas reserves in the world. Its abundant natural gas resources provide a more comprehensive range of areas of cooperation between China and Qatar. In October 2018, Sohu News

reported that Qatar Petroleum company signed a five-year natural gas import contract with China Donghua Energy, which stipulates that Qatar Petroleum will supply 600,000 tons of natural gas to China each year.

Table 4.13 China's imports from Qatar

Product code	Product labels	Value in 2018 ($1,000)	2014-2018 average annual value increase (%)	Percentage of China's imports (%)	China imposes ad valorem tariffs (%)
2711	LPG and other gaseous hydrocarbons	6880901	4	14	1
2709	Petroleum and oil derived from asphalt minerals, crude oil	748805	40	0	0
2710	Petroleum and oil obtained from asphalt minerals (excluding crude oil); preparations containing Petroleum up to 70% (by weight) or oil derived from asphalt minerals; waste oil, which mainly contains petroleum or asphalt minerals	247414	3	1	6

Source: Trade Map.

Table 4.14 China's exports to Qatar

Product code	Product labels	Value in 2018 ($1,000)	2014-2018 average annual value increase (%)	Percentage of China's exports (%)	China imposes ad valorem tariffs (%)
2710	Petroleum and oil obtained from asphalt minerals (excluding crude oil); preparations containing Petroleum up to 70% (by weight) or oil derived from asphalt minerals; waste oil, which mainly contains petroleum or asphalt minerals	80303	19	0	5

Continued

Product code	Product labels	Value in 2018 ($1,000)	2014-2018 average annual value increase (%)	Percentage of China's exports (%)	China imposes ad valorem tariffs (%)
2708	Asphalt and asphalt coke obtained from coal tar or other mineral tar	21455	7	4	5
2704	Coke and semi-coke of coal, lignite or peat, whether or not clumps; carbon	6		0	5
2711	LPG and other gaseous hydrocarbons	2		0	5

Source: Trade Map.

4.3 Prospects for China-Arab Energy Cooperation

Under mandates from the World Climate Conference and within the context of the "Belt and Road" cooperation, a community of human destiny formed. Energy conservation, emission reduction, and low-carbon development have become significant trends in the economic development of all countries. China and Arab countries are closely cooperating on advancement in the energy sector. As a basis for their cooperation in Petroleum, gas, electricity, and other projects, this chapter will further examine the potential of energy cooperation between China and Arab countries in light of the national development strategy and the Arab development plan.

Due to increases in consumption of Petroleum, natural gas, and coal - and the pollution caused by its use - future energy cooperation between countries is bound to involve the development of low carbon solutions. Renewable energy will become the new "blue sea" of China-Arab collaboration in the future. New energy sources such as solar, geothermal, wind, marine, biomass, and nuclear fusion energy represent the dawning of the next generation of energy production. The China-Arab energy cooperation is anchored in these critical energy projects, representing the significant potential for upward growth trends. Continuous development of science and technology, computers and artificial

intelligence, and low carbon, energy cooperation between China and Arab countries will become more advanced. Expansion in these critical areas will progress towards a synergistic "energy + Internet" integration.

4.3.1 New energy generation will become the main body of future cooperation between China and Arab

Due to the vast electricity consumption market, and strong demand in China, the development of power energy development is rapid. China's current power generation methods are not limited to traditional thermal power generation and hydroelectric power generation. There are more clean, environmentally friendly energy production methods, such as photovoltaic power generation as well as wind and biomass power generation methodologies.

With the information from the "China New Energy Generation Analysis Report (2019)"①, it is clear that China's current new energy generation development momentum is positive. The new energy generation and grid-connection technologies have fostered meaningful breakthroughs. As power generation costs decrease - especially in the use of wind and photovoltaic power generation - further momentum in these areas can be expected. In the future, China's new energy generation will continue advancing the growth trend. As the number of power generation installations increase, and the facilities, transmission channels and supportive technologies mature, cross-regional grid construction and adoption will grow. The cooperation between China and Arab countries will further expand as the technologies take root. In recent years, Chinese energy companies have "gone global" and worked successfully with Arab states to demonstrate visionary leadership in these critical sectors.

To reduce dependence on traditional energy sources, developing clean and renewable energy production while achieving sustainable economic development becomes more attainable. Saudi Arabia, Kuwait, the United Arab Emirates, Egypt, and other Arab countries have put forward plans for economic reform and energy transformation. At the same time, China has accelerated its energy restructuring and building a clean, low-carbon, safe, and efficient energy ecosystem.

---

① "Analysis Report of China's New Energy Generation (2019)", State Grid Energy Research Institute, http://www.china-nengyuan.com/news/143844.html.

At the 6th China Arab Energy Cooperation Conference, China showcased its energy power generation technology, facilities, and networks. The Arab delegation gave China's new generation energy power high praise and expressed renewed optimism for continued cooperation between China and Arab countries in the field of new energy. They hope other Chinese energy companies will invest in Arab countries to expand the building of new factories and energy production projects. Chinese delegates also expressed optimism that China's new energy utilization technology and the declining renewable energy generation in China will fuel China's energy transformation. China expressed a willingness to strengthen cooperation on technology exchanges and innovation with Arab countries.[①]

We can see that future cooperation between China and Arab countries on new energy and power will continue to evolve. China's power technology, transmission facilities, and facilities construction technology will help China-Arab further energy cooperation to a new level.

4.3.2 Energy internet construction is the key to the sustainable development of China-Arab energy cooperation

As early as 2015, President Xi Jinping proposed the Chinese initiative to build a global energy internet at the United Nations Development Summit. Their vision outlined clean energy initiatives and green technologies to satisfy global demand. In 2019, China State Grid Co., Ltd. put forward the "three-type two-network, world-class" strategic goal. Among them, "three types" refers to a hub-type, platform-type, and shared type. So far, China has gradually established an energy Internet standard that uses "Internet technology as the core, distribution network. The platform is a large-scale renewable energy source and distributed power access grid. The platform integrates cutting-edge information technology and energy infrastructure to implement a wide area optimization and coordination control. The network is large-scale renewable energy and distributed infrastructure and energy management systems. It optimizes and integrates several complementary energy sources such as cold and hot, air, water,

① "Clean energy is expected to become the new "blue ocean" of China-Arab energy cooperation", Xinhuanet, http://www.xinhuanet.com/fortune/2018-11/12/c_1123699543.htm.

and electricity. The platform supports an intelligent energy control system.① Simultaneously, China has developed a full-electromagnetic transient cloud simulation platform based on digital twin technologies for power systems, CloudPSS, and CloudIEPS. These methods combine with an Internet planning cloud platform to support planning and implementation protocols.

In the future, China's energy development will further optimize the allocation of energy resources in accordance with the standards of energy Internet development. It has vigorously developed new energy production while also ensuring national energy security. It strives to optimize the allocation of global power resources and lead the development of interconnected power grid technology. China will vigorously pursue standards for the development of the Internet of Things and promote a robust energy Internet.

The construction of the global energy Internet is in the initial phase of development. Its potential and opportunities are enormous. The Arab countries' oil and gas-led development will integrate with China's infrastructure planning and technology protocols. With abundant renewable energy resources such as hydropower, wind power, and solar energy, there is massive and transformational development potential. Arab countries have achieved a particular scale of transnational alliances. The surrounding areas have a strong demand for electricity. Therefore, China and Arab countries are natural energy partners and have broad prospects for cooperation.

Based on China's energy Internet construction, and under the vision of the development of the world's energy Internet, China will join forces with Arab countries to promote clean energy development and the construction of an energy Internet. Using China's experience in building an energy Internet, strengthening domestic connectivity, and developing cross-border networking capabilities, grid construction, and connectivity will improve regional power cooperation and development. Creating a new pattern of energy development with "close interconnection in the region, efficient cross-regional configuration, and multi-functional processes, will help fuel the growth of a green, open, and shared energy Internet system.

---

① Prospective Industry Research Institute: "Analysis of China's Energy Internet Industry Market Status and Trends in 2019 Globalization, Regional Integration Development Irreversible", Prospective Network, https://bg.qianzhan.com/report/detail/458/190605-0a7d4912 .html.

In conjunction with the Report on 'China-Arab Capacity Cooperation and Development 2019', China and Arab countries will focus on strengthening cooperation based on the "1+2+3" ("1" is based on energy cooperation as the central axis, "2" is based on infrastructure construction, trade and investment facilitation as the two wings, and "3" is based on nuclear energy, space satellites, new energy as a breakthrough in the three high-tech areas), China and the Arab countries will focus on strengthening the cooperation pattern Strategic docking, change both sides' high dependence on oil and gas resources, drive economic transformation through energy transformation, make full use of the advantages of Arab countries' location, take the Arab countries' energy Internet as a platform, cooperate in the development of clean energy, build Asia-Europe non-clean energy production centers and trade hubs, form a clean energy production, wide-area allocation, consumption modernization of the energy system, meet the energy needs of all countries, enhance political mutual trust, and joint development. We will further strengthen the foundation of energy Internet development and push the growth of global energy Internet to a new level.

Chapter V Report on China-Arab Cooperation in Science and Technology

5.1 Current Status of Technology Development in Arab Countries

5.1.1 Status of scientific and technological development in major Arab countries in North Africa

Egypt's science and technology development overview: Egypt's science and technology system is relatively mature. The Egyptian Scientific Research Council began in 1939, and the Ministry of Scientific Research was established in 1968. In 1996, Egypt's Supreme Science and Technology Committee was re-established to model the National Science and Technology Development Plan. The Ministry of Scientific Research is the highest administrative body for scientific research in Egypt. It coordinates scientific and technological activities throughout the country, formulates a national policy and five-year plan.

The Egyptian Government develops policies and provides various services, such as tax exemptions, guarantees, and financial support, to promote its national science and technology initiatives. Egypt has extensive scientific capabilities and has forged productive technology collaborations with the outside world. With a focus on partnering with countries in the West, Egypt has signed scientific and technological agreements with 29 countries and international organizations. The partnerships have produced technological advances in agriculture, light industry, medicine, new materials, remote sensing, computer applications, and genetic engineering. Egypt is a leader in Africa and the Arab world and is the region's leading exporter of science and technology. With the assistance of developed countries in the west, Egypt has achieved gains in crop variety improvement,

pest control, desert improvement, remote sensing technology application, cardiovascular disease, and schistosomiasis control. Although Egypt's Science and technology are among the best in Africa and the Arab world, they have remained below the world average.

Morocco's Science and Technology Development overview: Morocco became independent in the mid-20th century. Previously, Morocco, as a protectorate of France, was greatly influenced by French science and technology. Since the 21st century, Morocco has made significant progress in science and technology, especially in clean energy sources such as solar energy. Funded by institutions such as the World Bank and the Climate Investment Foundation, the Ouarzazate-Nur comprehensive power plant was built and used in the southeast desert in 2016. The power plant can meet the power needs of more than 1 million households and has reduced carbon emissions by 760,000 tons/year. Moroccan essential oil is known as "liquid gold"-Argan oil is a natural botanical cosmetic that is sought after by the world and has high economic value. The Arabs have long been committed to the research and development of argan oil. Argan tree, the parent tree of argan oil, has high economic value and contributes to desertification control. With the continuous increase of Argan trees in Morocco, the problem of desertification that plagues Morocco has improved.

Libya Scienceand Technology Development overview: Libya is located on the southern shore of the Mediterranean Sea, adjacent to Egypt, Sudan, Chad, Niger, Algeria and Tunisia. Libya has long implemented a single state-owned economy, relying on oil resources to become the wealthiest country in Africa. For a long time, while Western countries obtained huge oil profits in Libya, they also have implemented strict technical and management monopolies. Even though Libya is rich in oil, but energy crisis may occur after 20-30 years, and to respond to the crisis, the Libyan Government will vigorously develop clean energy. Libya's water resources are inadequate and have degraded over time. Its groundwater resources are limited, demand for water development and utilization, clean energy, desertification remains high.

5.1.2 Status of scientific and technological development in the major Arab countries of Western Asia

Syria's science and technology development overview: Syria is close to the eastern Mediterranean, located in the fertile crescent zone. The country has abundant

rainfall, which supports its agriculture, one of the leading producers in the Middle East. Syria's crops include cotton, greenhouse crops. Although the Syrian Government has taken various measures to improve its science and technology, the pace of scientific and technological development is still slow, especially in space science and technology. Materials and manufacturing technology and other high-tech areas are underdeveloped. Syria's armed equipment technology is relatively backward. The military is at a disadvantage.

Lebanon Science and Technology Development overview: Lebanon is located on the eastern shore of the Mediterranean Sea in southwestern Asia, bordering Syria to the northeast and Israel to the south. The Lebanese Government has been increasing its investment in the military, with relatively small investment in scientific and technological research and development. Lebanon is underdeveloped scientifically and technologically lagging behind other Arab countries. Lebanon's domestic industrial foundation is weak, its technology is outdated, and its agriculture is backward. Lebanon does not produce oil, and it mainly relies on imports. Its natural resources are iron, lead, copper, lignite, and asphalt-based. Its mining technology is backward; its industry is dominated by traditional metallurgy, but the technical level is low. Lebanon's processing industry are mainly furniture, clothing, textiles and other light industry-based. Lebanon's agricultural intensification is relatively small, with natural smallholders' economies and extensive economies which accounting for a significant proportion of its agriculture. Improving Lebanon's agriculture, and achieving the benefits of increased productivity, requires substantial scientific and technological support. Lebanon's most significant scientific and technical needs is to make food self-sufficiency by upgrading its agricultural production technology.

Iraq's science and technology development overview: Iraq is a resource-based country. Its industry is the lifeblood of the national economy. Iraq's science and technology mainly developed around the industrial layout and industrial fields. The oil industry system is complete with advanced technology. It's building materials industry technology is backward, slow development. The level of science and technology in agriculture in Iraq is arcane. It cannot sufficiently support its scientific and technological agricultural development. Iraq's agrarian technology assistance is not sustainable, and agrarian technology promotion is generally weak.

Jordan's science and technology development overview: Compared with

the neighboring countries, Jordan has developed better in political, economic, and cultural life. Traditionally, remittances, tourism, and foreign aid have been the three pillars of Jordan's economy. In recent years, Jordan was changing its economic structure. Currently, the construction industry, tourism, science, and technology information industry have become Jordan's three-pillar industries. Jordan is in arid with little rain, water is scarce, and there is a considerable demand for desalination technology. Jordan is the only country without oil resources in the Middle East. Its energy demand is enormous, and the nuclear power plant technology is urgently needed. The integration of renewable energy and water resources development is a significant trend in Jordan's future development needs. The renewable energy development is a capital-intensive and technology-intensive industry, Jordan is not only facing the long return cycle of the energy industry and the high financing cost in renewable energy development, but also has to deal with its own many shortcomings. Its construction of wind power is faced with such problems as intermittent, remote distribution and the difficulty of grid access. The development of biomass energy is facing high costs and controversy in the field of genetic technology as well.

Bahrain's science and technology development overview: Bahrain has the advantages of political stability, a high degree of economic openness, and marketization. Bahrain's economic growth prospects are good, and they've modernized and achieved steady progress in industrialization. The oil industry is the backbone of its economy. Bahrain has actively carried out industrial restructuring and opened up to the outside world. They have established a refining, petrochemical, and aluminum-based products industry. Bahrain is the first country that has been successful in maintaining oil pressure by using gas injection. Bahrain's Government has begun to rely on emerging technology to drill wells and replace old ones with new ones to maintain oil production. At the same time, Bahrain has implemented plans to begin oil exploration in other areas. Bahrain's oil production is the lowest among the Gulf countries. Bahrain's oil industry has carried out a large-scale technology transformation initiative. It now leverages the advantages of the world oil reserves to participate in the international refining industry actively. It works on behalf of neighboring countries to refine oil and export petroleum products instead of exporting crude oil. Bahrain has developed its automotive industry through international

cooperation. They have integrated the latest technology to establish its automobile industry. Their partnership with German Lufu Motor Company created the first automobile manufacturing plant in the south bank of the Gulf region. It used advanced German technology to produce premium cars to promote the development of the domestic automotive industry.

Qatar Science and Technology Development overview: Qatar has 2.8 billion tons of proven oil reserves, ranking 12th globally. Moreover, their 25 trillion cubic meters of natural gas reserves, ranks 3rd in the world. With a wealth of oil and gas, Qatar is developing its related industries, as well as its agriculture and animal sectors. The Qatar government attaches great importance to technological innovation. It has built a leading scientific research center that attracts many internationally renowned enterprises and funding sources. Many famous international multinational companies and high-tech companies are stationed in the Qatar Science and Technology Park, such as EADS, General Electric (GE), Microsoft, Cisco, Exxon Mobil, Conoco Phillips, UK Shell, Vidal, France's Total, India's Tata Group. Qatar valued the commercialization of new technologies in economic development. It sought to make the Qatar Science and Technology Park a professional platform for the promotion of new technologies and to bridge the gap between laboratories and industrial techs. Qatar attaches great importance to the development of talent through the project. Three of the five programs currently launched are designed to attract young talent. They are the University Student Research Growth Program, the Middle School Research Growth Program, and the Young Scientist Research Program. In recent years, many of the world's leading universities, such as Carnegie Mellon University, Texas A and M University, and Weill Cornell Medical School, have established campuses in Doha.

Oman Science and Technology Development Overview: The Sultanate of Oman guards the world's most crucial oil channel, the Strait of Hormuz in the Persian Gulf. It is one of the oldest countries in the Arabian Peninsula. It carried out extensive sea and land trade activities more than 2000 years ago. It has become a shipbuilding center in the Arabian Peninsula. Oman is underdeveloped in agriculture and rich in fisheries.

With the advance of economic reform and the rapid development of the oil industry, Oman's industrial economy has been developing rapidly. In recent years, Oman is committed to improving the level of technological innovation.

It has established its position as the industry leader in the region. The successful application of the new technology EOR(higher recovery technology) has increased oil recovery and natural gas productivity. Like the problems encountered by the other six Gulf countries, Oman must continue to explore non-petroleum renewable energy mining technologies to meet the domestic demand for hydropower. As early as 2003, Oman proposed establishing a "digital Oman" to achieve integrated, collaborative, and digital Oman and plans to realize this concept in 2020.

UAE Science and Technology Development Overview: UAE is the most open country in the Middle East. The geographical location and market competition system are their advantages. Its industrial base is relatively weak, and mainly concentrated in the petrochemical and natural gas industries. The UAE has fewer high-level scientific research institutions and lacks high-tech enterprises. With its Petro-dollars, it purchases the most advanced technology in the world. The UAE has a wide range of high-tech needs in defense, environmental protection, oil and gas exploration and exploitation, desalination, pharmaceuticals and medical equipment, communications (satellites, switches, mobile phones), information technology (servers, networks), biotechnology (coconut culture, dairy industry), and currently, imported products and technologies are the main ways to meet its domestic demand. UAE high-tech products mainly come from the United States, Japan, Europe and other developed countries. Because of the rigid constraints on water resources, the UAE's agricultural development is still faces the dilemma of water shortage, and water-saving irrigation technology is one of its One of the scarce and urgently needed technology. According to the UAE's Supreme Energy Council, 99% of the UAE's electricity supply comes from natural gas and 1% from fuel oil. In order to change the single status quo of the energy structure, the UAE is working on alternative energy projects, mainly on nuclear power plants and solar energy.

The UAE is the country that values traditional medicine most in the Middle East. The Abu Dhabi Herbal Center was established in 1989, and the Zaid Herbal and Traditional Medicine Research Center was established in 1996. The use of traditional herbs to treat diseases has become a habit in the UAE, and Chinese medicine has a specific market in the UAE. In 2000, Dubai established the Third Free Trade Area, creating a dedicated e-commerce area with the goal of making Dubai the Middle East e-commerce and information technology

research center, and also become the Gulf region's "Silicon Valley." To encourage and promote the development of information technology, many independent emirates in the United Arab Emirates have established IT-related departments. In Dubai, for example, the Chamber of Commerce has set up specialized units to deal with e-commerce issues and encourage the development of online business. At present, the United Arab Emirates e-commerce scale in the Arab countries and the Middle East countries ranked first. As one of the wealthiest countries in the world, the big profits of oil exploration and port trade make the mobile communication business significant demand. The UAE is one of the countries with the highest mobile penetration rate and the highest ARPU value in the world. Emirates Telecom (ETISALAT), as the only mobile operator in the country, has a world-class advanced communication network and ranks among the world's top 500.

Saudi Arabia's Science and Technology Development Overview: Saudi Arabia has the second-largest oil reserves in the world, one of the world's wealthiest countries, and the world's largest producer of desalination. Except for petroleum and petrochemical products, Saudi Arabia has not yet formed a complete industrial system. Other than building materials, agricultural and livestock products, all the other industrial products need to be imported. As one of the 16 most water-scarce countries globally, there are no freshwater rivers or lakes in Saudi Arabia. The annual rainfall is less than 100 millimeters. Due to the hot climate, most of the precipitation has evaporated. With the increase in population and economic development, the demand for water continues to rise. The problems of lack of water resources and incomplete sewage treatment systems are becoming increasingly prominent. Saudi Arabia places agricultural self-sufficiency and ecological governance as a critical priority in their national development plans. They have emphasized developing new water-saving agriculture and have begun implementing water-saving technology. Saudi's environmental management has progressed with a vigorous effort to engineer a water-saving spray along with drip irrigation technologies. Saudi Arabia is the country with the most significant scale, fastest growth, and potential for development in the communications industry in the Middle East. The main technical concerns and demand points are in the energy industry, water resources development and utilization, and information and communication industries.

5.2 China-Arab Countries Technology Cooperation

The China-Arab partnership has primarily benefited from its cooperation forum and other institutional advances in recent years. China-Arab cooperation in science and technology has progressed rapidly. It involves cooperation mechanisms, cooperation content, cooperation platforms, and exchanges of scientific and technological personnel.

5.2.1 China-Arab countries cooperation mechanism on science and technology

The China-Arab countries scientific and technical cooperation has produced positive results in economic and trade growth. The cooperation mechanism has served as the basis of scientific and technical evolution in the region. At present, the China-Arab countries cooperation mechanism includes two kinds, which are official and non-governmental mechanisms.

China-Arab science and technology cooperation official platform is mainly China-Arab cooperation forum, China-Arab Expo, China-Arab technology transfer center.

Currently, the essential official body of China-Arab scientific and technological cooperation is the China-Arab Cooperation Forum. Under the China-Arab Cooperation Forum framework, the China-Arab Energy Cooperation Conference and the China-Arab Beidou Cooperation Forum are directly or indirectly involved in scientific and technological cooperation between China and Arab countries. At the 6th Ministerial Meeting of the China-Arab Cooperation Forum in 2014, Chinese President Xi Jinping proposed to build a "1+2+3" cooperation pattern between China and Arab countries. "1" means energy cooperation as the central axis, "2" implies infrastructure construction, trade, and investment facilitation, and "3" is The three high-tech fields of nuclear energy, aerospace satellites, and new energy are breakthroughs. All three high-tech areas involve scientific and technological cooperation.

The China-Arab Expo, approved by the State Council of China, it serves the overall cooperation strategy between China and Arab countries, is a large-scale foreign-related trade and economic exhibition event co-sponsored by the Ministry of Commerce of China, the China Council for Trade Promotion, and the Ningxia Hui Autonomous Region People's Government. Since 2010,

it has successfully held three China-Arab Economic and Trade Forums and four China-Arab Expos. Since 2015, the China-Arab Expo added the scientific and technological content and held the China-Arab Technology Transfer and Innovation Cooperation Conference. During this phase, the China-Arab Technology Transfer Center was unveiled. Several China-Arab key technology cooperation projects were signed. The 2017 China-Arab Expo activities include the China-Arab Technology Transfer and Innovation Cooperation Conference and High-Tech and Equipment Exhibition. During the 4th China-Arab Expo in 2019, the 3rd China-Arab Technology Transfer and Innovation Cooperation Conference, High-Tech and Equipment Exhibition, and 10 technology promotion matchmaking sessions were held.

The China-Arab Technology Transfer Center is a bilateral agency specializing in China-Arab technical cooperation. Chinese President Xi Jinping initiated the China-Arab Technology Transfer Center at the sixth ministerial meeting of the China-Arab Cooperation Forum in 2014. It was jointly established by the Ministry of Science and Technology of China and the Ningxia Hui Autonomous Region People's Government. They created an efficient and pragmatic platform for China's technology transfer and innovation cooperation with Arab countries. Following the General Plan of the China-Arab Technology Transfer Center, the China-Arab Technology Transfer Center adheres to the "What the Arab side needs, and what China can do" premise. It strengthens the construction of the China-Arab Technology Transfer Center and the bilateral technology transfer sub-center. It builds a technology transfer cooperation network covering the relevant countries.

In January 2016, the Chinese Government released its first China Policy Document for Arab Countries, proposing: "Using the China-Arab Technology Transfer Center to build an integrated technology transfer collaboration network covering China and the Arab countries." On the 21st of the same month, President Xi Jinping announced the official establishment of the China-Arab Technology Transfer Center at the headquarters of the League. On September 2, 2016, the Chinese Government issued the Special Plan for Promoting the Construction of Science, Technology And Innovation Cooperation. The effort, code-named 'Belt and Road, ' defines China-Arab technology collaborations as missions center of operations. On May 14, 2017, President Xi Jinping pointed out in a speech at the opening ceremony of the "Belt and Road"

International Cooperation Summit Forum, to start 4 actions of cooperation and technology transfer, which are "launch the "Belt and Road" technological innovation action plan, carry out scientific and cultural exchanges, and jointly build joint laboratories and science parks. On July 10, 2018, at the 8th Ministerial Meeting of the China-Arab Cooperation Forum, China and Arab countries signed three essential outcome documents: "the Beijing Declaration of the 8th Ministerial Meeting of the China-Arab Cooperation Forum", "the Plan of Action Implementation of the China-Arab Cooperation Forum 2018-2020" and "the Declaration on the Cooperation of the Belt and Road Cooperation". The China-Arab Technology Transfer Center, China-Arab Technology Transfer and Innovation Cooperation Conference and other work have all conducted the above documents. On April 22, 2019, the Office of China's National Leading Group for the promotion of the 'Belt and Road' Initiative released the report "Progress, Contribution and Prospects for the Joint Construction of the 'Belt and Road' Initiative", and 'China-Arab Technology Transfer Center' was written in this report; This is the eighth time since the establishment of the China-Arab Technology Transfer Center, it has been clearly written into relevant national documents and stories, and it is once again highlighting the crucial strategic positioning of the China-Arab Technology Transfer Center as a "national platform, Ningxia's new mission".

The International Cooperation Department of the Ministry of Science and Technology of China is also a vital promotion agency for China-Arab science and technology cooperation. Its main work includes building platforms, matching projects, publishing information, organizing meetings or forums.

China-Arab Science and Technology Cooperation Non-governmental Platform: First, Chinese companies have carried out their technology transfer with relevant institutions in Arab countries, such as Sinopec Group Corporation, Shenzhen Huawei Technologies Co., Ltd., China Railway Construction Corporation Limited, and China National Railway Group Corporation. The second is some market-oriented technology transfer institutions, such as the China-Arab International Technology Industry Cooperation Alliance. The China-Arab International Science and Technology cooperative has formed alliances with 14 domestic and foreign enterprises and chambers. Commerce activities are among the core objectives, with more than 100 participating members. The 14 core units are the China Enterprise Park International Cooperation Alliance, the

China-Arab States Youth Entrepreneurship Management Committee, Beijing ShuimuChunjin Capital Management Co., Ltd., China Agricultural Science and Technology Industry Development Fund, Taihua Group, Beijing Jingpeng Global Technology, China-Arab (Ningxia) International Technology Transfer Co., Ltd. The industry on this platform involves fields such as intelligent manufacturing, intelligent and efficient agriculture, and scientific and technological personnel exchange and training bases. In October 2017, the China-Arab International Science and Technology Industry Cooperation Alliance and Aman Bahawan Group negotiated cooperation in Beijing. They intend to cooperate in a series of fields and signed a memorandum of agreement. These areas include new energy, efficient technology and smart agricultural industry, natural industrial park (small town), health industry cooperative research and development, two-way international trade cooperation, smart technology, cold Chain warehouse logistics, science and education culture, international cross-border e-commerce cooperation.

5.2.2 Content and progress of China-Arab science and technology cooperation

With the trend of economic globalization and the world's multi-polarization, the comprehensive cooperation between China and Arab countries is gradually increasing. The scale of China-Arab technology cooperation covers technology transfer, technical collaboration and development, professional personnel exchanges, scientific research cooperation, joint construction of technical trading, and R&D platforms. The partnership works on energy development, aerospace, media and communication, high-speed rail infrastructure, scale utilization, modern agriculture, food production, energy, and environmental protection.

5.2.2.1 Cooperation of scientific and technological talents

China and Arab countries have increased their training efforts in Beidou satellite, drought water conservation, and sand control, and have trained a group of professionals to promote China-Arab technology transfer cooperation. In October 2018, the Yinchuan Center for Scientific, Technological Innovation and Industrial Education of the Chinese Academy of Sciences held an international training course on the construction and operation of national science and technology parks and incubators for

the countries along the "Belt and Road", which had than 20 participants from Egypt, Sudan, Iraq, Nigeria, Thailand and other countries receiving training in Yinchuan and Beijing. On October 28, 2018, the China-Arab Technology Transfer Center (CASTTC), Great Wall Strategic Consulting Co., Ltd. (GEI) and the Egyptian Institute of Electronics (ERI) were training in the construction and operation of national science and technology parks and incubators along the "Belt and Road". During the class, a tripartite framework cooperation agreement was signed to work together to promote the development and promotion of the Egyptian Electronics Research Institute Science Park. To pragmatically promote China-Arab science and technology exchanges and cooperation, China has built Ningxia (China-Arab) dry zone resource evaluation and environmental regulation key laboratory and other scientific and technological innovation platform, and held multinational technical personnel training courses, also build a comprehensive information service platform. In April 2019, Dr. Turki, Director of the China-Saudi Technology Transfer Center, and his team visited to Yinchuan Headquarters of the China-Arab Technology Transfer Center and conducted in-depth exchanges.

5.2.2.2 Science and technology transfer

China and Arab countries continue to promote cooperation in technology transfer. In October 2018, Ningxia and Oman's "China-Arab Water-saving Equipment Technology Transfer Cooperation Agreement" has contracted funds of 110 million yuan. The contract funds operate at Chinese cooperative units at Ningxia University. Third-party institutions are supplied by China's Oman partner, which marks the success of Ningxia and Oman's technology transfer project around water-saving irrigation technology and the comprehensive organization and implementation. The international joint water-saving irrigation laboratory, jointly established by Ningxia University's Institute of Culture and Ain Shams University, was welcomed by the Egyptian Academy of Scientific Research, the National Research Center, and the Ain Shams University. At the same time, the Ministry of Science and Technology of China approved a special fund of 2.81 million yuan to support it. It is the first international science and technology cooperation project approved in Ningxia since the National Science and Technology Program reform in 2015.

5.3 Future Prospects of China-Arab Technology Cooperation

5.3.1 Deepening cooperation is in the common interest of China and Arab countries

Two thousand years ago, Chinese and Arab ancestors pioneered the Silk Road connecting Asia and Europe. The ancient Silk Road spanned thousands of miles of mountains and rivers. It joined many countries along its route through Asia, Europe, and Africa. With its vast geography, the "Belt and Road" has reactivated the spirit of the Silk Road and awakened the historical memory rooted in the hearts of people from all countries. Its ambition is to engender a better life for nearly two-thirds of the world's population. It closely connects peace-loving people and paves the way forward to shared growth and prosperity.

5.3.2 Scientific and technological cooperation is an essential part of China-Arab cooperation

Information technology has brought about the rapid development of the digital economy. Advances in big data, cloud computing, mobile terminals, and the Internet of Things have laid the foundations for an integrated global digital framework. The interconnected world has changed many aspects of international relations. The scientific and technological exchanges between China and Arab countries are in line with the "Belt and Road" initiative, and objectively promote the scientific and technical progress of both parties through exchanges, cooperation, and transactions, supporting the sustained economic and social development of both parties.

Deepening China-Arab science and technology innovation cooperation is an essential part of scientific and technological cooperation and exchanges among countries along the "Belt and Road." The shift from emphasizing resource development to emphasizing technology transfer will help foster bilateral strategic mutual trust. Technology needs material carriers, and technology transfer for Arab countries provides opportunities for domestic industrial upgrading and development transformation to a certain extent.

In recent years, China-Arab economic and trade has proliferated, but scientific and technological exchanges and cooperation channels are still not smooth, the level is not high, and the scope is not comprehensive. Arab

countries are the intersection of the "Belt and Road" at the West End. China and Arab are the Natural partner countries to build the "Belt and Road" jointly. Due to the different endowments of history, culture, geography, and natural resources, scientific and technological cooperation between China and Arab countries is highly complementary. Most Arab countries have the desire to cooperate with China. Therefore, China-Arab collaboration in science and technology is in the interest of both parties. Arab states have a considerable demand for the introduction of Chinese new energy sources, high-speed railways, nuclear energy, aerospace communications, equipment manufacturing, modern agriculture, environmental protection, and utilization of water resources.

5.3.3 Prospects for scientific and technological cooperation between China and Arab countries

With such massive change - the likes of which the world has not seen in a century, there is a new historical starting point in global relations. China-Arab technology cooperation has ushered in a fresh perspective and spirit. We should continue to strengthen dialogue and communication on science and technology policies while further promoting the integration of innovation and development strategies. And create a cooperative ecology in which innovative ideas are interlinked; the cooperation prospects include scientific and technological humanities exchanges, platform construction, mechanism optimization, and consensus reshaping.

Continue to promote the China-Arab country's technology interactive exchanges. The Government actively guides an increase in mutual trust. It supports the transfer of industry, universities, and research institutes between China and Arab countries and intensifies the development of various scientific and technological cooperation between the two parties in the same areas of demand. Technology cooperation includes continuing to hold intellectual property seminars and training courses to strengthen policy communication and transfer contracts. Concerning intellectual property, China looks to establish an agreeable consensus between the two parties on international issues concerning intellectual property rights and competitiveness. Scientific research institutions cooperate in carrying out a comparative study on the status of intellectual property rights and intellectual property systems between China and Arab

countries. China and Arab countries have conducted discussions and cooperation on intellectual property promotion of genetic technology, traditional knowledge, and the protection and development of folklore. We will continue to promote China's "Outstanding Young Scientists To China Work Plan" so that more young Arab countries may benefit from an exchange of research. Arab researchers are welcome to visit China for short-term study and continue to promote Albanian science and technology management and technical personnel in the annual "Advanced And Applied Technology and Technology Management Training Course" organized by the Ministry of Science and Technology of China. The Chinese side carried out "Innovative China Trips" and technical training to Arab countries to build a platform for scientific and technological exchanges. At the same time, China and Arab countries established a joint laboratory to develop a long-term stable industry-university-research cooperation relationship. Policy consultation, talent training, industrial docking.

We will continue to promote the construction of China-Arab country's science and technology platform. China continues to encourage the China-Arab technology innovation mechanism in advancing the "Belt and Road" joint laboratory. The efforts improve the construction of the China-Arab technology transfer while supporting its participating network. The China-Arab technology transfer center and bilateral sub-centers will continue building on the foundation which has been established. The technology transfer network serves the technical needs of both parties and strengthens science and technology policy initiatives. It actively encourages the construction of private technology transfer platforms. The alliance cultivates bilateral professional and technical service exchanges. It relies on technology transfer platforms to implement scientific and technological exchange activities. They will cooperate in carrying out technical demonstrations and training and promote the transfer and promotion of advanced and practical technologies in Arab countries. Take advantage of relevant technologies to carry out targeted specialized training, such as aerospace satellites—the third China-Arab Beidou Cooperation Forum in China in 2021. The forum dedicates to practicing the spirit of the Silk Road and promoting the continuous deepening of China-Arab satellite navigation cooperation. Under the framework of the China-Arab Cooperation Forum, the Beidou Navigation Forum mechanism will be strengthened and projects prioritized

and implemented.

In line with the general trend of economic globalization, the initiatives support developing countries' social advancement. Especially when facing the global challenges of significant epidemics, China and Arab countries continue to promote all-around cooperation, including science and technology. China continuously optimizes the government-driven, market-led mechanism. Financial priority, technology first, humanity priority is very realistic and urgent for the current situation. Currently, the Arab countries have become China's largest crude oil supplier and seventh-largest trading partner. China and Arab countries are natural partners for the joint construction of the Belt and "Road Initiative. Energy cooperation remains the foundational component of the collaboration. Two important areas include infrastructure development and trade and investment facilitation. These core principles will continue to support advancement in nuclear energy, space satellites, and green energy. Three high-tech areas of the "1+2+3" cooperation pattern, strengthen the production capacity from Arab countries. The Chinese Government attaches great importance to accelerating the construction of the scientific and technological innovation cooperation between the Chinese and Arab governments. Implementing the China-Arab Science and Technology Partnership Program and continuously improving the technical capabilities of Arab countries.

China and the Arab States continue to deepen the consensus on scientific and technological cooperation.

China's internationally competitive high-speed railways, aerospace communications, nuclear energy, green energy, digital agriculture, and other high-tech innovations will meet the needs of the Arab countries. The Arab states are rich in strength and face the ongoing challenges and tasks of continued economic and social development. The development of a digital economy led by information technology has enabled the Arab countries to integrate industrial upgrading, agricultural modernization. These gains allow them to participate in the digital economy more fully. Technological innovation, aerospace, new energy, infrastructure, technological exchanges, and international logistics are all areas that stand to gain advancement. The humanities industries, such as tourism, scholarly exchanges, arts, technical training, health, and sports, also benefit science and technology parks driving innovation and development, with China. These components form the basis for sustainable changes and win-win outcomes

for China and Arab countries.

Based on the supply and demand of technology and energy complement each other, the challenges posed by the global changes, and the traditional friendship, development stage, tacit geopolitical understanding, the prospects for China-Arab cooperation in science and technology remain broad.

Chapter Ⅵ Report on China-Arab Cooperation in Emerging Industries

6.1 The Choice of Arab Countries Emerging Industries

This chapter looks at research objectives as it pertains to emerging industries. Emerging industries are rising in global importance. They represent essential development potential with high potential for gains occurring at a faster rate. Improved economic benefits are due to its primary focus on high tech and high-value areas. Nowadays, emerging industries are the driving force of a country's economic development. It is the main focus of industrial development, and it plays a critical role in long-term economic growth.

Most of the Arab countries belong to the developing countries. However, with an overall economic base that is relatively weak, the economic development and scientific and technological needs of different countries are variable. Through its various resource endowments and driven by market demand, emerging industries fuel much growth and international competition. Arab countries have established seven emerging sectors they are actively supporting:

- the new energy industry;
- the new energy vehicle industry;
- the emerging high-end equipment manufacturing industry;
- new materials industry;
- the new biopharmaceutical industry,
- the emerging energy-saving and environmental protection industry;
- the emerging information technology industry.

The new energy industry has seen its most significant gains in nuclear energy, wind, and solar energy, and biomass energy. The emerging vehicle industry has seen its development direction focused on plug-in hybrid and electric vehicles and electric buses and passenger cars. The emerging high-end equipment manufacturing industry is advancing the development of innovations in the aerospace industry, satellite and application industry, rail transportation equipment industry, marine engineering equipment industry, and high-end intelligent equipment industry. The new material industry mainly develops special functions and high-performance composite materials.

The biopharmaceutical industry has advanced biomedicine, bio-agriculture, and biomanufacturing disciplines. Energy-saving and environmental protection industry are focused on breakthroughs in high-efficiency and energy-saving industries, advanced environmental protection, and resource recycling sectors. Information technology is developing next-generation communication networks, Internet of Things innovations, artificial intelligence networks, and information security. Next-generation flat panel displays, high-performance integrated circuits, and high-end software are areas also representing significant advancement.

In practice, each Arab country has its focus on the development of emerging industries. Countries such as Saudi Arabia and Kuwait, for example, have unique renewable energy sources, and the development of wind and solar energy are high priorities. Saudi Arabia's "Vision 2030" aims to transform the industrial structure from over-reliance on the oil economy to diversify into areas such as new energy and mining, and to promote industrial manufacturing, such as renewable energy development and localization of industrial equipment manufacturing. Egypt's "2030 Development Plan" proposed the Suez Canal development, including the construction of industrial parks along the canal, the development of automotive assembly plant construction projects, electronic product selling projects, and glass manufacturing projects. Morocco's "New Industrial Development Plan" proposed to focus on promoting the construction of economic and trade and investment cooperation projects closely related to people's livelihood. The principal targets of the development of their new industries are green energy, modern energy vehicle manufacturing, aerospace, and other sectors with strong technical strength and international competitiveness.

6.2 Status of Emerging Industries in Arab Countries

6.2.1 A large number of emerging industry projects are progressing steadily and orderly

In recent years, most Arab countries attach great importance to the cultivation and development of emerging industries. They have introduced a series of supportive policies and measures, with remarkable results. Taking Morocco as an example, the Morocco Nuo CSP project is the largest in Morocco to achieve independent emission reduction and energy independence. At the beginning of 2018, the second phase of the project was successfully connected to the grid once. The various operating indicators of the unit were typical. The entire second phase of the project consists of 650,000 photovoltaic mirrors, achieving "zero pollution" in the power generation process. When fully operational, the Nuo light-heat power station project will supply Morocco with nearly 50% of its electricity. The project meets the electricity needs of more than 1 million households and reduces its carbon emissions by 760,000 tons a year. Meanwhile, the implementation of the project has created nearly 4,000 local jobs. Also, Morocco's industrial base is relatively weak, lack of professional power engineering personnel, through the construction and operation of the Nuo solar power plant project. The Moroccan dynamic engineering team is getting more professional with several cohorts providing high-quality talent for its power construction development. The Nuo CSP project has freed Morocco from economic development challenges, cultivated leading enterprises with strong operational capabilities. It has further consolidated the foundation of emerging industries, realized the expansion of industrial scale, and accumulated more considerable advantages in increasing the competitiveness of the international market.

6.2.2 Development in the clean energy field is generally valued

In recent years, Arab countries usually have increased investment in clean energy. For example, the Egyptian Government announced plans to increase the share of clean energy generation to 20% of total electricity generation by 2022. The UAE government (in early 2017) announced that they would invest heavily in clean energy, with an additional $163 billion in renewable energy projects, to increase the share of clean energy in domestic energy consumption to 50%. The

Government of Morocco is actively developing renewable energy projects and formulating a renewable energy development strategy, with plans to invest $21.7 billion by 2020 to achieve a share of renewable energy consumption of more than 50%, and to increase the installed capacity of renewable energy generation to 8 million kilowatts, which will account for 42% of its total electricity production, and to 52% by 2030. In Kuwait, solar energy is considered the most potential renewable energy investment in addition to wind and hydro energy. Kuwait vigorously develops renewable energy projects, which including the "Cedra 500" solar power generation project undertaken by Kuwait Petroleum Corporation, it was put into use in Um Qadir District in October 2017 and was the first batch of renewable energy projects implemented by the petroleum sector; The "Dabdaba" solar project is under preparation, it initiated by the Kuwaiti Oil Company, and aims to build a solar power station through this project to provide 15% of the electricity demand for the Kuwaiti oil sector by 2020; a 260-kilowatt wind farm is planned to serve the grid and communications towers in remote areas; it plans to build a hydrogen station to produce and store hydrogen as a fuel cell to meet the power needs of the bus system; solar and wind energy is used to power the desalination plant, which is activated to extract light saltwater from the bottom of a well at a depth of 80 meters. It is still in the process of commissioning to achieve maximum efficiency.

6.2.3 Government policy diversification in support of emerging industries

The development of emerging industries cannot be separated from the comfort of government policies. In the early stage of the development of emerging industries, enterprises often face the dilemma of high cost investment and high risk of failure, in which case, enterprises are often unable to concentrate resources on research and development products, which resulting in the collapse of projects and even bankruptcy of enterprises. Therefore, the Government's enabling policies are crucial. Arab governments have fully recognized this and taken several measures to foster and expand new industrial enterprises in terms of innovative capital systems and preferential fiscal policies. In the UAE, for example, in recent years, the Dubai government has encouraged the public to switch from petrol cars to electric vehicles and requiring the market to increase the proportion of electric or hybrid cars sold in 2020 to 10% by 2030. To encourage the public to use electric cars, the UAE government has introduced

a series of incentives for electric cars: first is to force 10% of government official vehicles to be electric vehicles; second is to focus on solving the current outstanding problems of financing and insurance of electric cars, and some banks have proposed to provide 2.75% and 8-year loan conditions for electric vehicles; Third, there is a 50% reduction in registration fees for cars; four is to provide free parking spaces (40) and free use of charging posts outdoors; five is to give priority to electric cars in shopping malls and shopping centers; six is toll-free Salik (understandable Charge for ETC of China Expressway).

6.3 Status of China-Arab Emerging Industry Cooperation

With the promotion and implementation of China's 'Belt and Road' Initiative, economic and trade cooperation between China and Arab countries have deepened. The importance of China-Arab industrial collaboration has become increasingly prominent, and the effectiveness of collaboration in emerging industries has been remarkable.

6.3.1 China-Arab emerging industry cooperation projects are large-scale and growing fast

China and Arab countries actively plan and implement large-scale projects in emerging industries. There are five main projects with significant investments, as follows.

The first one is the Yambu refinery project between China and Saudi Arabia. This project, with an investment of approximately $10 billion, is a joint venture between Saudi Aramco (62.5% of shares) and China Petrochemical Corporation (37.5%) with a design and processing capacity of 400,000 barrels per day (20 million tons/year). Sinopec is the first overseas refining project and China's most substantial investment in Saudi Arabia. Among them, the Saudi Yambu Phase III project is the most abundant fuel power plant project under construction in the world, including the development of 5 new 660 MW fuel power station and supporting 550,000 cubic meters of desalination project, this project was officially started on May 17, 2017, the general contractor is Shandong Electric Construction Corporation. As of June 2019, projects 1, 2, and 3 machines are all connected to the network successfully. The indicators are excellent, and the overall project progress of this project is about 74%.

The second one is Egypt's China-Egypt Suez Economic and Trade Cooperation Zone project. The first 1.34 square kilometers of the cooperation zone has been completed, the second phase of the plan (2 square kilometers) has been unveiled. This project introduced nearly 70 large enterprises, including Jushi Group, Xidian Group, and others, which covering motorcycles, solar energy, and other industries, attracted nearly $1 billion of agreement investment, realized annual sales of $180 million, and reached $240 million in imports and exports. It has created more than 10,000 jobs for Egypt.

The third is the China and the United Arab Emirates capacity cooperation demonstration park project with the planning of a total area of 12.2 square kilometers. There are more than 20 enterprises signed the agreement of intention to enter the park. The investment amount exceeds $1.7 billion.

Fourth is the 700 MW photothermal power generation project in Dubai under construction by China-UAE, Dubai ACWA Electric Power Company signed it on April 13, 2019, with Shanghai Electric. It is the first clean coal power generation project in the Middle East and the largest and most technologically advanced single photovoltaic and photothermal solar power project today.

The fifth is the space satellite cooperation project. In 2017 China successfully launched a communications satellite for Algeria.

Also, relevant research shows that the China-Arab emerging industry cooperation projects are increasing. For example, in Kuwait, 89 projects were involved by Chinese companies in 2018, and there is a significant increase compared to 2015.

6.3.2 China-Arab emerging industry cooperation area gradually expanded

The relevant research shows that the scope of cooperation between China and Arab countries in emerging industries is broad. At present, China and Arab countries actively encourage enterprises from both sides to carry out extensive innovation and cooperation in high-tech fields such as nuclear energy, solar energy, wind energy, hydropower, artificial intelligence, big data, cloud computing, new materials, biopharmaceuticals, smart cities, aerospace, and specialty agriculture. Among them, in the field of low-carbon energy such as nuclear energy, solar energy, wind energy, and hydropower, the UAE has achieved a series of achievements in cooperation: in June 2016, China Hadian Group and Silk Road Fund participated as investors in the construction of the first clean

coal power project in the Middle East; In February 2017, China Jinko Solar and Japanese companies formed a consortium to win the bid for the photovoltaic power generation project in Abu Dhabi; in August 2017, China Trina Solar provided approximately 40,000 solar photovoltaic modules for the "Dubai Sustainable City"; In December 2018, the construction of the fourth phase of the Muhammad bin Rashid Al Maktoum Solar Park was further advanced, completing the 128 pillars of the solar tower of the project.

In the emerging field of information and communication, taking Kuwait as an example, the current cooperation between china and Kuwait has been widely spread out. The interaction between Chinese enterprises represented by Huawei and ZTE has become increasingly close to Kuwait in recent years. Besides, Huawei is working strategically with Local Kuwait telecom operators Wataniya Telecom and Zain. Huawei's construction of the cache network project of operator Wataniya Telecom helps Kuwait achieve sustainable development of mobile broadband services; Huawei and operator Zain explored B2B business cooperation to build a business that benefits local citizens, enterprises and government agencies, and connects China and even the world's commercial, and the value chain of social network interconnection. In 2017, Huawei established an innovation and training center in Kuwait and signed a memorandum of understanding with the Kuwait Communications and Information Technology Regulatory Authority (CITRA) to promote cooperation in information and communication.

In the emerging information industry, in 2016, China's Alibaba Cloud partnered with Dubai's Meraas Group (a well-known government developer in the United Arab Emirates) to establish Yvolv, a joint venture in cloud computing. It launched a Middle East data center in Dubai, investing in the largest taxi inglese platform in the Middle East, acquiring the largest television shopping company in the Middle East and North Africa, promoting mobile payment cooperation, and providing systems integration services supported by cloud computing. In addition, China's AI unicorn trader Sense Time Group Ltd., has entered the Middle East, began to negotiate related projects.

In the emerging field of high-end equipment manufacturing, China and Arab countries have actively expanded their cooperation in space satellites. China has helped the successful launch of the Algerian communications satellite. China's Beidou navigation system and meteorological remote sensing satellite technical

services have been serving in Arab countries. In April 2018, The Beidou Satellite System Center was officially located in the Jazara Science and Technology Park in Tunisia, it is training many satellite navigation system talents for Tunisia and other Arab countries, and supporting the development of digital economy, using relevant technology platforms, and promoting the application of satellite navigation technology. The co-construction and sharing platform of the beidou system established by Beidou Center in Arab countries and Africa will help promote cooperation between China's space technology and the Arab League, as well as African Union countries in agriculture, geography, mining, and other fields.

In the field of new energy vehicles, in recent years, China's new energy electric vehicle enterprises have accelerated the expansion of the Arab market, and actively occupy the share.

Also, with the continuous deepening of cooperation between China-Arab health institutions, medical technology research, infectious disease prevention and control, traditional medicine, and development of human resources for health, future China-Arab health cooperation will focus on opening up the medical and pharmaceutical market and promoting China-Arab health care industry, promote interactive cooperation in the field of traditional medicine, let Chinese medicine go abroad, and introduce good medicine products from Arab countries to China. All these indicate that China-Arab cooperation in emerging industries is gradually expanding.

6.3.3 The good environment for China-Arab emerging industry cooperation further optimized

At present, China has established a comprehensive strategic partnership or strategic partnership with 12 Arab countries and signed "Belt and Road" cooperation document with 18 Arab countries. Through high-level exchange visits and the establishment of a mechanism for consultation and dialogue between the governments of China and Arab countries, both parties have strengthened strategic docking and continued to optimize the cooperation environment for emerging industries. In June 2018, the "Arab Energy Internet" and" 'Belt and Road Construction Forum' was held in Beijing." The Chinese Ministry of Foreign Affairs, the National Development and Reform Commission, the Arab League, the Arab Region renewable energy, and other

government departments had in-depth discussions. They reached a consensus on the development of clean energy in Arab countries, laying a favorable policy environment for China-Arab cooperation in the new energy industry. In July 2018, the 15th Senior Officials' Meeting of the China-Arab Cooperation Forum was held in Beijing. The blueprint for the "Belt and Road" cooperation between China and Arab will be planned, which will point the way for the development of China-Arab cooperation in the new energy industry, and contribute to the further advancement of the China-Arab cooperation process. It can be said that the successful convening of the China-Arab Cooperation Forum, and the frequent communication between senior governments of China and Arab countries, are proving a good policy environment for China-Arab new energy cooperation. Besides, the realization of visa-free exchange and exchange of driver's licenses, and the signing of a memorandum of understanding on cooperation in investment, trade, small and medium-sized enterprises and other fields by the China-Arab Joint Economic and Trade Commission, it has created a favorable policy environment for China and Arab countries to cooperate in emerging industries.

6.3.4 Effective platform for Sino-Arab emerging industry cooperation gradually improved

The industrial park is the leading platform for promoting China-Arab cooperation in emerging industries. In January 2016, the Chinese Government published the China Policy Paper on Arab Countries, stating: "China adheres to the principles of main enterprise body, market driving force, government promotion, and business operation. It connects China's productivity advantages and the needs of Arab countries. It implements advanced, applicable, effective, and employment-friendly, green, and environmentally friendly production capacity cooperation with Arab countries to support Arab countries' industrialization process." On July 10, 2018, the 8th Ministerial Meeting of the China-Arab Cooperation Forum was held in Beijing. It discussed and adopted the "China-Arab Cooperation Forum Action Implementation Plan 2018-2020". Its third article emphasizes that: "The economic and trade cooperation zone should be used as a platform and agglomeration role for deepening the production capacity and investment cooperation of both sides, and support Chinese and Arab enterprises to carry out more cooperation in the field of cooperation zone

construction."

To actively respond to national policies, China's National Development and Reform Commission, the Ministry of Commerce, and other local governments, as well as local governments such as the Ningxia Hui Autonomous Region, attached great importance to cooperating with Arab countries. Institutional collaboration has established several industrial parks. Through unremitting efforts, China's Amandukum Industrial Park, China's Saudi (Jizan) Economic City Chinese Enterprise Special Development Zone has made positive progress; China's UAE (Dubai) Food Industrial Park, China's Egypt (Mankai) Textile Industrial Park are progressing steadily.

6.4 Future Prospects of China-Arab Emerging Industry Cooperation Avenues and Development

At present, both China and Arab countries are critical for economic and social transformation and development. An in-depth discussion on the upgrade path of China-Arab emerging industry cooperation is critical to promote the connection between China's "Belt and Road" initiative and the development strategy of Arab countries, to ensure the smooth progress of China-Arab emerging industry cooperation, and to achieve mutual benefit and seek win-win development goals.

6.4.1 Explore new models of China-Arab emerging industry cooperation

The development of new industry cooperation not only can accelerate the development of new industries in various countries but also help to enhance the international competitiveness of the industry. Although there is still a lot of competition in emerging industry cooperation between China and various Arab countries in reality, mutually beneficial cooperation based on the intersection of interests is the overall situation and the mainstream. At present, China has made remarkable achievements by carrying out extensive cooperation and making up for its shortcomings in the field of emerging industries in Arab countries. However, it should be noted that the international collaboration of emerging industries is essentially the cooperation of high-end science and technology. Whether the country or the enterprise, it should have a relatively solid industrial foundation and scientific and technological foundation. Although China

currently has good basic conditions, due to the challenges of core technology, core intellectual property rights, and insufficient R&D funds, international cooperation is particularly important, such as "third-party market cooperation."

"Third-party market cooperation" is a new model of international cooperation, which refers to the collaboration between the two countries to develop third-party national markets. It can effectively connect China's superior production capacity, advanced technologies of developed countries and the development needs of developing countries, and jointly inject new momentum into the economic development of third countries. China has officially signed third-party market cooperation documents with France, Canada, Japan, Singapore, Spain, the Netherlands, Belgium, Italy, Australia and other countries and international organizations, and has promoted the establishment of a third-party market cooperation fund with relevant countries, such as the Silk Road Fund launched by China and the European Investment and Development Bank, and the third market cooperation fund established by China Motor and The German Group on some key projects. In the future, China will work with relevant countries and enterprises to continue to expand the scope of third-party market cooperation, actively innovate cooperation models. Support enterprises of all kinds to open up new investment, production, and management markets through joint bidding and joint investment, to achieve complementary advantages and win-win results. Infrastructure construction, new energy, high-end equipment manufacturing, and other areas are the focus areas of third-party market cooperation. Most of the developing countries and regions involved in the co-construction of the 'Belt and Road' are in the early stages of industrialization, and there is an urgent need to accelerate the development of infrastructure and industrialization, but there is a severe lack of technology and finance. Third-party cooperation in infrastructure construction and new energy is a meaningful way to promote enterprises to carry out environmentally-friendly industrial participation in third markets. Cooperate in the field of high-end manufacturing. In the future, by combining the advantages of mid- and high-end manufacturing industries with the advanced concepts and high-end technologies of developed countries, China will be able to provide third-party countries with high-level, cost-effective, and more competitive products and services. And avoid vicious competition in the bidding process, and to achieve "triple win-win". Therefore, "third-party market cooperation" is also one of the new models of china-Arab cooperation in emerging industries.

6.4.2 Upgrade the level of China-Arab emerging industry cooperation

First is to upgrade the level of collaboration between China and Arab countries in new energy development. In recent years, the Arab countries' energy demand has proliferated, and the Government has actively formulated renewable energy development strategies, vigorously developed new energy sources (e.g., wind and solar), and is committed to converting wind and solar energy into electricity and connecting them to the grid to ease the dependence of the domestic economy on traditional energy sources. China's new energy enterprises and energy enterprises with superior production capacity can take advantage of this opportunity in Arab countries to continue to strengthen cooperation, deepen cooperation in the whole industrial chain in the field of new energy, adhere to the low-carbon, safe, clean and efficient development direction, promote the diversification of solar energy, orderly development of wind energy, actively promote geothermal energy exploration and utilization, promote the upgrading of new energy equipment manufacturing, and achieve complementary advantages and win-win situation. It can be said that there is still much room for cooperation between China and Arab countries in the field of new energy.

The second is to enhance the development and cooperation between China and Arab in the field of information and communication technology. At present, the Arab governments are committed to comprehensively promote the digital transformation of government official systems, citizen service systems, communication infrastructure, etc., and hoping to integrate and expand resource utilization by building infrastructure in related information and communication fields, and promote Internet penetration, Vigorously develop e-government and e-commerce processes, build "smart cities" and "safe cities", and accelerate the transformation of the domestic economy. As the largest exporter and importer of information and communication technology products, China has made great achievements in the field of information and communication. For example, the "Beidou Satellite Navigation System" independently developed by China is an essential breakthrough in information infrastructure. The demand for the development of Arab countries in the field of information and communication technology is increasing, and China can increase the level of cooperation with Arab countries in the field of information and communication technology.

Third is to enhance the development and cooperation between China and

Arab countries in the field of new energy vehicles. In recent years, China's new energy electric vehicle companies have accelerated their entry into the Dubai market, with encouraging results. Such as Tianjin Aiconik New Energy Vehicle Co., Ltd., Guangdong Yinlong New Energy Co., Ltd., Shanghai Shenvo Bus Co., Ltd., and other enterprises, whether from technology, professional customized services, or product performance and other aspects, they are highly recognized by the Dubai market. China's electric vehicle brand, Akonnik, has partnered with the world's leading automotive design and technology brands, including Magna Steyr, Microsoft, and AKKA. Since its inception, Mr. Aconik has gone abroad and opened its first global flagship store in Dubai, working with Masdar City, United Arab Emirates, to test and develop driverless cars. The Abu Dhabi Police Force has signed a local contract with Evonik to order 5,000 Econik's all-electric seven-seat MPV to use as a police vehicle. This was adding a bright green to its fleet of ultra-luxury police cars. Yinlong New Energy as a leader in China's new energy industry, launched a new 12 meters low-floor all-electric bus, charging pile, energy storage sand tray, and a series of products. After Chery, Jianghuai, Great Wall, BYD, and other independent brands entered the Dubai market, GAC Chuanxuan, Geely, and other independent brands also entered the Middle East market. At present, Shenvo Bus is developing battery-resistant high-temperature technology. Also, with the appearance patents, the Cooper electric vehicles (sightseeing cars, all-terrain cars) produced by Zhengzhou Donggong Industrial Co., Ltd., it makes this model unique at home and abroad. Manufacture models that meet customer need according to standardized processes, and they are top-rated among customers. In the future, China can further enhance its cooperation with Arab countries.

6.4.3 Improve the cooperation of emerging industries

At present, China and Arab countries have frequent collaboration in various fields of emerging industries. The main forms of cooperation include cooperation between enterprises, cooperation between enterprises and governments, cooperation between governments, and cooperation between enterprises and higher education institutions. Among them, inter-enterprise cooperation accounts for a large proportion, intergovernmental cooperation is also relatively frequent, but the business and intergovernmental cooperation, cooperation between enterprises and institutions of higher education is relatively

small. Compared with the development of emerging industries between China and Arab countries, the cooperation between both sides lacks the cooperation between research institutions and higher education institutions, as well as mutual technical exchanges, talent training, joint research and development, and the discussion and formulation of cooperative policies, these are not matching to it, and this is undoubtedly a problem that needs improvement in the future.

On the whole, China-Arab cooperation on the "Belt and Road" has achieved fruitful results. China has signed bilateral economic, trade and technical cooperation agreements with all Arab countries. China and Arab countries are economically complementary, and China-Arab emerging industries have great potential for development and broad prospects. It can be expected that China's cooperation with Arab countries in emerging industries will be expanded and advanced in a wider range, a wider field, a higher level and a greater intensity.

Chapter Ⅶ Report on China-Arab Agricultural Cooperation

7.1 The Current Situation and Basis of Cooperation of China and Arab Countries in Agriculture

7.1.1 Status of agricultural development in Arab countries

The geography of the Arab states is West Asia and North Africa, with a few countries situated in the north-west and north-eastern regions of Africa. The modern state of agriculture in these countries is underdeveloped. The governments have not committed sufficient resources or collective will to address and overcome the agricultural challenges they face. Agricultural Science and technology are not widespread in this region. As a result of this, most Arab countries are unable to achieve agrarian self-sufficiency, resulting in the potential for serious food security problems.

Even in Iraq, which has a decent agricultural infrastructure, food self-sufficiency remains out-of-reach due to the long-term effects of war and political instability. Once known as the "Granary of the Byzantine Empire," Egypt also is unable to rely on its land to feed its people.

As a result, Arab countries are heavily dependent on food imports. When coupled with rapid population growth, and the effects of the volatile international market, Arab states have been unable to address their food security issues effectively. A forward-thinking, sustainable agricultural development plan is a critical need for this region to move forward.

However, the challenges with developing an effective plan are many. First, the deserts in the Arab countries are widespread, and most are in tropical and

subtropical desert climates. Precipitation and water resources in these areas are scarce, severely curtailing robust agricultural development.

With 68% of the landmass being desert, there is little tillable land to build a suitable agricultural infrastructure. Saudi Arabia, for example, has only 1.6% of the area covered by arable land. In terms of precipitation, Egypt, the United Arab Emirates, Qatar, and other countries have less than 100 mm of annual rainfall. Only Lebanon, Palestine, and a few other countries reach more than 400 mm a year. As a result, most of the Arab countries are not suitable for agricultural production.

Second, Arab countries have been slow to industrialize, and their agricultural technology is scarce. Due to these poor conditions, they can only rely on the integration of modern agricultural science and technology to evolve their agricultural production. Scientific and technological projects in Arab countries include seawater greenhouses, agrarian machinery, genetic engineering, aquaculture, and "cultivation symbiosis." However, such technologies are often costly, and it is difficult for ordinary farmers to obtain them. Therefore, a large amount of government agricultural investment and subsidies are required. Due to this, even rich oil-producing countries like Saudi Arabia have changed their agrarian development strategies and abandoned self-sufficiency plans for wheat and other agricultural products. Instead, they are implementing an overseas agricultural investment plan. This new strategy, adopted by the majority of Arab countries, means that Arab countries do not widely use most modern agriculture technologies.

Thirdly, the problem of food security in Arab countries remains a significant issue today. Due to natural and geographical conditions, Arab countries who rely on imports for their agricultural products now face a mounting trade deficit. In 2018, domestic production of essential agriculture did not meet half of the domestic demand. Some countries have even more than 90% of the local market reliant on imports. Some war-torn countries, such as Yemen, are unable to satisfy demand through domestic production or imports. They are facing a severe food crisis, and urgently need international assistance. In the case of wheat, in 2018, economic output in Arab countries was unable to meet domestic needs. They require a large volume of imports; Egypt and Algeria are the world's second and third-largest wheat importers. The imports were $2.2 billion and $1.84 billion, respectively, far exceeded China's imports, which the world's largest country ($780

million). These two countries' imports account for about 10% of the world's wheat market. The United Arab Emirates, Kuwait, and similar countries in the region with small populations are among the world's highest wheat importers. Compared to the international wheat market, the import volume of wheat in the Arab countries are disproportionately high. In 2018, there were 15 Arab countries with wheat imports of more than $100 million, shown inTable 7.1.

Table 7.1 Wheat imports in some Arab countries in 2018

World Market Rankings	Countries	Imports (millions dollars)	Share of the world market (%)
2	Egypt	2200	5.3
3	Algeria	1840	4.4
14	Morocco	977.7	2.3
21	Saudi Arabia	720	1.7
25	Yemen	536	1.3
26	Iraq	478.3	1.1
27	Sudan	478.2	1.1
37	U.A.E	292.2	0.7
40	Jordan	265.5	0.6
44	Tunisia	192.9	0.5
50	Libya	171.7	0.4
52	Mauritania	167.9	0.4
62	Lebanon	130.7	0.3
63	Oman	116	0.3
70	Kuwait	102.8	0.2

Source: World's top exporter,http://www.worldstopexports.com/wheat-imports-by-country/.

Fourth, because agricultural products are not self-sufficient and heavily dependent on imports, Arab countries spend a large amount of their annual budget on agricultural import subsidies to meet the basic needs of the population. For example, in Egypt, the government spent 8.6 billion Egyptian pounds ($4.8 billion) on bread and food subsidies in the 2018-2019 fiscal year, about half spent on bread subsidies. The price of bread subsidy is 0.05 Egyptian pounds per piece, less than 1/10 of the market price. Saudi Arabia's flour prices

have remained the same for more than 30 years, with the cost of flour remaining in the range of \$0.27 to \$0.33 per kilogram. Abundant food and food subsidies reflect not only the relative backwardness of agricultural development in Arab countries but also an increase in financial pressure.

Moreover, reducing or eliminating these subsidies will dramatically increase the population's food crisis and even trigger unrest. The occurrence of the "Arab Spring" is closely related to the food crisis that the Arab world is generally facing. Subsidies for food and food imports have therefore become a challenge in the economic reform of Arab countries.

In general, the natural endowment of agriculture in Arab countries is weak. The level of agricultural science and technology is relatively backward. Agriculture is generally underdeveloped, agricultural production cannot meet domestic needs, and is heavily dependent on imports. To ensure social stability, the government has to spend vast sums of money on food subsidies every year. When coupled with the high population growth in Arab countries, the current and foreseeable future is still unable to solve food security issues effectively. Sustainable development of agriculture has a long way to go.

7.1.2 China's agricultural development status

Since ancient times, China is a traditional vast agricultural country with a deep history of providing food and agricultural products for its people. Since the founding of the People's Republic of China, the party and government have prioritized addressing the issues facing its rural people. Agriculture has undergone tremendous changes. Its modernizing influences have evolved from traditional agricultural methods to being drivers of innovative change as one of the world's new agrarian powers. The changes manifest in the following ways:

Agricultural production has grown. The structure of agricultural products is optimized. The level of agricultural modernization is steadily improving. The international trades of agricultural products and agrarian methods have undergone a rapid transformative change, with new agricultural industries being spawned and developed. In 2018, China's total agricultural output value was 614.5259 billion yuan, with a year-on-year increase of 5.84%. The output of major farm products is vegetables, grains, and fruits. In order from highest to lowest, production output includes:

- 704.346 million tons of veggies;
- 657.892 million tons of grains;
- 258.835 million tons of fruit.
- The total power of agricultural machinery reached 1.0037170 billion kilowatts. The cumulative import of farm products in 2018 is 948.054 billion yuan. The total export volume was 555.654 billion yuan.①

From its inception, China is a traditional agricultural country with a rich heritage of producing cultivating its crops, vegetables, and fruit. At present, China is steadily transforming from traditional agricultural land to new agrarian power. Its farm methodologies and technological advancements in compiling data on crops and farm output are continuously improving.

Therefore, in the future, China and the Arab countries have different agricultural conditions and different agricultural development status and stages. These complement each other to a large extent and pave the way for extensive cooperation on technology and trade.

7.2 Status of China-Arab agricultural Trade Cooperation

China and Arab countries are essential partners in the construction of the "Belt and Road" initiative. Since the Chinese government issued its first "China-Arab Policy Document" in 2016, both sides have signed essential agreements. The "Doha Declaration" and the "China-Arab Cooperation Forum 2016-2018 Action Implementation Plan" are two examples of these partner agreements. In July 2018, both sides held the eighth ministerial meeting of the China-Arab Cooperation Forum. They adopted and signed the "Declaration on the Action of China and Arab Countries in Building the 'Belt and Road' Initiative" and "China-Arab Cooperation Forum 2018 to 2020 Annual Action Implementation Plan" and other essential documents. The focus of China-Arab cooperation established in the report is to continue to promote the "1+2+3" cooperation pattern. Agricultural trade cooperation is also an essential part of China-Arab Cooperation.

---

① Data source: Website of the Ministry of Agriculture and Rural Affairs of the People's Republic of China, "Main Indicators", http://zdscxx.moa.gov.cn:8080/nyb/pc/index.jsp.

The "China-Arab Cooperation Forum 2018-2020 Action Implementation Plan" establishes the first directions and critical areas of the two countries' agricultural trade cooperation. The main contents are as follows.

1.We are committed to consolidating and strengthening the dual multilateral mechanisms in agriculture, organic agriculture/bio-agriculture, and food security, drawing on China's experience in genetic improvement, and encouraging agricultural science and technology and management personnel of both sides to strengthen exchanges and increase information communication.

2.We will actively establish agricultural cooperation mechanisms between China and Arab countries. We'll continue to strengthen cooperation in the agricultural fields, including through bilateral and multilateral instruments. We vow to cooperate on water-saving agriculture methods, organic/bio-agriculture, food security, and building a stable infrastructure. Animal and fish resources and the food industry, veterinary services, will actively carry out knowledge transfer of agricultural methodologies and learn from China's experience.

3.Give full adherence to the role of the China-Arab Expo platform. We'll hold China-Arab Agricultural Trade and Agricultural Investment Conferences during the China-Arab Expo. Both parties adhere to a supportive investment environment and through the provision of convenience measures and services.

4.Strengthen cooperation in water technology, water resources utilization and conservation, rainwater harvesting, wastewater treatment, and reuse, and water resources management in arid areas, strengthening collaboration between the two water resources research centers.

5.To increase the development of various types of agricultural activities and joint ventures in the agricultural sector. Fertilizer production and the manufacture of farm machinery and equipment.

6.Promote the establishment of a wholesale market for agriculture, animal husbandry, and fisheries in the UAE. We welcome the signing of a memorandum of understanding on strengthening agricultural cooperation between the Chinese Ministry of Agriculture and Rural Affairs and the UAE Ministry of Climate Change and Environmental Protection Cooperation Memorandum. A memorandum of agreement signed in 2016 between the former Ministry of Agriculture and the Sudanese Ministry of Agriculture and Forestry will continue. The Ministry of Agriculture and Rural Affairs of China and the Ministry of Agriculture and Reclamation of Egypt to sign the Agricultural Cooperation

Action Plan (2018-2020).①.

The action plan also stipulates that both sides will continue to strengthen cooperation in other fields closely related to agriculture, such as forestry and desertification prevention.

In 2018, with the vigorous promotion and active participation of China and Afghanistan, the trade volume between China and Arab countries further increased. Information from the Chinese Ministry of Commerce shows that the trade volume between China and the Arab states was $244.3 billion, with a year-on-year increase of 28%. China imported $139.4 billion from Arab countries and exported $104.9 billion to Arab countries②, of which the agricultural trade volume was $2.88 billion.

7.2.1 Scale of China-Arab agricultural trade cooperation

In 2018, the China-Arab trade structure continued to be optimized. China's exports to Arab countries are still dominated by mechanical and electrical products and high-tech systems. These accounted for 66%, but non-petroleum products represented by agricultural products are increasing. In 2018, the China-Arab agricultural trade totaled $2.88 billion. China's export trade with Arab countries was $2.213 billion, and China's import of farm products from Arab countries was $667 million. Same in the past, in 2018, China continued to maintain a large trade surplus in the agricultural trade between China and Arab countries, with more than $1.546 billion.③

7.2.2 Structure of China-arab agricultural trade cooperation

In 2018, the China-Arab trade structure continued to be optimized. China's exports to Arab countries are still dominated by mechanical and electrical products and high-tech systems. These accounted for 66%, but non-petroleum products represented by agricultural products are increasing. In 2018, the

---

① China-Arab Cooperation Forum: "China-Arab Cooperation Forum 2018-2020 Action Plan", http://www.chinaarabcf.org/chn/lthyjwx/bzjhy/dbjbzjhy/t1577009.htm.

② West Asia and Africa Department of the Ministry of Commerce of the People's Republic of China: "Statistics of China's Trade with Arab Countries in 2018", http://xyf.mofcom.gov.cn/article/tj/zh/201905/20190502864325.shtml.

③ According to the United Nations Trade Database (UN Comtrade Database Data calculation, classified by: HS2002.

China-Arab agricultural trade totaled $2.88 billion. China's export trade with Arab countries was $2.213 billion, and China's import of farm products from Arab countries was $667 million. Same in the past, in 2018, China continued to maintain a large trade surplus in the agricultural trade between China and Arab countries, with more than $1.546 billion.

7.2.3 Structure of China-Arab agricultural trade cooperation

In 2018, the main products of China's agricultural trade with Arab countries were in 9 primary categories:

- Oil-containing kernels and fruits;
- miscellaneous kernels and fruits;
- industrial or medicinal plants;
- straw and feed;
- coffee, tea, mate tea, and flavoring spices;
- vegetables, fruits, nuts or other parts of plants products;
- edible vegetables, roots, and tubers;
- edible fruits and nuts;
- peels of citrus fruits or melons;
- fish, crustaceans, mollusks and other aquatic invertebrates;
- tobacco, tobacco and "Tobacco substitute products;
- Residues and waste from the food industry; formulated animal feed;
- Meat, fish, crustaceans, mollusks, and other aquatic invertebrate products.

The trade value of the above nine categories of agricultural products is above $100 million; the trade volume of the remaining 15 types of products is below $100 million (see Table 7.2).

Table 7. 2 2018 China's agricultural trade with Arab countries

Trade volume ranking	Product code	Product name	Trade Volume ($10,000)
1	12	Oily nuts and fruits; miscellaneous nuts and fruits; industrial or medicinal plants; straw, straw and feed	62818.38
2	09	Coffee, tea, mate-tea and spices	51592.22

Continued

Trade volume ranking	Product code	Product name	Trade Volume ($10,000)
3	20	Products of vegetables, fruits, nuts or other parts of plants	35939.93
4	07	Edible vegetables, roots and tubers	17894.83
5	08	Fruits and nuts;	17850.66
6	03	Fish, crustaceans, molluscs and other aquatic invertebrates	15780.94
7	24	Products of tobacco, tobacco and tobacco substitutes	14328.32
8	23	Residues and wastefrom the food industry;	13896.01
9	16	Products of meat, fish, crustaceans, molluscs and other aquatic invertebrates	11986.60
10	17	Sugar and Sugar Foods	9223.80
11	21	Miscellaneous Foods	8510.00
12	10	Grain	7847.95
13	22	Drinks, wine and vinegar	4512.52
14	19	Cereals, grain powder, starch or milk products;	2862.89
15	13	Insect gum;	2663.77
16	15	vegetable oil, fat and its decomposition products; refined edible oils; dynamic and plant waxes	2511.71
17	02	Meat and edible mash	1847.81
18	05	Other animal products	1374.87
19	18	Cocoa and Cocoa Products	1351.21
20	04	Dairy; Eggs; Natural Honey; Other Edible Animal Products	1157.61
21	06	Live trees and other living plants; bulbs, roots and similar products; cluster leaves for flower arrangement and decoration	859.20
22	11	Powdered industrial products;malt; starch; chrysanthemum powder; gluten	850.42
23	14	To make up plant materials;	201.72
24	01	Activities	71.53

Source: UN Comtrade Database.

Category by: HS2002.

In 2018, China's main agricultural products exported to Arab countries were in seven categories, namely: coffee, tea, mate tea, and flavoring spices; products of vegetables, fruits, nuts or other parts of plants; Fruits, different kernels and

fruits, industrial or medicinal plants, straw, straw and feed; edible vegetables, roots, and tubers; tobacco and tobacco substitute products; fish, crustaceans, mollusks animals and other aquatic invertebrates; Meat, fish, shellfish, mollusks, and other products of marine invertebrates. The export value of the above seven categories of agricultural products is above 100 million dollars, and the export value of the remaining 17 types of farm products is below 100 million dollars (see Table 7.3).

Table 7.3 China's agricultural exports to Arab countries in 2018

Trade volume ranking	Product code	Products name	Trade Volume ($ 10,000)
1	09	Coffee, tea, marto-tea and spices	51489.84
2	20	Products of vegetables, fruits, nuts or other parts of plants	35867.24
3	12	Oily nuts and fruits; miscellaneous nuts and fruits; industrial or medicinal plants; straw, straw and feed	29262.47
4	07	Edible vegetables, roots and tubers	17891.51
5	24	Products of tobacco, tobacco and tobacco substitutes	13614.89
6	03	Fish, crustaceans, molluscs and other aquatic invertebrates	12327.37
7	16	Products of meat, fish, crustaceans, molluscs and other aquatic invertebrates	10559.25
8	21	Miscellaneous Foods	8482.63
9	17	Sugar and Sugar Foods	8250.84
10	10	Grain	7847.95
11	08	Fruits and nuts;	7802.38
12	22	Drinks, wine and vinegar	3646.54
13	19	Cereals, grain powder, starch or milk products;	2602.30
14	23	Residues and wastefrom the food industry;	2084.18
15	02	Meat and edible mash	1847.81
16	05	Other animal products	1354.19
17	18	Cocoa and Cocoa Products	1300.46
18	13	Insect gum;	1276.17

Continued

Trade volume ranking	Product code	Products name	Trade Volume ($ 10,000)
19	04	Dairy; Eggs; Natural Honey; Other Edible Animal Products	1153.88
20	06	Live trees and other living plants; bulbs, roots and similar products; cluster leaves for flower arrangement and decoration	859.11
21	11	Powdered industrial products;malt; starch; chrysanthemum powder; gluten	849.48
22	15	vegetable oil, fat and its decomposition products; refined edible oils; dynamic and plant waxes	746.19
23	14	To make up plant materials;	167.06
24	01	Activities	1.87

Source: UN Comtrade Database.
Category by: HS2002.

In 2018, China's trade volume of agricultural products imported from Arab countries was $667 million. The trade deficit between Arab countries and China was $1.546 billion, and this was in a massive trade overrun position. There are only three types of agricultural products exported by Arab states to China exceed $100 million, which are in descending order: Oil-containing kernels and fruits, different kernels and fruits, industrial or medicinal plants, straw, straw, and feed; Residues and wastes from the food industry, formulated animal feed; edible fruits and nuts, peels of citrus fruits or melons. The remaining 19 agricultural products' trade volume is less than 100 million dollars. Only four types of products have trade volume between $10 million and $100 million, in ascending order, which is: fish, crustaceans, mollusks, and other aquatic invertebrates; animals, vegetable oils, fats, and their decomposition products, Refined edible fats, animal waxes, and plant waxes; meat, fish, crustaceans, mollusks and other aquatic invertebrate products; shellac, gums, resins, and other plant liquids and juices. The remaining 15 categories trade volume of all kinds of agricultural products is below $10 million (see Table 7.4). Two types of products, namely "meat and edible offal" and "cereals," were not exported to China. In general, the export of agricultural products from Arab countries to China is limited.

Table 7.4 China's agricultural imports from Arab countries in 2018

Trade volume ranking	Product code	Product name	Trade Volume ($10,000)
1	12	Oily nuts and fruits; miscellaneous nuts and fruits; industrial or medicinal plants; straw, straw and feed	33555.90
2	23	Residues and waste from the food industry;	11811.83
3	08	Fruits and nuts;	10048.28
4	03	Fish, crustaceans, molluscs and other aquatic invertebrates	3453.57
5	15	vegetable oil, fat and its decomposition products; refined edible oils; animal waxes, plant waxes	1765.52
6	16	Products of meat, fish, crustaceans, molluscs and other aquatic invertebrates	1427.35
7	13	Insect gum;	1387.60
8	17	Sugar and Sugar Foods	972.96
9	22	Drinks, wine and vinegar	865.98
10	24	Products of tobacco, tobacco and tobacco substitutes	713.43
11	19	Cereals, grain powder, starch or milk products;	260.58
12	09	Coffee, tea, marto-tea and spices	102.39
13	20	Products of vegetables, fruits, nuts or other parts of plants	72.68
14	01	Activities	69.66
15	21	Miscellaneous Foods	58.37
16	18	Cocoa and Cocoa Products	50.75
17	14	To make up plant materials;	34.66
18	05	Other animal products	20.68
19	04	Dairy; Eggs; Natural Honey; Other Edible Animal Products	3.73
20	07	Edible vegetables, roots and tubers	3.32
21	11	Powdered industrial products;malt; starch; chrysanthemum powder; gluten	0.95
22	06	Live trees and other living plants; bulbs, roots and similar products; cluster leaves for flower arrangement and decoration	0.0893

Source: UN Comtrade Database.
Category by: HS2002.

In 2018, China and the Arab countries' significant partners in agricultural trade, by trade volume from high to low are eight countries:

- the United Arab Emirates
- Sudan
- Egypt
- Morocco
- Saudi Arabia
- Mauritania
- Algeria
- Iraq

The agricultural trade volume between these eight countries and China has reached more than $100 million, accounting for 81.82% of its total trade. The trade volume of agricultural products between Palestine and Comoros and China is below $10 million. The trade volume of agricultural products between the remaining 12 Arab countries and China is between $10 million and $100 million.

Of the 22 Arab countries, 19 countries have large agricultural trade deficits with China. Countries that have not exported agricultural products to China include:

- Libya
- Kuwait
- Qatar
- Palestine
- Comoros

Sudan, Mauritania, and Somalia are in a surplus in the trade of agricultural products with China. Surpluses are $32.24 million, $3.13 million, and $8.72 million, respectively. The primary source of Sudan's large surplus is:

- the export of $328.39 million products:
- oilseed kernels and fruits;
- different seeds and fruits;
- industrial or medicinal plants;
- straw, straw, and feed products.

Mauritania's trade surplus mainly comes from residues and waste in the food industry and formulated animal feed products. Somalia's excess is from its fish, crustaceans, mollusks, and other aquatic invertebrate products.

Among the 22 Arab countries, China's main export markets are the United Arab Emirates, Algeria, Morocco, Saudi Arabia, Egypt, and Iraq. His export volume is more than $100 million. China's exports to the above six countries account for 44.13% of all Arab country's export value. China's leading sources of imports are Sudan, Mauritania, Egypt, Morocco, the UAE, and Somalia. Sudan reached $373 million. China's imports from the above six countries are all over $10 million, accounting for 97.81% of the import volume from all Arab countries. Table 7.5 shows the market structure of Arab countries for agricultural trade.

Table 7.5 Structure of China-Arab Agricultural Trade Market in 2018

Country name	Ranking of China Export Market	Ranking of China's Sources of Imports	Ranking of Bilateral Trade Volume
U.A.E	1	5	1
Sudan	11	1	2
Egypt	5	3	3
Morocco	3	4	4
Saudi Arabia	4	8	5
Mauritania	10	2	6
Algeria	2	15	7
Iraq	6	9	8
Lebanon	7	13	9
Jordan	8	12	10
Yemen	9	11	11
Oman	13	7	12
Libya	12	0 Imports	13
Bahrain	14	16	14
Kuwait	15		15
Qatar	16	0 Imports	16
Syria	17	14	17
Tunisia	18	10	18
Somalia	20	6	19
Djibouti	19	17	20
Palestinian	21	0 Imports	21

Continued

Country name	Ranking of China Export Market	Ranking of China's Sources of Imports	Ranking of Bilateral Trade Volume
Comoros	22	0 Imports	22

Source: Calculated bythe UnitedNations Trade Database.

Category by: HS2002.

7.3 Future Prospects of China's Agricultural Products Market Space in Arab Countries

In 2019, because of the inadequate natural resources for agriculture in the Arab countries, including in science and technology, along with volatile political conditions, agricultural production does not meet basic needs. The status quo of heavy dependence on imports and structural factors cannot be fundamentally changed. The food security problems persist and remain challenging to resolve. According to estimates by the UN Food and Agriculture Organization and others, in 2019, the food self-sufficiency rates in Oman, Bahrain, Saudi Arabia, and Mauritania were 47.6%, 6%, 20%, and 35%①respectively. Jordan and other countries, 97% domestic grain and feed demand solved by imports. In the case of wheat, according to FAO estimates, the vast majority of Arab countries are unable to produce enough domestic wheat in 2019. As a result, they will continue a heavy reliance on imports (see Table 7.6).

Table 7. 6 2019 Wheat production and import demand in some Arab countries

Country name	Domestic wheat production (million tons)	Wheat import demand (million tons)
Algeria	6	7.2
Egypt	9.2	12.5
Iraq	4	3.7
Jordan	0.03	1
Morocco	4.9	4.7
Saudi	0.7	3.2
Tunisia	1.5	2.9

Source: FAO,http://www.fao.org/giews/countrybrief/country.jsp?lang=en&code=DZA.

① Website of the Ministry of Foreign Affairs of the People's Republic of China, countries and organizations (updated in December 2019).

In some other Arab countries, the demand for agricultural products can neither be met through domestic production nor imported from the international market, unable to solve food safety problems, and urgently needs food assistance from the international community. According to the estimates of the Food and Agriculture Organization of the United Nations, among the 22 Arab countries, eight countries, including Somalia, Djibouti, Libya, Mauritania, Sudan, Syria, Yemen, and Iraq urgently need international food assistance.

As far as China-Arab agricultural trade is concerned, it is foreseeable that the trade volume between both sides will reach about $3 billion in 2019. China's agricultural exports to Arab countries and agrarian imports from Arab countries will likely increase, but imports will remain small.

In terms of trade structure, production is:

- coffee, tea, mate tea, and spices;
- vegetables, fruits, nuts or other parts of plants;
- oilseeds and fruits;
- miscellaneous grains and fruits;
- agricultural or industrial plants; straw, and feed;
- edible vegetables, roots, and tubers;
- tobacco, tobacco, and tobacco substitute products;

These and other agricultural products that are in demand in Arab countries will continue to be China's main export products to Arabia.

The main agricultural products that China imports from Arab countries include:

- oilseed kernels and fruits;
- industrial or medicinal plants;
- straw and feed.

In terms of market structure, the United Arab Emirates, Egypt, Saudi Arabia, Morocco, and other countries will remain China's leading agricultural trading partners. For most Arab countries, China's agricultural trade deficit is likely to be challenging to reverse. Aquatic products, vegetables, fruits, which are at the forefront of China's agricultural product exports, still have ample market space

in Arab countries. Wheat, rice and other cereal products have long-term and vast market potential in the Arab countries.

With the implementation of “the Plan of Action of the China-Arab Cooperation Forum 2018 to 2020” adopted in July 2018 on the application of agriculture and agricultural products, in 2019, China and Arab countries will be involved in agriculture, organic agriculture, food security, genetic improvement, and Water agriculture, agrarian product market system construction, animal and fishery resources, food industry and veterinary services, water technology, water resource utilization and conservation, rainwater collection, wastewater treatment and reuse, water resource management in arid regions, fertilizer production, agricultural machinery and equipment manufacturing, cooperation in the farming, animal husbandry and wholesale fishery markets, forestry, and desertification control. The partnership between China and Arab countries in these areas will increase, and the competitive advantage of Chinese agricultural products will remain stable. Due to their small size and sparse population - along with civil unrest and war - countries like Comoros, Palestine, Djibouti, Somalia, and Syria may not represent trade opportunities in the near term.

The market development of Chinese agricultural products in Arab countries will continue to focus on major countries such as the UAE, Egypt, Morocco, and Saudi Arabia. In the long run, these countries have sufficient funds, large populations, and socio-economic strength. The demand for agricultural products in the international market will continue to expand. Chinese agricultural products have more significant development potential in these countries.

Chapter Ⅷ Report on the 4th China-Arab Countries Expo

The China-Arab Expo is an essential platform for the construction of the "Belt and Road" between China and Arab countries. The leading group approved it of the National Forum on Cleanup and Standardization Celebrations. With the strong support of the relevant central and national ministries, provinces (autonomous regions and municipalities), the initiative has received much support across the region. Around the period of September 5-8, 2019, the Ministry of Commerce, along with the China Council for the Promotion of International Trade and The People's Government of Ningxia Hui Autonomous Region, co-hosted the Fourth China-Arab Expo in Yinchuan, Ningxia.

8.1 Basic Information

The theme of the 4th China-Arab Expo forum was "New Opportunities and New Future." Promoting the ideas of "common business, co-construction, and sharing", the event focused on trade and investment, capacity cooperation, "Internet plus", technology innovation, digital economy, infrastructure projects, and related initiatives. The event sponsored eight exhibitions and investment promotion activities in four conference forums. Around the same time, the "Belt and Road" International Industrial Cooperation Forum and the 4th Ning Business Conference took place. President Xi Jinping, the General Secretary of the CPC Central Committee and President of the People's Republic of China, sent a congratulatory letter to the General Assembly. Cao Jianming, the vice-chairman of the Standing Committee of the National People's Congress, attended the opening meeting and read the congratulatory letter from President

Xi Jinping.

President Xi Jinping's letter highlighted China and Arab countries that jointly embarked on the construction of the "Belt and Road" and have enjoyed mutually beneficial outcomes. President Xi remarked that his comments at the 8th ministerial meeting of the China-Arab Cooperation Forum in July 2018 to "establish comprehensive cooperation, common development, and future-oriented Sino-Arab strategic partnership" were the start of a fruitful cooperative effort. The Expo established a beneficial platform and functional relationship that deepened collaboration and promoted the joint construction of the "Belt and Road" development. The goal for both sides is seizing on the opportunities to forge new paths and explore the full potential the partnership represents.

Cao Jianming, Vice Chairman of the Standing Committee of the National People's Congress, delivered the keynote speech. Mauritania's first deputy speaker, Boitier Khmet and Niger's first deputy speaker, Iro Sani, attended the opening meeting and delivered speeches. Dignitaries and attendees included the Secretary of the Party Committee of the Autonomous Region and the Standing Committee of the National People's Congress Shi Taifeng. The Chairman of the China Council for the Promotion of International Trade, Gao Yan, and the Assistant Minister of Commerce, Ren Hongbin, delivered speeches. Xian Hui, Chairman of the Ningxia Hui Autonomous Region, presided over the proceedings.

A total of more than 12,600 representatives from 89 countries, 107 pavilions, more than 2,900 regional organizations, business associations, and other organizations and enterprises participated in the conference, which exceeded the totals of the three previous expos.

8.2 Key Performance

8.2.1 Economic and trade policy communication highlights new results

The Party Central Committee and the State Council attach great importance to the 4th China-Arab Expo. President Xi Jinping's congratulatory letter focuses on benefiting the people of China and Arab countries and promotes the development of China-Arab strategic partnership.

Cao Jianming, vice chairman of the Standing Committee of the National

People's Congress, delivered a keynote speech at the opening meeting. In the spirit of the congratulatory letter from the General Secretary, he proposed to deepen China-Arab cooperation and strengthen its development strategy. They highlighted a five-point framework. The groups made commitments to consolidate energy cooperation and promote financial obligations and high-tech collaboration.

In their opening remarks, the First Deputy Speaker of the Mauritanian National Assembly, BouadhierHemede, and the First Deputy Speaker of the National Assembly of Niger, Iro Sani, expressed their strong desire to use the China-Arab Expo to strengthen exchanges and cooperation.

The government and business officials - along with business associations in the Arab countries and regions along the "Belt and Road" - all spoke highly of the precepts and commitments. They responded actively to the congratulatory letter from President Xi Jinping to the General Assembly. They enthusiastically affirmed the critical role of the China-Arab Expo in deepening pragmatic cooperation for both sides. They expressed the desire and confidence to seize new opportunities to enhance friendship, increase collaboration, and promote development.

President Xi Jinping's congratulatory letter encouraged and inspired the allies and people in Ningxia. Industrial and commercial enterprises in the autonomous region shared a consensus view that they would strive to honor the general Secretary's congratulatory letter in building a platform for economic and trade cooperation in the area. The sentiments were expressed at the China-Arab Expo called for a pro-active approach to the Belt and Road" construction.

8.2.2 New achievements in economic and trade cooperation

There were 362 signings of the 4th China-Arab Expo, including 287 investment and trade projects with a total spend of 185.42 billion yuan. There were 228 investment projects with an investment amount of 175.83 billion yuan, and 59 trade projects with a trading volume of 9.59 billion yuan). Four cooperation results were issued. One memorandum of friendship established between international cities was signed. There were 70 cooperation memoranda (agreements) signed.

First, the effectiveness of the "Belt and Road" service construction was further improved. A total of 75 cooperation achievements (18 items from the

last Expo), including cooperation agreements, financing agreements, investment agreements, business contracts, and cooperation memoranda, were reached among the countries along with the "Belt and Road." The arrangements cover trade, investment, infrastructure, agriculture, medical care, Tourism, and many other fields.

The second is the "going out" function of serving provinces (autonomous regions and municipalities) is further expanding. The brother provinces (autonomous regions and cities directly under the Central Government) actively used the Expo to carry out international economic and trade cooperation. They signed 31 projects with a total investment of 36.93 billion yuan, nearly four times the previous Expo. There are seven projects approved by central enterprises, with an investment of 1.02 billion yuan.

Third, the role of service in the Ningxia industry was upgraded and transformational. During the Expo, Ningxia signed 190 investment contracts and agreements, totaling 137.88 billion yuan. Based on Ningxia resource commitments, the approved projects accounted for 51% of the large enterprises invested in various initiatives. There are 45 contracted projects with more than one billion yuan. The proportion of projects with more than one billion yuan reached 80%.

8.2.3 Significant international cooperation platform effect

The fourth China-Arab Expo further played the role of the mechanism of "cooperation between ministries and regions", the state ministries took the China-Arab Expo as an essential platform for promoting China-Arab economic and trade cooperation and a strong starting point for improving the construction of the "Belt and Road"; conducted the activities which focused on investment and trade promotion, conference forums, and exhibitions on the fields of trade and investment, internet+, cross-border e-commerce, infrastructure, and industrial cooperation,

The Ministry of Commerce and Ningxia jointly organized the Infrastructure, Capacity Cooperation Exhibition, and Overseas Park Investment Promotion Fair, Logistics Cooperation Fair, Investment and Capacity Cooperation Conference.

The China Council for Trade Promotion, the Secretariat of the League of Arab States, the Arab General Federation of Agriculture, Industry, and Commerce and Ningxia jointly organized the China-Arab Business Summit, the

"Belt and Road" cooperation and innovation product exhibition and "Belt and Road" along with the country promotion fair.

The Ministry of Agriculture and Rural Affairs and Ningxia organized the Modern Agricultural Exhibition and the Agricultural Industry Cooperation Dialogue.

The Ministry of Science and Technology jointly organized the High-tech Equipment Exhibition and Technology Achievement Promotion Conference and the China-Arab Technology Innovation Cooperation Conference with the Secretariat of the League of the Arab States and Ningxia.

The National Network Office and Ningxia jointly organized the online "Silk Road" conference.

The Ministry of Culture and Tourism and Ningxia jointly organized the China-Arab Travel Business Conference.

The National Health and Health Commission and Ningxia jointly organized the "Internet and Health Care" industry exhibition and application conference.

By successfully holding the investment and trade promotion activities, the China-Arab Expo has become an essential channel for economic and trade policy communication, the display window of the latest technological achievements, and the "Belt and Road" international economic and trade cooperation bridge. The China-Arab Expo has grown in influence and recognized by the majority of countries and regions along the Belt and Road, including Arab countries.

8.2.4 The conference forum is pragmatic and efficient

The sub-events of the 4th China-Arab Expo have prominent themes, rich content, and fruitful results. The China-Arab Business Summit formed eight conference outcomes as reported by authorities at the national level. It established a cooperation structure and strengthened economic and trade cooperation. It exchanged skills and experiences and documented best practices in jointly building the "Belt and Road." Pragmatic economic and trade agreements advanced between China and Arab countries. It has established a multi-level, wide-area exchange and cooperation for a joint development link and bridge for the business community.

The China-Arab Technology Transfer and Innovation Cooperation Conference announced ten critical technical achievements. The "Agricultural Drone and Agricultural Production Cloud Platform Monitoring System," was

launched at the Technical Transfer Expert Advisory Committee. It received ten key signatures pledging support for the cooperation projects, including an agreement for the Green Smart Water-Saving Irrigation Technology and Equipment Research and Development Project and many others.

The Investment and Capacity Cooperation Conference discussed establishing a cooperation mechanism around infrastructure, industrial investment, economic and trade cooperation, and contributed to 24 cooperation achievements. It held the "Overseas Investment Risk and Credit Management Branch", "Multinational Corporation Ningxia Bank Investment Cooperation Roundtable", "China-Arab Union Senior Officials Meeting", and "the Investment Promotion Conference of Overseas Economic and Trade Cooperation Zone ".

The online "Silk Road" conference focused on the cooperation, docking of Internet new technology and new application projects. It carried out in-depth exchanges and discussions on the construction of the online "Silk Road" and the enhancement of digital economic coöperation, contributing to many domestic and foreign Internet technology economic and trade cooperation results.

The China-Arab Traveling Merchants Conference focuses on the "One Belt, One Road" international tourism cooperation. International, domestic, and regional travel agents promote the same platform, tourism resources, intangible cultural exhibitions, and simultaneous display of tourism products, integrating artistic, interactive, and situational exchanges in one. It attracted more than 80 travel agents from 13 countries along the "Belt and Road," including Singapore, Indonesia, Japan, South Korea, and Egypt, as well as Hong Kong, Macau, and Taiwan regions of China to participate in the Exhibition. On the spot, 16 customer source delivery projects commenced activity.

8.2.5 Exhibition presents new features

The 4th China-Arab Expo featured products and goods in a vast range of sectors and disciplines, including modern agriculture, infrastructure, high-tech, health care, biomedicine, Internet, artificial intelligence, data services, instrumentation, petroleum, and petrochemical fields. With a total of 60 countries, 107 exhibition groups, 1114 enterprises, 4475 representatives participated in the Exhibition; the number of visitors reached 155,000, with an increase of 80% over the previous Expo; it has reached a record high number of exhibitors, enterprises, the number of participants and the number of on-site turnovers, the contracted amount.

This China-Arab Expo has the following characteristics:

1.The exhibits are highlighting the attributes of new technologies. Huawei's latest 5G technology and products, Sinopec's advanced drilling instruments and equipment, Inspur's big data technology and server products, the latest satellite application technology of the Fifth Academy of Aerospace, the return module of the Shenzhou 11 spacecraft, and the authenticity of China's independently developed flying cabin outerwear, the display of non-intubated gastroscope magnetron capsules and Da Vinci surgical robots and other are eye-catching. The exhibitions involving cutting-edge technologies account for 35% of total exhibits.

2.The exhibition service highlights digital features. For the first time, the latest information technology carries out the "5G exhibition". The audience watched the exhibition site in real-time through 360 degrees and panoramic views through VR glasses and set up an online VR exhibition hall to achieve online and offline Exhibitions.

3.On-site transaction volume and contract value have been the highest in history. This year's Expo set up a special area for docking and negotiation, and strengthened Exhibition and investment negotiation interaction, organized more than 20 cross-regional, multi-industry docking negotiations or special promotion activities, and promoted targeted docking cooperation in a targeted manner, with on-site sales of 127 million yuan; Signed 1123 sales cooperation agreements, with a total amount of 325 million yuan; there are 8678 customers with intent to sign up, and the sales with intent to sign up are 2.49 billion yuan, both higher than the previous ones.

8.2.6 Themed provincial activities take a new step

The provinces and regions shared the "Belt and Road" cooperation opportunities through the China-Arab Expo platform. Twenty-eight provinces (autonomous regions and municipalities) organized delegations to participate in the Exhibition (of which provincial leaders led 15 provinces, independent territories, and municipalities). They signed 31 variety of investment projects with a total of 36.93 billion yuan.

The Jiangsu Province event included participants from 13 prefecture-level cities, 25 counties (cities, districts), seven national-level development zones, and 632 delegations from 188 companies to participate in the Exhibition. The

event featured initiatives underway in Jiangsu, such as an initiative from the city of Suzhou. An exclusive product exhibition focused on new high-quality achievements and development efforts in Jiangsu. For example, the event showcased international logistics, smooth trade, park cooperation, technological innovation, new energy, modern agriculture, and cultural tourism. It featured trade and investment in the industrial park cooperation. The meeting's between Jiangsu and Ningxia and highlighted vital enterprises and critical initiatives in Jiangsu Province. During the Expo, Jiangsu Province signed 42 cooperation projects with a total investment of 20.03 billion yuan.

The scale, content, level, and achievements of these activities were on display. The province's accomplishments showcased the significant progress and gains that have occurred when compared with previous expos.

8.2.7 Participants fully affirmed the effectiveness of the meeting

The participating domestic and foreign government agencies, international organizations, business associations, and enterprises participating in the Exhibition fully affirmed the role of the China-Arab Expo's economic and trade cooperation platform.

Khalid Hanafi, secretary-general of the General Union of Arab Agricultural and Commercial Associations, noted that the China-Arab Expo is a great opportunity to promote economic and trade cooperation and expansion. China's openness to international cooperation - including the Arab countries - are mutually beneficial and improve the wellbeing of all people.

Abdullah Saleh, Deputy Minister of the UAE's Ministry of Economic Affairs, declared that "The China-Arab Expo has had a far-reaching impact internationally and has been widely respected and recognized." It has made a positive contribution to promoting China-Arab economic and trade expansion and prosperity.

"The Belt and Road Initiative is a mutually beneficial initiative, and the China-Arab Expo is a window into it," said Kuwait economist Jassim Al-Saatun.

The Secretary-General of the Arab International Exhibition and Conference Union, Yousef Gala, hopes to use the China-Arab Expo platform to establish the China-Arab International Exhibition and Conference Alliance.

The envoys of Arab countries in China believe that the China-Arab Expo would continue to improve. The China-Arab Joint Construction of the "Belt and

Road" has a bright future. The pragmatic cooperation will continue to develop and prosper

A representative of Chery Automobile manufacturer noted that the Expo builds bridges of cooperation for enterprises for the benefit of all countries. Fujian Huiyuan Biotechnology Co., Ltd. signed a contract with a Sudanese company for more than 200 million yuan through the China-Arab Expo. The partnership will build a Chinese medicine laboratory in Sudan. A representative of the company said: "After I joined the provincial delegation, I realized how massive the Arab market is."

8.2.8 Significant brand promotion

Six hundred eleven journalists from 92 well-known domestic and foreign media, including the People's Daily, Xinhua News Agency, the Central Radio, and Television Stations, Guangming Daily, Economic Daily, China Daily, Oman News-Press, Palestinian News Agency and Saudi Television, provided comprehensive coverage of the event and reported extensively on the progress and proceedings of the fourth China-Arab Expo.

Xinhua News Agency media report article "China-Arab follows the road to open up new horizons - written in the opening of the fourth China-Arab Expo." The new media headlines included "Why President Xi posted four messages to the Expo," with a readership exceeding 1 million.

"Economic Daily" set up a new media live broadcast program, "Focus on China-Arab Expo", which received more than 150,000 views. By the end of the Expo, foreign media published 34 original articles. The national press published 1761 original articles, and 7134 syndicated reports reprinted internationally.

The Expo received overwhelmingly positive press, and the China-Arab Expo continues to increase its influence and reputation.